Über die Verfasser

Andreas Diekmann, Prof. Dr., geb. 1951 in Lübeck. Studium der Soziologie, Psychologie und Methodenlehre in Hamburg und Wien. Promotion 1979 an der Universität Hamburg, Habilitation 1987 an der Universität München. Von 1976 bis 1986 Projektmitarbeiter, Wissenschaftlicher Assistent und Akademischer Rat an der Universität Hamburg, am Institut für Höhere Studien in Wien und an der Universität München. Von 1987 bis 1989 Wissenschaftlicher Leiter am Zentrum für Umfragen, Methoden und Analysen (ZUMA) in Mannheim. Von 1989 bis 1990 Professor für Statistik und sozialwissenschaftliche Methodenlehre an der Universität Mannheim. Seit 1990 Professor für Empirische Sozialforschung und Sozialstatistik an der Universität Bern.

Neuere Publikationen: The Wealth of Nations and Environmental Concern, in: Environment and Behavior, Vol. 31, 1999 (mit A. Franzen). The Social Inheritance of Divorce, in: American Sociological Review, Vol. 64, 1999 (mit H. Engelhardt). Handbuch der Demographie, Bd. 1 und 2, 2000 (Springer, hg. mit U. Müller und B. Nauck). Empirische Sozialforschung, 7. Aufl., 2001 (rowohlts enzyklopädie).

Peter Preisendörfer, Prof. Dr., geb. 1953 in Obersinn (Landkreis Main-Spessart). Studium der Soziologie in Nürnberg, Wien und Chicago. Promotion 1984 an der Universität Erlangen / Nürnberg, Habilitation 1994 an der Universität München. Von 1980 bis 1994 Wissenschaftlicher Assistent, Projektmitarbeiter und Akademischer Rat an der Universität Erlangen / Nürnberg, am Institut für Höhere Studien in Wien und an den Universitäten Chicago und München. Seit 1995 Professor für Allgemeine Soziologie mit dem Schwerpunkt Mikrosoziologie an der Universität Rostock.

Ausgewählte Buchpublikationen: Verantwortung im Betrieb, Opladen 1985 (Leske und Budrich). Betrieblicher Arbeitsmarkt im Umbruch, Frankfurt a. M. 1989 (Campus, hg. mit C. Köhler). Der Erfolg neugegründeter Betriebe, Berlin 1996 (Duncker und Humblot, mit J. Brüderl und R. Ziegler). Umweltbewusstsein und Verkehrsmittelwahl, Bergisch Gladbach 1999 (Heft M113 der Berichte der Bundesanstalt für Straßenwesen, mit F. Wächter-Scholz u. a.). Umwelteinstellungen und Umweltverhalten in Deutschland, Opladen 1999 (Leske und Budrich).

Andreas Diekmann
Peter Preisendörfer

UMWELTSOZIOLOGIE

Eine Einführung

rowohlts enzyklopädie
im Rowohlt Taschenbuch Verlag

rowohlts enzyklopädie
Herausgegeben von Burghard König

Veröffentlicht im Rowohlt Taschenbuch Verlag GmbH,
Reinbek bei Hamburg, Februar 2001

Umschlaggestaltung any.way, Walter Hellmann
Satz Aldus und Neue Helvetica PostScript (PageOne)
Gesamtherstellung Clausen & Bosse, Leck
Printed in Germany
ISBN 3 499 55595 6

Die Schreibweise entspricht den Regeln
der neuen Rechtschreibung.

Inhalt

Vorwort

Die Umweltsoziologie befasst sich mit den sozialen Ursachen und den gesellschaftlichen Reaktionen auf ökologische Probleme. Bereits vor mehr als zwei Jahrzehnten haben Dunlap und Catton (1979) die Aufgabe der Umweltsoziologie auf die knappe Formel der Erforschung von «Mensch-Umwelt-Interaktionen» gebracht. Seither ist eine Vielzahl von Arbeiten zu einzelnen Aspekten der Umweltsoziologie erschienen. Dazu zählen Studien über die Akzeptanz von Risiken, über das Umweltbewusstsein im nationalen und globalen Maßstab, das persönliche Umweltverhalten, Umweltaktivitäten von Unternehmen, Arbeiten über Umweltprotestbewegungen, theoretische Analysen gesellschaftlicher Entwicklungen (Risikogesellschaft, ökologische Modernisierung), Untersuchungen über kulturell variierende Naturbilder, die Rolle der Medien im Prozess ökologischer Kommunikation und vieles andere mehr. Wer sich in das Gebiet einarbeiten möchte oder einfach wissen will, mit welchen Fragen sich die Umweltsoziologie oder ökologische Soziologie beschäftigt, hatte es allerdings schwer, einen Leitfaden zu finden. Dieses Buch gibt nunmehr – natürlich ohne den Anspruch der Vollständigkeit – einen Überblick zu zentralen Themen der Umweltsoziologie; zu theoretischen Perspektiven ebenso wie zu den Befunden empirischer Untersuchungen. Dabei wird Wert darauf gelegt, allgemeine Thesen anhand von Beispielen zu illustrieren.

Das vorliegende Buch profitiert von gemeinsam durchgeführten Forschungsarbeiten und von zahlreichen Lehrveranstaltungen der Verfasser. Wir bedanken uns bei den Teilnehmerinnen und Teilnehmern der Vorlesungen und Seminare für vielfältige Anregungen. Andrea Hungerbühler und Edith Peier gilt unser Dank für die Unterstützung bei der Aufbereitung des Textes, die Anfertigung von Grafiken und die Erstellung der Register. Unnötig zu sagen, dass verbleibende Mängel zulasten der Autoren gehen, denen Kritik und Anregungen sehr willkommen sind (diekmann@soz.unibe.ch; peter.preisendoerfer@wisofak.uni-rostock.de).

Bern und Rostock, September 2000
Andreas Diekmann und Peter Preisendörfer

I. Gegenstand und Aufgaben der Umweltsoziologie

Im Wirtschaftsboom der Nachkriegsjahre enthüllte die Biologin Rachel Carson (1962) einer fortschrittsgläubigen Öffentlichkeit die Gefahren des weltweit angewandten Insektizids DDT. Die Chemikalie, so zeigte sich, lagert sich zunehmend in der Nahrungskette an. Winzige Konzentrationen im Wasser zur Bekämpfung einer Mückenplage hatten erhöhte Schadstoffbelastungen bei Fischen zur Folge. Bei Vögeln, die sich von Fischen ernährten, fand man Anreicherungen von DDT in einer tödlichen Menge. «Der stumme Frühling», so der Titel von Carsons Buch, war der Beginn der Umweltbewegung (Wormer 1999). Wenig später prägte der Ökonom Kenneth Boulding (1966) den Begriff «Raumschiff Erde», und der Biologe Garrett Hardin (1968) verglich die Ausbeutung der natürlichen Ressourcen unseres Planeten mit der «Tragödie der Allmende», der Zerstörung frei zugänglichen Weidelands (Allmende) durch Übernutzung. Das Team von Dennis Meadows (1972) machte mit Computersimulationen der Wechselwirkung von industrieller Produktion, Ressourcenverbrauch und Bevölkerungswachstum auf die «Grenzen des Wachstums» aufmerksam. Von der Klimagefährdung, der Ausdünnung der Ozonschicht und den Risiken auch ziviler Kernkraftnutzung war noch nicht die Rede. Aber der Kern der Argumentation lautete nicht anders als heute. Unkontrolliertes industrielles Wachstum hat zerstörerische Nebenfolgen, die den Gewinn an Wohlstand in sein Gegenteil verkehren können. Die natürlichen Ressourcen sind begrenzt, auch wenn, bedingt durch technischen Fortschritt, die Grenzen wachsen können. Diese haben sich, entgegen den Prognosen von Meadows et al., bei den Rohstoffen verschoben. Das vorrangige Problem heute ist weniger die Knappheit von Rohstoffen als vielmehr die begrenzte Aufnahmefähigkeit unseres Planeten und seiner Atmosphäre mit Abfällen und klimawirksamen Emissionen. Natürliche Ressourcen aber werden als Rohstoff oder bei der Aufnahme von Abfällen und Emissionen übernutzt, solange diese frei oder unter ihrem «wirklichen Preis» zugänglich sind. Das lehrt schon Hardins Parabel von der «Tragödie der Allmende».

Das Bild von der Allmende macht auf weitere Aspekte aufmerksam. Umweltprobleme wie die Klimagefährdung durch Kohlendioxid-Emissionen werden häufig durch die Handlungen einer großen Zahl von Akteuren hervorgerufen, die ihre wirtschaftlichen oder persönlichen Interessen verfolgen. Die Umweltschäden sind ungeplante, oftmals den einzelnen Akteuren nicht einmal bewusste «Nebenfolgen». Keine «unsichtbare Hand» koordiniert und regelt die Aktivitäten derart, dass ein soziales Optimum erreicht wird. In Allmendesituationen bedarf es vielmehr einer «sichtbaren Hand», einer Sozialorganisation mit institutionellen Regelungen, um die Allmende – und das sind im globalen Maßstab die Atmosphäre, die Ozeane, Regenwälder und andere natürliche Reichtümer – vor dem Ruin zu bewahren.

Sozialwissenschaftliche Forschung kann zu einem besseren Verständnis der von Menschen hervorgerufenen, anthropogenen Umweltprobleme beitragen. Denn mit Fragen nach der Entwicklung und Wirkung der Umweltbewegung und des «Umweltbewusstseins», der sozialen «Resonanz» auf ökologische Probleme, den Bestimmungsgründen und Barrieren umweltgerechten Handelns, geeigneten institutionellen Regelungen zur Überwindung des Allmendedilemmas u. a. m. befassen sich die Sozialwissenschaften.

1. Der Beitrag der Sozialwissenschaften

Die ökologischen Probleme sind in den zurückliegenden Jahren verstärkt in das Blickfeld der Sozialwissenschaften geraten. Zwar wird immer noch die Umweltforschung von den Natur- und Ingenieurwissenschaften beherrscht. Von dem «Zauberlehrling», der die Naturkräfte entfesselt hat, erhofft man sich, dass er auch deren zerstörerisches Potenzial unter Kontrolle bringt. Aber schon bei der Beantwortung der Frage, was als ökologisches Problem gilt, sind auch die Sozial- und Kulturwissenschaften gefordert. Denn die Akzeptanz von Risiken und die Einstufung physikalisch messbarer Umweltveränderungen als «Umweltproblem» hängt u. a. von kulturell geformten Bewertungen ab. Dies ist schon an je nach Kulturkreis variierenden Reaktionen auf Umweltprobleme erkennbar. Die Schädigung der Wälder wurde in Deutschland so stark thematisiert, dass dies auch in der Sprache Spuren hinterlassen hat. Die Franzosen, in Umweltbelangen eher zurückhaltend, sprechen inzwischen von «le Waldsterben». In Kalifornien ist der Kondor vom Aussterben bedroht. Für den Erhalt eines (!) Exemplars dieser Greifvögel gibt der Staat umgerechnet mehr als eine Million DM aus, während dem Verschwinden vieler anderer Arten mehr oder minder tatenlos zugesehen wird. Dass die Gefährdung des Kondors im Westen der USA als Umweltproblem ersten Ranges gilt, erklärt Renn (1996: 30), von dem das Beispiel stammt, folgendermaßen: «Der Kondor ist das Wappentier Kaliforniens, das unter keinen Umständen dort aussterben darf, weil es symbolisch für ‹natürliche Lebensqualität› in Kalifornien steht».

Technischen Innovationen kommt unstreitig eine zentrale Rolle beim Umbau der Industriegesellschaft zu einer ressourcenschonenden und emissionsmindernden Produktionsweise zu. Nur vollziehen sich auch technische Entwicklungen im gesellschaftlichen Raum, im Spannungsfeld wirtschaftlicher und politischer Interessen. Technische Innovationen werden von Menschen unter Einsatz knapper Ressourcen entwickelt, und die Resultate dieser Entwicklung werden von Menschen genutzt. Dabei treten oftmals vielfältige soziale Folgen und Nebenfolgen auf, die nicht selten die guten Absichten konterkarieren.

Betrachten wir einige Beispiele. In einer Anzeige der Telekom hieß es: «Staus belasten die Umwelt, kosten wertvolle Arbeitszeit und mindern die Lebensqualität (...). Die Informationstechnologie kann hier helfen: Bildtelefone, ISDN-Bildübertragungssysteme oder Videokonferenzen machen manche Reise überflüssig». Ungeachtet dessen wachsen der Geschäftsverkehr und der Konferenztourismus. Berufliche Kontakte sind eben nicht einfach durch Gespräche von Monitor zu Monitor ersetzbar (Dürrenberger et al. 1995); und vermutlich dient der Businessverkehr nicht selten dem heimlichen Nebenziel touristischer Zerstreuung. Es existieren eben auch andere Handlungsanreize als rein instrumentelle Kommunikationsbedürfnisse.

Von der Telearbeit via Datenautobahn erwarten Optimisten einen Rückgang der Automobilität. Möglich, dass die Prognose zutrifft, aber auch möglich, dass der Rückgang durch eine vermehrte Mobilität anderer Haushaltsmitglieder und eine erhöhte Freizeitmobilität kompensiert wird. Vorliegende Studien weisen tatsächlich in die Richtung einer Verminderung der Mobilität durch Telearbeit, wobei diese hochgerechnet auf den gesamten motorisierten Individualverkehr mit rund einem Prozent relativ gering ausfällt und langfristige Wirkungen (eventuelle Wohnortwechsel mit längeren Pendelwegen) unberücksichtigt bleiben (Denzinger und Vogt 1999). Der Verkehrsinfarkt in Ballungsgebieten wird u. a. durch elektronische Verkehrsleitsysteme zu kompensieren versucht. «Testergebnisse in Deutschland zeigen, dass (...) gesteuerte Verkehrsbeeinflussungsanlagen zur Verbesserung der Verkehrssituation beitragen. In den Testgebieten nahm die Zahl der verkehrsbedingten Staus ab, und die Zahl der Verkehrsunfälle ging bis um einen Drittel zurück», heißt es in einer Studie der schweizerischen BMW-Niederlassung (Knecht 1995: 11). Bei einer konstanten Menge von Automobilen ist die statische Betrachtungsweise einigermaßen sinnvoll. Aber wer garantiert, dass die Verflüssigung des Verkehrsstroms nicht längerfristig eine vermehrte Nachfrage nach Individualverkehr auslöst, die zum Kollaps des Systems auf höherer Ebene führt?

Vor gar nicht langer Zeit hat man dank Computer und E-Mail das papierlose Büro prophezeit. Heute wächst die Informationsflut per Datenleitung und als «Hardcopy». Was wichtig erscheint, wird ausgedruckt und kopiert. E-Mails werden dem Chef auf den Schreibtisch gelegt und dreimal abgeheftet. Insgesamt steigt der Papierverbrauch im Geschäftsleben und bei den Printmedien (Newsweek, 9. 3. 1998). Die Menschen reagieren auf technische Neuerungen oftmals anders, als naive Prognosen glauben machen.

Technische Innovationen verändern die Handlungsspielräume der Akteure. Die Frage, wie die Handlungsspielräume genutzt werden und welche Folgen sich daraus für die Gesellschaft ergeben, richtet sich an die Adresse der Sozialwissenschaften. Aber auch die technische Entwicklung selbst ist kein exogener Faktor. Denn technische Innovationen sind das Ergebnis der Handlungen von Ingenieuren und Managern, des Kaufverhaltens von Konsumenten und der von Politikern gesetzten Rahmenbedingungen. Mit ziemlicher Sicherheit kann z. B. prognostiziert werden, dass Automobilproduzenten mit weniger Engagement in Verkehrsleitsysteme, dafür aber umso energischer in die Entwicklung Kraftstoff sparender Autos investieren werden, wenn längerfristig mit einer Erhöhung des Benzinpreises zu rechnen ist (Weizsäcker 1995; Pfister 1995). Allein zur Beeinflussung von Verkehrsströmen werden heute eine Vielzahl technisch möglicher Optionen diskutiert. Zu diesen Instrumenten zählen Road-Pricing, Kilometerleasing, Car-Sharing-Projekte, städteplanerische Maßnahmen und eine höhere Besteuerung fossiler Energien, um nur einige zu nennen. Sozialwissenschaftliche Untersuchungen können darüber informieren, welche dieser Maßnahmen oder Maßnahmenbündel umweltorientiertes Verhalten in diesem Bereich am besten befördern. Und über diese instrumentelle Aufklärung hinaus werden sie zur Reflexion über Ziele und Perspektiven einer immer mobileren Gesellschaft auffordern.

Die Rolle von Sozialwissenschaften und Ingenieurwissenschaften in der Umweltforschung lässt sich gut an der von Anne und Paul R. Ehrlich eingeführten IPAT-Formel erkennen (Ehrlich und Ehrlich 1991; Meadows et al. 1992). «I» steht hier für «Impact» oder «Umweltlast», «P» für «Population» (Bevölkerungsgröße), «A» für «Affluence» (Wohlstand pro Kopf) und «T» für Technologie. Also:

$$\underset{(I)}{\text{Umweltlast}} = \underset{(P)}{\text{Bevölkerung}} \times \underset{(A)}{\text{Wohlstand}} \times \underset{(T)}{\text{Technologie}}$$

Ein Beispiel macht den Zusammenhang deutlich. Betrachten wir die Umweltlast des Automobils anhand eines Kriteriums, der CO_2-Emissionen in Tonnen pro Jahr (andere Schadensdimensionen sind Unfalltote und Verletzte, Lärm, Flächenverbrauch usw.). Diese ergeben sich aus der Bevölkerungszahl multipliziert mit der Pro-Kopf-Automobilität (in km) multipliziert mit dem durchschnittlichen CO_2-Ausstoß pro km beim gegebenen Stand der Technik. Man könnte nun meinen, die Domäne der Sozialwissenschaften sei das «A», während die Natur- und Ingenieurwissenschaften beim «T» ansetzten. Doch greift diese Perspektive zu kurz. Wir haben ja gesehen, dass auch die Verbreitung und die Art der Nutzung technischer Innovationen von sozialen Bedingungen abhängig sind. Bei der Analyse der Umweltauswirkungen neuer Technologien sind daher Sozial- und Ingenieurwissenschaftler gut beraten, Hand in Hand miteinander zu arbeiten. Auch bei der Ermittlung des «I» sind sowohl Natur- als auch Sozialwissenschaftler gefordert. Zum einen haben Umweltschäden eine objektiv messbare, physikalische Dimension, die vom Stand der naturwissenschaftlichen Erkenntnis abhängt. Dass CO_2-Emissionen überhaupt als Umweltbelastung gelten, genauer und neutral formuliert: zu einer globalen Erwärmung führen, ist eine Erkenntnis der Klimaforschung. Zum anderen geht es um die Wahrnehmung und Bewertung der Klimafolgen als Umweltproblem und um die sozialen und wirtschaftlichen Konsequenzen der prognostizierten Klimafolgen (z. B. wirtschaftliche Einbußen der Landwirtschaft in betroffenen Regionen, Verarmung der ansässigen Bevölkerung, Fluchtbewegungen u. a. m.). Renn (1996: 31 ff.) fordert entsprechend auch die Positionierung der «Rolle der Sozialwissenschaften in einem integrativen Konzept der Umweltforschung» im engen Verbund und Austausch mit den Naturwissenschaften.

Noch ein weiterer Aspekt geht aus der IPAT-Formel hervor. Will man bei gegebener Bevölkerungsgröße die Umweltlast verringern, kann man beim «A» oder «T» ansetzen. Zur Verringerung der CO_2-Emissionen des Autoverkehrs gibt es zwei Optionen: weniger fahren oder mobil sein mit verbrauchsärmeren Motoren. Ersteres ist die Suffizienzstrategie, Letzteres die Effizienzstrategie. Den Suffizienzgedanken findet man in der BUND-Misereor-Studie (1996) «Zukunftsfähiges Deutschland». Der Weg der Effizienzstrategie «Faktor 4. Doppelter Wohlstand – halbierter Naturverbrauch» wird von Weizsäcker et al. (1995) propagiert. Welche der beiden Optionen – oder Mischformen davon – man sich auch zu Eigen machen möchte, sozialwissenschaftliche Erkenntnisse und Forschungen sind für die Diskussion beider Strategien erforderlich.

Dies illustriert das folgende Beispiel. Während manche umweltorientierten Verhaltensweisen nur symbolischen Charakter haben und die Umweltbilanz nicht nennenswert beeinflussen, existiert bei der Heizenergie ein erhebliches Einsparpotenzial. Rund drei Viertel des privaten Energieverbrauchs im Haushalt gehen auf das Konto der Raumheizung. Nach einer Studie des Umweltbundesamtes würde die Absenkung der Raumtemperatur um 1° C die CO_2-Emission der privaten Haushalte um sechs Prozent verringern. Aber wie bringt man die privaten Haushalte dazu, sparsamer mit Heizenergie umzugehen? Sozialwissenschaftliche Studien liefern hierfür Anhaltspunkte. Die Alternative zur Suffizienzstrategie der Absenkung der Raumtemperatur ist die Effizienzstrategie «Wärmedämmung und Installierung moderner Heizungssysteme». Man schätzt das technische Einsparpotenzial bei der Gebäudeheizung auf bis zu 80 Prozent. Ziel der Maßnahmen ist das «Drei-Liter-Haus», d. h. ein Energieverbrauch von 3 Litern Heizöläquivalent pro qm. Erforderlich wäre vor allem die Sanierung des Althausbestandes. Nach einer Studie der «Kreditanstalt für Wiederaufbau» wurden etwa vier Fünftel aller Wohnungen vor Inkrafttreten der zweiten Wärmeschutzverordnung (im Jahre 1983) errichtet. Wie aber bringt man Hausbesitzer zu den erforderlichen Investitionen? In Mietwohnungen zahlt der Mieter die Heizkosten und wäre Nutznießer der Investition; der Anreiz für den Hausbesitzer ist demnach gering. Auch hier liefern sozialwissenschaftliche Arbeiten Informationen zur Lösung des «Investor-Nutzer-Dilemmas» (eine Möglichkeit ist das so genannte «Contracting», vgl. Weizsäcker et al. 1995; Braunmühl 1997). Interessanterweise sind umweltökonomische Kalkulationen allein oftmals nicht ausreichend. Beispielsweise zeigen empirische Studien, dass bei der Entscheidung zwischen teuren, dafür verbrauchsarmen Haushaltsgeräten und billigeren Geräten mit höheren Energiekosten letzteren häufig der Vorzug gegeben wird, obwohl sich die Anschaffung der teuren Geräte «rechnet», also längerfristig amortisiert (Hausmann 1979; siehe auch Abschnitt II.4). Auch mangelndes Kapital ist dafür keine Erklärung, denn ein Bankkredit könnte durch die

Einsparung von Energiekosten beglichen werden, wobei darüber hinaus noch ein Gewinn anfiele. Es existieren also zusätzliche «psychologische» Barrieren, die die ökonomische Rationalität blockieren (vgl. dazu genauer Thaler 1992). Sozialwissenschaftliche Forschung kann über diese Barrieren informieren und dazu beitragen, der technischen Effizienzstrategie auch gesellschaftlich zum Durchbruch zu verhelfen.

2. Entwicklung der Umweltsoziologie

Die Umweltsoziologie ist nicht nur ein Reflex auf die ökologischen Probleme der Gegenwart. Zwar hat es erst in den letzten zwei Jahrzehnten einen Schub von Veröffentlichungen gegeben, die ökologische Themen in den Mittelpunkt rücken. Auch muss man zugeben, dass die Hauptströmung der Soziologie auf die sozialen Konflikte der Industriegesellschaft und die sozialen Folgeprobleme der Modernisierung fixiert war. In diesen Arbeiten war kein Platz für das prekäre Verhältnis der Menschen zu ihrer natürlichen Umwelt. So fragen sich einige Autoren auch, warum sich die Soziologie mit der ökologischen Frage so schwer getan hat (z. B. Brand 1998 b). Auf der anderen Seite ist das Thema der «Ökologie», wenn auch in einem etwas anderen Sinn als die heutige Wortbedeutung, der Soziologie keineswegs fremd. Auch die Untersuchung von Technikfolgen und Risiken ist ein Forschungsstrang, der in der Soziologie Tradition hat. Man kann also sagen, dass die Umweltsoziologie zwar eine junge Disziplin ist, die aber an alten Forschungstraditionen anknüpft. Auf der Basis sozialwissenschaftlicher Theorien, empirischer Untersuchungen und mit den Methoden der Sozialforschung trägt sie heute angesichts vielfacher lokaler und globaler Umweltprobleme zur kritischen Reflexion und Orientierung bei, liefert erklärende Einsichten und auch handlungspraktisches Wissen, um soziale Verhältnisse und Institutionen zu schaffen, die einen schonenden Umgang mit natürlichen Ressourcen fördern.

Der Begriff «Ökologie» wurde vor der Jahrhundertwende von dem deutschen Biologen und Evolutionstheoretiker Ernst Haeckel geprägt. Vor allen anderen sozialwissenschaftlichen Disziplinen wurde dieses Konzept, etwa ab den 20er Jahren, in der Soziologie von der so genannten Chicago-Schule (Park, Burgess u. a.) in den Mittelpunkt urbaner ökologischer Forschung gerückt. Dabei ging es allerdings weniger um die Probleme schädigender Einwirkungen des Menschen auf die Natur als vielmehr um die soziale und räumliche Bewegung von Menschen in urbanen Umwelten.

Prozesse der Migration, der ethnischen Differenzierung und Segregation wurden in Analogie zu Wechselwirkungen in ökologischen Systemen studiert.

Eine allgemeinere, bereits in der Chicago-Schule angelegte Betrachtungsweise ist die Humanökologie (Park 1936). Der Gedanke der Wechselwirkung zwischen sozialen Institutionen und Umwelt ist diesem Ansatz ebenso eigen wie die Erklärung der Herausbildung von sozialen Mustern, Institutionen, Lebensstilen und Werten aus der Perspektive kultureller Evolution. In einer radikalen, aber nicht unwidersprochen gebliebenen Kritik am «Dominant Western World View» soziologischer Theorie und Humanökologie plädieren Catton und Dunlap (1978) für eine «neue Humanökologie» (für eine kritische Diskussion vgl. Buttel 1987; für eine theoretische Auseinandersetzung Jaeger 1996). Nach ihrer These zeichnet sich die Entstehung eines «neuen ökologischen Paradigmas» ab, welches die «westliche» Ideologie der Instrumentalisierung der Natur durch eine neue Sichtweise ablöst, die den Menschen als Teil eines ökologischen Systems begreift, dessen Erhaltung auf lange Sicht auch sein Überleben ermöglicht.

Catton und Dunlap zufolge ist der Einstellungswandel in Richtung auf das «New Ecological Paradigm» (NEP) seit Beginn der 60er Jahre zu beobachten. Empirisch untersuchten Dunlap und Koautoren die Verbreitung des neuen Ökologieverständnisses in der Bevölkerung mit bewährten Methoden der Umfrageforschung, zunächst in den USA, sodann weltweit im Rahmen des «Health-of-the-Planet-Projekts» (Dunlap et al. 1993). Die Erforschung des Einstellungs- und Wertewandels bedient sich dabei einer eigens konstruierten NEP-Skala, einer Fragebatterie zur Erhebung umweltbezogener Werthaltungen (Dunlap und van Liere 1978). Ein Ergebnis der Untersuchungen lautet, dass die Zunahme umweltbewussten Denkens und die Verbreitung des neuen ökologischen Paradigmas heute nicht nur auf die reichen, westlichen Industriestaaten begrenzt ist, sondern weltweit dokumentiert werden kann.

Diese kurze und sicher unvollständige Skizze der Tradition ökologischer Soziologie – von der Chicago-Schule der 20er Jahre bis zum «new ecological paradigm» Ende der 70er Jahre – soll genügen, um anzudeuten, dass sich die Umweltsoziologie nicht ausschließlich als Reaktion auf die Umweltbewegung der vergangenen drei Jahrzehnte formiert hat. Sie hat eine längere Tradition, die aber in jüngster Zeit durch aktuelle Fragestellungen und neue Perspektiven wesentlich erweitert wurde.

Denn ebenso wie in der Ökonomie und Sozialpsychologie seit Beginn der 80er Jahre ein verstärktes Interesse an der Thematisierung ökologischer Probleme zu beobachten ist, hat auch die Umweltsoziologie durch die Debatte in Politik und Öffentlichkeit neue Impulse erhalten und gleichzeitig auf diese Debatte zurückgewirkt. Studien zur Technikfolgenabschätzung und der Einstellung gegenüber den Risiken neuer Technologien (Renn 1984; van den Daele 1986), Untersuchungen zum Umweltbewusstsein und Umweltverhalten (Kley und Fietkau 1979; Dierkes und Fietkau 1988; Langeheine und Lehmann 1986; Urban 1986; Diekmann und Preisendörfer 1992; de Haan und Kuckartz 1996; Preisendörfer 1999), breit rezipierte gesellschaftliche Analysen wie Becks (1986) «Risikogesellschaft» und Luhmanns (1986) «Ökologische Kommunikation» – beide publiziert im Jahr der Tschernobyl-Katastrophe – bekunden, dass auch und gerade im deutschen Sprachraum die Soziologie mit einer wachsenden Zahl theoretischer und empirischer Studien auf die ökologischen Herausforderungen reagiert hat.

Heute liegen eine Vielzahl von Untersuchungen, etwa zum Themenkomplex «Umweltbewusstsein und Umweltverhalten», zu Fragen der ökologischen Modernisierung der Industriegesellschaft (Huber 1993, 1995; Jänicke 1994) oder zur Diskussion der Gentechnik in den Medien und der Öffentlichkeit vor (Hampel und Renn 1999). Landesweite und internationale, auf repräsentativen Umfragen basierende «Umweltsurveys» informieren über Wissen, Verhalten und Einstellungen der Bevölkerung zu ökologischen Problemen (Preisendörfer 1996, 1998; Diekmann und Franzen 1999; Kuckartz 2000). Weitere Studien verknüpfen mittels quantitativer oder qualitativer Methoden Konzepte der Lebensstilforschung mit ökologischem Verhalten (z. B. Poferl et al. 1997) oder beziehen sich auf einzelne Aspekte ökologieorientierten Verhaltens wie die Verkehrsmittelwahl (Bamberg et al. 1995; Brüderl und Preisendörfer 1995; Diekmann 1995; Franzen 1997). Auf der theoretischen Ebene sorgt die Frage nach der sozialen Konstruktion ökologischer Probleme für Diskussionsstoff. Zwischen den Polen von «Realismus» und «Konstruktivismus» dreht sich die Debatte darum, wie und unter welchen Bedingungen die Aufmerksamkeit auf «ökologische Probleme» gelenkt wird und inwieweit diese erst – so die konstruktivistische Position – kulturabhängig erzeugt und «sozial konstruiert» werden (de Haan 1995; Brand 1998 a).

Dass sich in jüngster Zeit, nicht nur als «Bindestrichsoziologie», sondern eingebettet in die Soziologie allgemein und im Austausch mit den sozialwissenschaftlichen Nachbarwissenschaften, eine Teildisziplin «Umweltsoziologie» formiert hat, ist durch mehrere Indikatoren belegbar: zum einen durch eine zunehmende Anzahl von Fachpublikationen zu ökologischen Themen, insbesondere in den letzten Jahren die Herausgabe einer Serie von Sammelbänden[1], und zum anderen durch den Beginn einer Institutionalisierung. «Environmental Sociology» ist bereits seit dem Jahr 1976 eine etablierte Sektion in der American Sociological Association, die Arbeitsgruppe «Soziologie und Ökologie» hat im Jahr 1998 den Sektionsstatus in der Deutschen Gesellschaft für Soziologie erworben.

3. Forschungsgebiete der Umweltsoziologie

Nach dem bisher Gesagten wollen wir versuchen, den Gegenstand der Umweltsoziologie genauer zu bestimmen. Die Umweltsoziologie oder ökologische Soziologie – so unsere Definition – ist jener Teil soziologischer Forschung, der sich mit sozial produzierten ökologischen Problemen und den gesellschaftlichen Reaktionen auf ökologische Probleme befasst. Diese Definition spricht drei zentrale Fragen an:

Erstens die Frage nach den ökologischen Folgen und Nebenfolgen der Handlungen individueller Akteure (Personen) und korporativer Akteure (Firmen, Verbände, Organisationen). Von welchen Bedingungen hängt es z. B. ab, dass Menschen umweltorientiert handeln und Wirtschaftsunternehmen Umweltgesichtspunkten Rechnung tragen oder dies gerade nicht tun?

Zweitens die Frage nach den Bedingungen, die dazu führen, dass Veränderungen in der Umwelt des Menschen als «ökologisches Problem» erkannt werden. Wie einleitend erwähnt, wird z. B. das Waldsterben je nach kulturellem Hintergrund als mehr oder minder schwerwiegendes Problem wahrgenommen (zur zeitlichen Entwicklung vgl. die Studie von Zierhofer 1999). DDT galt vor der Veröffentlichung von Carsons Buch als Waffe gegen den Welthunger und als Segen für die Menschheit. Das Automobil rafft jedes Jahr allein in Deutschland rund achttausend Menschen, die Bevölkerung einer Kleinstadt, dahin. Wie kommt es, dass das Risiko dieser Technik, die unsere Umwelt dramatisch verändert hat, als angemessen ak-

1 In deutscher Sprache u. a. Glaeser (1989), Glaeser und Teherani-Krönner (1992), Schahn und Giesinger (1993), Schmid (1994), Diekmann und Franzen (1995), Fuhrer (1995b), Joußen und Hessler (1995), Kaufmann-Hayoz und Di Giulio (1996), Diekmann und Jaeger (1996a), Brand (1998a), Friedrichs und Hollaender (1999); in englischer Sprache u. a. Redclift und Benton (1994), Mehta und Ouellet (1995), Dunlap und Michelson (1996), Bell (1998); wobei die Aufzählung bei den ohnehin fließenden Grenzen zu den Nachbardisziplinen sozialpsychologische Publikationen einschließt.

zeptiert wird? Welche Rolle spielen die Medien bei der Vermittlung von Umweltproblemen?

Drittens stellt sich die Frage nach den gesellschaftlichen Reaktionen auf ökologische Probleme. Damit ist die Thematik ökologischer Proteste und der Umweltbewegung, die Reaktion nationaler und internationaler Politik u.a.m. angesprochen. Warum z. B. wurden bisher auf internationaler Ebene bei der Reduktion des Klimagases CO_2 nur geringe Fortschritte erzielt, während die Verbannung des Ozonkillers FCKW relativ erfolgreich innerhalb kurzer Frist bewerkstelligt werden konnte?

In einem Überblicksartikel erwähnt Buttel (1987) fünf Themenbereiche der Umweltsoziologie: (1) die «neue Humanökologie», (2) Umweltbewusstsein und Umweltverhalten, (3) Umweltbewegungen, (4) politische Ökonomie (Umweltgesetzgebung, Regulierungen durch Staat und Verbände, Verteilungskonflikte der Umweltpolitik) und (5) technologische Risiken (Chemie, Kernkraft, Gentechnik u.a.m.). Buttels Aufzählung ist allerdings ergänzungsbedürftig. Vor allem fehlt ein Bereich, der wachsende Bedeutung gewonnen hat und mit den Stichworten «Ökologie und Wirtschaftsunternehmen» betitelt werden kann. Vorliegende Untersuchungen zu dieser Thematik befassen sich u. a. mit den Gründen des Umweltengagements von Betrieben, den Anreizen für «freiwillige», gesetzlich nicht erzwungene Umweltleistungen (wie die Beteiligung am Öko-Audit) oder mit organisationsinternen Veränderungen, mit denen Betriebe mehr oder minder bereitwillig auf ökologische Herausforderungen reagieren. Ähnlich wie in der Organisationssoziologie überschneiden sich in diesem Bereich betriebswirtschaftliche und soziologische Forschung. Aufgabe der Umweltsoziologie ist insbesondere – neben deskriptiven Studien über die Verbreitung von Merkmalen und die Identifizierung von Trends –, systematische Zusammenhänge herauszuarbeiten und am empirischen Material zu überprüfen. Ein Beispiel ist die Hypothese, dass die Schwierigkeit der Einführung von Umweltinnovationen mit dem Grad der «Einbettung» und damit der Nähe zum Produktionsprozess steigt (Cebon 1996). Die Dominanz von nachgeschalteten, so genannten «End-of-Pipe-Technologien» (z. B. der Einbau von Abgasfiltern) ist mit dieser These erklärbar, denn nachgeschaltete Technologien weisen einen geringeren Grad der Einbettung auf (Abschnitt V.5). Obwohl oftmals mit größeren Kosten verbunden, werden End-of-Pipe-Technologien doch gegenüber integrierten Umwelttechniken bevorzugt, da Erstere wegen des geringen Einbettungsgrades auch einen geringeren Aufwand an Reorganisation und damit einhergehenden innerbetrieblichen Konflikten zur Folge haben. Grundlegende Modernisierungsprozesse werden aber auf diese Weise gebremst.

In diesem Buch werden wir Forschungsergebnisse aus den Kernbereichen der Umweltsoziologie vorstellen und diskutieren. Wir beginnen in Kapitel II mit einer Diskussion unterschiedlicher theoretischer Perspektiven. Dabei behandeln wir Theorien der Modernisierung (Risikogesellschaft und reflexive Modernisierung, ökologische Modernisierung), Systemtheorie (soziologische Systemtheorie von Luhmann, Theorie dynamischer Systeme), die Perspektive des Konstruktivismus und die Theorie rationalen Handelns (Rational-Choice-Theorie). Die einzelnen Theorien, wobei der Begriff «Theorie» in einem sehr weiten Sinn gebraucht wird, schließen sich keineswegs aus. Die Theorie der Modernisierung und Hypothesen der Rational-Choice-Theorie sind, bei entsprechender Präzisierung, durchaus miteinander vereinbar, und sowohl Luhmanns Systemtheorie «ökologischer Kommunikation» als auch Becks «Risikogesellschaft» weisen – in unterschiedlichem Ausmaß – konstruktivistische Elemente auf. Es bietet sich auch an, in diesem Kapitel das Thema technologischer Risiken und der Risikowahrnehmung anzusprechen.

Der Theorieteil wird in Kapitel III ergänzt durch die Darstellung einer in unseren Augen zentralen Perspektive von Umweltproblemen als «soziale Dilemmata». In Allmende- oder sozialen Dilemma-Situationen resultiert aus einer Vielzahl individueller Handlungen ein kollektives Ergebnis, das für alle oder die meisten Beteiligten unbefriedigend (nicht pareto-optimal) ist. Typisch ist etwa die Situation, dass Autofahrern auf einer überlasteten Straße im Verkehrsfunk eine Ausweichroute angegeben wird, die, machen alle betroffenen Autofahrer von der Empfehlung Gebrauch, in kurzer Zeit verstopft sein wird. Ähnlich schafft der CO_2-Output vieler Akteure wie Haushalte, Verkehrsteilnehmer und Produzenten eine Situation, in der das kollektive Resultat der Klimaschäden für alle oder zumindest sehr viele Betroffene mit größeren Nachteilen verbunden sein wird als der Mehraufwand für ökologisches Verhalten. Wir glauben, dass viele, wenn auch keineswegs alle ökologischen Probleme die Charakteristika sozialer Dilemmata aufweisen. Die Analyse von Allmendeproblemen und allgemein von sozialen Dilemmata ist nicht nur eine Domäne der Rational-Choice-Theorie. Auch andere Ansätze kommen hier zum Tragen. So entstehen bei Allmendeproblemen, z. B. der Bewirtschaftung einer Alpenweide oder der Wassernutzung in einer dörflichen Gemeinschaft in einem Entwicklungsland, oftmals kulturelle Regeln und Institutionen, die eine Übernutzung der Ressource verhindern. Evolutionäre Prozesse der

Entwicklung umweltangepasster Institutionen durch Versuch und Irrtum oder Imitation werden von der Humanökologie untersucht. Rational-Choice-Theorie und Humanökologie gehen gleichermaßen davon aus, dass geeignete institutionelle Regeln von großer Wichtigkeit sind, um eine Allmende erfolgreich bewirtschaften zu können.

Kapitel IV führt in den Themenkomplex «Umweltbewusstsein und Umweltverhalten» ein. Wir betrachten zunächst die zeitliche Entwicklung, befassen uns genauer mit der Messung dieser Konzepte, werfen einen Blick auf die soziale Basis des Umweltbewusstseins und kommen dann zu der viel zitierten Diskrepanz zwischen Umweltbewusstsein und Verhalten, dem langen Weg «vom Kopf zur Hand». Im Anschluss an Erklärungen der Diskrepanz betrachten wir unterschiedliche Wege zur Förderung umweltorientierten Verhaltens.

Befasst sich Kapitel IV mit dem individuellen Verhalten, so stehen im Mittelpunkt von Kapitel V «korporative Akteure» (Coleman 1986), nämlich Wirtschaftsunternehmen. Die Bedeutung dieses Bereichs für die Umweltsoziologie wurde bereits angesprochen. Wir behandeln in diesem Kapitel u. a. das Ausmaß des Umweltengagements von Betrieben und betrachten verschiedene Faktoren (Betriebsgröße, Branche, Unternehmenserfolg), die mit dem Umweltengagement zusammenhängen. Empirische Befunde deuten darauf hin, dass der Unternehmenserfolg positiv mit dem Ausmaß betrieblicher Umweltaktivitäten korreliert. Aber wie lautet die Erklärung? Ist es so – wie die «Schönwetterthese» nahe legt –, dass sich erfolgreiche Unternehmen sozusagen den «Luxus» des Umweltschutzes leisten können? Oder sind genau umgekehrt Unternehmen auf dem Markt erfolgreicher, wenn sie sich systematisch um Umweltbelange kümmern und eine «ökologische Reputation» aufbauen? Wie werden überhaupt Maßnahmen des Umweltschutzes im betrieblichen Alltag eingeleitet, und welche Rolle spielt hierbei z. B. die Institution des Umweltschutzbeauftragten? Die Reaktion von Unternehmen auf die ökologischen Probleme hat neue Arbeitsplätze entstehen lassen. Wir werden in Kapitel IV abschließend auf die Bedeutung des Umweltschutzes als Wirtschaftsbranche eingehen und dabei auch die Frage ansprechen, welche Eigenschaften die im Umweltbereich neu entstandenen Arbeitsplätze aufweisen.

Die Kapitel VI und VII beschäftigen sich mit gesellschaftlichen und politischen Reaktionen auf ökologische Fragen. Im Mittelpunkt von Kapitel VI stehen soziale Bewegungen und daraus hervorgegangene Organisationen wie Greenpeace. Was ist dran an der These von der «Bewegungsgesellschaft», gemäß der die Umweltbewegung geradezu als Paradepferd einer neuen sozialen Bewegung gilt? Wir beschreiben in Kapitel VI die Entwicklung der Umweltbewegung, diskutieren alternative Theorien sozialer Bewegungen und versuchen abschließend, die Wirkung der Umweltbewegung zu bilanzieren.

Geht es bei der Umweltbewegung sozusagen um «Politik von unten», so ist der Themenbereich des folgenden Kapitels VII die «Politik von oben», der Bereich staatlichen Umwelthandelns. Wir diskutieren zunächst die Möglichkeiten und Grenzen staatlicher Umweltpolitik und befassen uns mit der These vom «Staatsversagen» im Bereich der Umweltpolitik. Um die Erfolge oder Misserfolge der Umweltpolitik überhaupt kritisch beurteilen zu können, bedarf es methodisch kontrollierter Verfahren der Evaluation von Maßnahmen, ein wichtiges Aufgabengebiet der Umweltsoziologie. In diesem Zusammenhang ist auch die Umweltberichterstattung zu nennen. Neben physikalisch-objektiven Indikatoren, etwa Messwerten zur Luftverschmutzung, interessiert in zunehmendem Maß die subjektive Seite wie die Einschätzung lokaler Umweltqualität durch die Bevölkerung. Hier können die Sozialwissenschaften einen Beitrag leisten. Die Umweltberichterstattung ist ein diagnostisches Instrument. Sie kann Trends und Problemfelder aufzeigen und damit der Umweltpolitik wichtige Informationen zur Verfügung stellen. Staatliche Umweltpolitik kann sich heute verschiedener Instrumente bedienen, vom Umweltstrafrecht bis hin zu marktwirtschaftlichen Anreizen, wobei die klassische Ordnungspolitik aber immer noch dominiert. Wir diskutieren verschiedene Wege der Umweltpolitik und behandeln dabei auch das Thema der «Umweltmediation», ein relativ neues Verfahren zur Schlichtung von Interessenkonflikten bei Maßnahmen, die Umweltbelange berühren. Abschließend kommentieren wir aus soziologischer Sicht das zentrale Leitbild der Umweltpolitik, nämlich die Idee einer nachhaltigen Entwicklung.

II. Theoretische Perspektiven der Umweltsoziologie

In diesem Kapitel geben wir einen Überblick zu den in der Umweltsoziologie vorwiegend diskutierten allgemeinen theoretischen Perspektiven. Dies sind nach unserer Auffassung die Theorie gesellschaftlicher Modernisierung, die Systemtheorie und die Theorie rationalen Handelns. Seit einiger Zeit hat sich zudem eine Debatte zur Frage der «sozialen Konstruktion» ökologischer Probleme entwickelt. Auf diese «Realismus-Konstruktivismus»-Diskussion werden wir in einem Abschnitt gesondert eingehen.

1. Modernisierungstheorie

Moderne Gesellschaften, so die Definition von Zapf (1991), sind durch die grundlegenden Institutionen von Konkurrenzdemokratie, Marktwirtschaft und Wohlstandsgesellschaft mit Massenkonsum und Wohlfahrtsstaat charakterisierbar. Die Theorie gesellschaftlicher Modernisierung zeigt die Entwicklungspfade auf, die von der Industrialisierung im 18. Jahrhundert bis zur modernen Gesellschaft führen, und versucht dabei, verschiedene Phasen der Modernisierung zu identifizieren. So ist seit den 50er Jahren erkennbar, dass sich die traditionellen Bindungen an Großorganisationen wie Parteien, Gewerkschaften und Kirchen abgeschwächt haben. Die traditionelle Kernfamilie hat an Stabilität verloren, und die Werte haben sich von der Betonung von Pflicht und Gehorsam hin zu Werten wie Autonomie gewandelt. Neue soziale Bewegungen wie die Umweltbewegung sind entstanden. Unterschiedliche Lebensweisen und Familienformen werden vor allem in Großstädten gewählt und akzeptiert. Zapf (1991) bezeichnet diesen Prozess als «Pluralisierung»; bei Beck (1986) wird von «Individualisierung» gesprochen. Das bedeutet aber keineswegs, dass sich soziale Bindungen mehr und mehr auflösen. Oftmals ersetzen neue Bindungen die alten; an die Stelle des Parteibuchs rückt das Engagement in einer Bürgerinitiative. (Oder, vielleicht noch realistischer, die passive Mitgliedschaft in einer Partei oder Gewerkschaft mit monatlichem Mitgliedsbeitrag wird ersetzt durch eine Abbuchungsgenehmigung für Greenpeace.) «Pluralisierung» oder «Individualisierung» heißt also keineswegs Anomie, Bindungslosigkeit und Vereinzelung. Wie alle Umfragen zeigen, steht die Familie höher im Kurs denn je, aber oftmals eben erst nach längerer Probeehe oder beim zweiten Versuch nach der Wiederverheiratung. Es entwickeln sich neue Strukturen und Institutionen. Bei Zapf (1991) heißt dieser Prozess «weitergehende», bei Beck (Beck et al. 1996) «reflexive» Modernisierung. Mit dem Begriff der «weitergehenden Modernisierung» wird Kontinuität und Wandel betont, während die These von der «reflexiven Modernisierung» auf eine Zäsur abzielt. Mit Blick auf die ökologische Thematik lassen sich den alternativen Perspektiven von Modernisierung zwei Varianten zuordnen: «Risikogesellschaft und reflexive Modernisierung» versus «ökologische Modernisierung».

Risikogesellschaft und reflexive Modernisierung

Was genau ist unter «reflexiver Modernisierung» zu verstehen? Es sind vor allem die folgenden Gesichtspunkte, die diesen Prozess in Bezug auf ökologische Risiken charakterisieren (Beck et al. 1996; Gill 1999): (1) Die technisch-industrielle Entwicklung führt zu nicht-intendierten Nebenfolgen, insbesondere zu ökologischen Gefährdungen. (2) Diese Risiken haben im Vergleich zu den Risiken der «einfachen, linearen Industriemoderne» eine neue Qualität. Dazu zählt (3) insbesondere, dass die neuen Risiken durch die alten Sicherungsinstitutionen nicht mehr beherrschbar sind. Damit verbunden sind zwei Implikationen: Die Nebenfolgen der technisch-industriellen Entwicklung führen zur Erosion der alten Institutionen; die moderne Gesellschaft unterhöhlt damit ihre eigene Grundlage. Zweitens bewirkt reflexive Modernisierung einen «Epochenbruch» und ebnet den Weg in eine «andere», «zweite Moderne». Diese These hat eine Parallele in der von Marx beschworenen Dialektik des Kapitalismus, der seinen eigenen «Totengräber», das Proletariat, hervorbringt. Auch hier sind es nicht-intendierte Nebenfolgen, die zur Beseitigung der Grundlagen der alten Gesellschaft führen und den Weg für eine neue Gesellschaft frei machen.

Die «neue Qualität» von Risiken ist in Becks Argumentation zentral. Was diese ausmacht, wird ausführlich in der «Risikogesellschaft» (Beck 1986) beschrieben:

> «Die heutigen Risiken und Gefährdungen unterscheiden sich also wesentlich von den äußerlich oft ähnlichen des Mittelalters durch die *Globalität* ihrer Bedrohung (Mensch, Tier, Pflanze) und ihre *modernen* Ursachen. Es sind *Modernisierungs*risiken. Sie sind *pauschales Produkt* der industriellen Fortschrittsmaschinerie und werden *systematisch* mit deren Weiterentwicklung verschärft. (...) Sie setzen sys-

> tematisch bedingte, oft *irreversible* Schädigungen frei, bleiben im Kern meist *unsichtbar,* basieren auf *kausalen Interpretationen* (...) und sind insofern im besonderen Maße *offen für soziale Definitionsprozesse.* (...) Sie enthalten einen *Bumerang-Effekt,* der das Klassenschema sprengt. Auch die Reichen und Mächtigen sind vor ihnen nicht sicher» (S. 29 f.). «(...) schon bei der Wasserversorgung hängen alle sozialen Schichten an derselben Leitung; (...) Auf eine Formel gebracht: *Not ist hierarchisch, Smog ist demokratisch.*» (S. 47 f., Hervorhebungen im Text.)

Fassen wir die Merkmale der neuen Qualität von Risiken zusammen. Diese sind (1) global. Klimagase machen nicht vor nationalen Grenzen Halt. Sie sind (2) (oft) irreversibel und (3) unsichtbar (wir haben kein Sinnesorgan für Radioaktivität). Sie beruhen (4) auf kausalen Interpretationen und sind offen für soziale Definitionsprozesse. Dies lässt sich an der Festlegung von Grenzwerten, z. B. für die maximale Belastung durch Ozon, studieren. Grenzwerte sind Resultat eines Aushandlungsprozesses konfligierender Interessen, wobei mehr oder minder gesichertes Wissen (was sind die Auswirkungen von Ozon auf Kinder, ältere Menschen usw.?) und Bewertungen (welches Ausmaß an Gesundheitsgefährdung ist noch akzeptabel?) ins Spiel kommen. (5) folgen die neuen Risiken einer neuen Verteilungslogik. Auch die Reichen sind von ökologischen Gefahren betroffen («Smog ist demokratisch»). Und (6) verschärfen sich diese Risiken mit fortschreitender Modernisierung.

An anderer Stelle führt Beck (1993: 40 ff., 1996: 129 ff.) ein wichtiges Abgrenzungskriterium der neuen Risiken gegenüber den Gefährdungen der alten Industriegesellschaft an: die Nicht-Versicherbarkeit. Die neuen Risiken industrieller Großanlagen wie Kernkraftwerke sind so weitreichend, dass sie nicht mehr versicherbar sind und die Gesellschaft als Ganzes – bei globalen Risiken die Menschheit – einschließlich künftiger Generationen in Haftung genommen wird. Die alten Institutionen der Versicherbarkeit und die «Schlüsselidee der ökonomischen Entschädigung» (Beck 1988: 10) versagen (zu einer Kritik siehe van den Daele 1995).

Auswege aus der sich selbst gefährdenden Risikogesellschaft und – im globalen Maßstab – der «Weltrisikogesellschaft» (1996) sieht Beck zwar auch durch die «Notwendigkeit einer (Um)Welt-Politik von oben» (z. B. internationale Umweltabkommen). Vor allem aber erhofft er sich Veränderungen von einer neuen «Politik von unten», von einer «Subpolitik» der Bürgerproteste und Konsumentenstreiks, von den Aktivitäten der NGOs (Nichtregierungsorganisationen) wie Greenpeace und neuen, punktuellen Allianzen, die von Greenpeace bis hinein in die Regierungsetagen reichen können. Das Paradebeispiel ist der Boykott von Shell im Sommer 1995 wegen der geplanten Versenkung der Bohrinsel «Brent Spar» (Beck 1996: 138–144).

Man kann sich darüber streiten, ob die «Subpolitik» hier nicht etwas zu enthusiastisch gesehen wird. Wie viel ähnlich aufsehenerregende Boykotte hat es seit 1995 gegeben? Und: Ist nicht z. B. das Montreal-Abkommen zur Verbannung von FCKW für den globalen Umweltschutz um ein Vielfaches bedeutender? Aber das eine schließt das andere nicht aus. Und vermutlich steigt der Erfolg internationaler Verhandlungslösungen, wenn Subpolitik starken Druck auf Regierungen und Wirtschaftsunternehmen ausübt. Das heißt: «Politik von oben» und «Politik von unten» muss in ihrer Wechselwirkung gesehen werden. Wir werden uns damit noch genauer in den Kapiteln über «Umweltbewegung und Umweltorganisationen» (VI) und zur «Umweltpolitik» (VII) befassen.

Werfen wir noch einen kritischen Blick auf die Kernpunkte der «Theorieskizze» (Gill 1999) reflexiver Modernisierung. Dies sind die These zur neuen Qualität von Risiken, die These von der Selbstgefährdung der technisch-industriellen Entwicklung, die These vom Versagen der Basisinstitutionen und die These vom «Epochenbruch».

Risiken wie die Klimagefährdung sind global, aber daneben gibt es viele lokale Umweltprobleme, die durch eine Dezentralisierung von Umweltpolitik beherrschbar sind. Die vermeintliche Globalität aller Umweltrisiken kann auch leicht zu bloßer Umweltrhetorik führen. Frey und Bohnet (1996) befassen sich ausführlicher mit diesem Thema und plädieren für neue, dezentrale Institutionen zur Lösung von Umweltproblemen. Ebenso sind nicht alle ökologischen Probleme irreversibel. Der Verlust von Biodiversität ist irreversibel, aber z. B. bei der Qualität von Luft und Gewässern sind in den reichen Ländern Fortschritte gemacht worden. Und die Verteilungslogik? Zunächst einmal sind im globalen Maßstab die Ärmsten der Armen die Hauptbetroffenen lokaler und globaler Umweltprobleme. Aber auch in den reichen Ländern ist der «demokratische Smog» wohl eher eine Übertreibung. Lärmbelastung z. B., ein die Gesundheit beeinträchtigender Faktor von erheblichem Gewicht, dürfte deutlich negativ mit dem Einkommen korreliert sein. Reiche können sich von vielen ökologischen Problemen abkoppeln, wenn es sein muss, sogar von der gemeinsamen Wasserversorgung. Dennoch sind auch die Mittel- und Oberschichten von ökologischen Problemen betroffen, denn selbst dort, wo private «Fluchtwege» offen stehen, sind diese (ebenso wie kollektive Maßnahmen) mit Kosten verbunden. Auch Becks These vom «Bumerang-Effekt» ist nicht einfach von der Hand zu weisen. «Besitz wird entwertet, in schleichenden

Formen ‹*ökologisch enteignet*›» (1986: 50). Ökologische Belastungen können Besitz und Vermögen mindern. Durch Giftmüll verseuchte Grundstücke sind schlecht verkäuflich, und der Wert von Immobilien hängt stark von der Qualität der Umwelt ab. Vielleicht kann man es so formulieren: Der das «Klassenschema sprengende Bumerang» trifft zwar Arm und Reich, aber doch in unterschiedlichem Ausmaß. Wer reich ist, kann sich – um im Bilde zu bleiben – mit einem Helm vor den Blessuren des Bumerangs schützen. Mit der Verteilungslogik ökologischer Risiken ist es wie mit dem Unfallrisiko im Straßenverkehr. Ganz demokratisch sind alle dem Risiko eines Unfalls ausgesetzt. Nur wenn z. B. eine schwere Mercedes-Limousine mit einem Kleinwagen frontal zusammenstößt, ist das Risiko eines tödlichen Unfallausgangs für die Insassen des Letzteren wohl höher als für die Insassen der schweren Limousine.

Schließlich ist noch ein Aspekt bei der Diskussion der «neuen Qualität» von Risiken zu bedenken. Der Begriff «Risikogesellschaft» suggeriert, dass die Gefährdungen, denen Menschen in früheren Epochen ausgesetzt waren, weniger weitreichend und weniger stark ausgeprägt seien als in der reflexiven Moderne. Es sei nur an die jüngere Geschichte des 20. Jahrhunderts erinnert. Im Zeitalter von zwei barbarischen Weltkriegen – auch «globale Risiken» mit mehr als 70 Millionen Kriegstoten – lebten die betroffenen Generationen wohl mehr in einer «Risikogesellschaft» als die Generationen der reflexiven Moderne. In historischer Zeit gab es in Europa mehrere Bevölkerungskatastrophen, hervorgerufen durch Krieg oder Epidemien oder beides (Cipolla 1976). Zieht man als Indikator für Gefährdungen die Lebenserwartung heran, dann ist klar, dass die Risiken abgenommen haben. Ein viel aufschlussreicherer Indikator ist aber die Varianz der Sterbealterverteilung. Ist diese sehr hoch, im Extremfall eine Gleichverteilung, dann ist der Tod in jedem Lebensabschnitt gleich wahrscheinlich. Bei hoher Varianz ist der Tod ständiger Begleiter. Wie Untersuchungen des Bevölkerungshistorikers Imhof (1988) dokumentieren, ist hohe Varianz charakteristisch für die vorindustrielle Bevölkerung. Seither hat die Lebenserwartung zu- und die Varianz abgenommen. Bevölkerungswissenschaftler sprechen von einem Trend zur «Rektangularisierung» der Überlebenskurven. Die Menschen werden älter und die Sterbealter homogener; auch der Tod ist «demokratischer» geworden. Der vorzeitige Tod, etwa vor dem 50. Lebensjahr, ist seltene Ausnahme, möglicherweise ein demographischer Grund für die Verdrängung des Todes in unserer Gesellschaft. Natürlich kann man «Risiko» so und auch anders definieren. Die historische Betrachtung der Entwicklung von Mortalitätsrisiken kann aber die Maßstäbe zurechtrücken, wenn von «Risikogesellschaft» die Rede ist.

Mit gutem Grund kann man davon ausgehen, dass sich die ökologischen Nebenfolgen technisch-industrieller Produktion zu einem wachsenden Gefahrenpotenzial summieren. Aber folgt daraus zwangsläufig, dass der Selbstgefährdung der Risikogesellschaft nicht mit einer Selbstkorrektur begegnet werden könnte? Die Industriegesellschaft hat in der Vergangenheit auf Herausforderungen mit erheblichen Anpassungsleistungen reagiert, auf die soziale Frage z. B. mit grundlegenden institutionellen Reformen. Warum sollten – verstärkt durch den Druck von Subpolitik – strukturelle Anpassungen bei den ökologischen Nebenfolgen nicht gelingen (van den Daele 1995, 1996)? Ob sich institutionelle Reformen und Subpolitik schließlich zu einem «Epochenumbruch» addieren, hängt dann auch davon ab, wie man die Grenzlinie zwischen «alter» und «neuer» Moderne definiert. «Ab irgendeinem Punkt wird es auch ein Streit um Worte, ob man eine reformierte Industriegesellschaft eine andere Gesellschaft nennt» (van den Daele 1995: 508).

Ökologische Modernisierung

Der Leitgedanke ökologischer Modernisierung entspricht im Prinzip dem, was Weizsäcker et al. (1995) als «Effizienzrevolution» bezeichnen. Jänicke (1994: 41), der den Begriff «ökologische Modernisierung» zu Beginn der achtziger Jahre eingeführt hat, meint damit: «Leistungen des technischen Fortschritts, die bestimmte Intensitäten der Produktion (bezogen auf die Wertschöpfung) senken: vor allem die Rohstoffintensität, die Energieintensität, die Flächenintensität, die Transportintensität, die Abfallintensität und die Risikointensität». Ziel ökologischer Modernisierung in diesem Sinn ist qualitatives Wachstum durch «Entkoppelung», d. h. höhere Wertschöpfung bei geringerem Ressourcenverzehr. Der Weg zu diesem Ziel sind institutionelle Reformen von der Arbeitsmarkt- bis zur Steuerpolitik, d. h. in der Summe der ökologische Umbau der Industriegesellschaft. Zu den institutionellen Reformen zählt auch die Einführung neuer Rechtsinstitute mit zum Teil weitreichenden Folgen. Beispiele sind die Gefährdungshaftung und Produktverantwortung, die in ersten Ansätzen in das deutsche Umweltrecht eingegangen sind (van den Daele 1996: 432 ff.).

Man könnte meinen, dass eine Entkoppelung von Wachstum und Ressourcenverzehr quasi automatisch durch den Strukturwandel von der Industrie- zur Dienstleistungsgesellschaft erfolgt sei. Insbesondere sollte der Rückgang von Grundstoffindustrien eine ökologische «Gratisentlastung»

(Jänicke 1994) bescheren. Tatsächlich erfüllte sich diese Hoffnung aber nicht. Jänicke berichtet über eine Untersuchung von acht umweltintensiven Industriezweigen (Aluminium, Chlor, Papier, Pestizide, Transport, Zement, Düngemittel und Rohstahl) in 32 Industrieländern für den Zeitraum von 1970 bis 1990. Per saldo ergab sich keine Umweltentlastung durch Strukturwandel. Die Schrumpfung bei Zement, Düngemitteln und Rohstahl wurde durch das Wachstum in den anderen untersuchten Bereichen kompensiert. Allerdings wird bemerkt, dass ohne Strukturwandel eine erhebliche ökologische Zusatzbelastung aufgetreten wäre. Ähnliches gilt per saldo für brancheninterne Veränderungen der Produktion, wobei hier aber je nach Land und Industriezweig größere Unterschiede zu beobachten sind. So war z. B. in der japanischen Chemieindustrie der Endenergieverbrauch trotz überproportionaler Steigerung der Produktion rückläufig. In Westdeutschland hat sich der Wasserverbrauch in den acht Industriezweigen aufgrund brancheninternen Wandels zwischen 1971 und 1987 um mehr als ein Drittel vermindert. Einsparungen hier standen allerdings Mehrverbräuche anderer Ressourcen, etwa im wachsenden Transportsektor, gegenüber (Jänicke 1994). Was folgt aus diesen Ergebnissen? Erstens kann man nicht auf eine ökologische Gratisentlastung durch Strukturwandel hoffen (allerdings gab es nach 1990 durch den Niedergang der alten Industrien im Osten erhebliche «strukturelle» Entlastungseffekte). Und zweitens zeigen einzelne Länder und Branchen, dass durch brancheninternen Wandel der Produktion wesentliche Effizienzgewinne erzielt werden können. Wodurch aber wird die Effizienzsteigerung angetrieben? Die Anwort lautet: durch den Preis von Ressourcen. So ist der Stromverbrauch im Vergleich von Ländern mit ähnlichem Wohlstandsniveau mit dem Strompreis deutlich negativ korreliert (Jänicke 1994). Entsprechendes gilt für die Nachfrage nach Benzin und den Benzinpreis (Weizsäcker und Jesinghaus 1992; Diekmann und Franzen 2000). Deshalb auch stehen höhere Energiesteuern ganz oben im Katalog des Programms ökologischer Modernisierung.

Szenarien zur «ökologischen Modernisierung» befassen sich mit der künftigen technisch-industriellen und gesellschaftlichen Entwicklung. Huber (1993: 290 ff.) fasst den Stand der Diskussion in einem Drei-Stufen-Modell zusammen. Nach einem «Vorstadium der ökologischen Ignoranz» beginnt eine «erste Phase der kompensatorischen Umweltsanierung (akute Gefahren- und Schadensabwehr), die dann zweitens in die innovative Phase des integrierten Umweltschutzes übergeht (professionelles Risikomanagement), um schließlich drittens in eine Phase der strukturellen Ökologisierung zu münden». In der kompensatorischen Phase dominieren nachgeschaltete («End-of-Pipe-»)Maßnahmen. In der Summe kommen diese Maßnahmen aber teuer, führen zum Problem des «Vollzugsdefizits» und ziehen eine «kontraproduktive Bürokratisierung» nach sich. Diese Umstände «erzwingen» gemäß Huber den Übergang in die zweite Phase (wobei sich in der Realität die Phasen überlappen werden). Die Phase des integrierten Umweltschutzes wird durch innovative Lösungen der Prozess- und Produktinnovation geprägt. Neue, umweltschonende Produktionsverfahren und Produkte treten an die Stelle der herkömmlichen. Schließlich bildet sich in der dritten Phase struktureller Ökologisierung «besonders in den verbrauchernahen Bereichen» eine ökologische Marktwirtschaft heraus (Huber 1993: 292).

> «In einer ökologischen Marktwirtschaft fungieren Produzenten und Konsumenten als die originären Umweltpartner. Die Anbieter – freiwillig oder gezwungen – investieren in umweltverträgliche Produkte und Verfahren, die Verbraucher – nolens volens – gewährleisten mit ihrer kaufkräftigen Nachfrage, dass diese Investitionen sich rechnen. Das politisch-administrative Umfeld für sie wird zunehmend geprägt vom Einsatz marktgerechter finanzpolitischer Instrumente (z. B. Öko-Steuern, Öko-Zölle) sowie durch zivilrechtlich orientierende Rahmenbedingungen (z. B. Kooperationslösungen, diskursiv vereinbarte kollektive Selbstverpflichtungen durch Interessen-Vermittlung [Mediation], Produkt- und Umwelthaftung, ökologische Marktordnungs- und Wettbewerbspolitik u. a.)» (Huber 1993: 292).

An anderer Stelle diskutiert Huber (1995) die Ziele ökologischer Modernisierung detaillierter. Als Kriterien werden u. a. genannt: (1) die konsistente Einbindung von anthropogenen Stoffkreisläufen in geogene Stoffkreisläufe, (2) integrierter Umweltschutz statt End-of-Pipe-Technologie, (3) systematische Anwendung von Instrumenten der Umweltpolitik und (4) die Herausbildung einer Handlungsarena zur Partizipation der Akteure (Unternehmen, Haushalte, Politik, Wissenschaft, Medien usw.). Eine wichtige Rolle spielt der Begriff der «Konsistenz», dem vor Effizienz und Suffizienz höchste Priorität zukommt. Während Effizienz auf wachsende Ressourcenproduktivität abzielt, ist Konsistenz ein Ausdruck für den Grad der Naturangepasstheit von Stoffströmen und Energiegewinnung. Um ein Beispiel zu geben: Mit der Konstruktion eines Autos, das drei Liter oder weniger Benzin auf 100 km verbraucht, wird die Effizienz erhöht. Dagegen wäre der Umstieg von fossiler Energie wie Benzin auf regenerative Energien (im Auto z. B. eine Brennstoffzelle mit solar produziertem Wasserstoff) ein Gewinn an Konsistenz.

Auf welche Weise aber soll das Drei-Phasen-Schema ökologischer Modernisierung angesichts zahlreicher konfligierender Interessen Realität werden? Besonders stellt sich die Frage: Handelt es sich um ein Modell, das empirisch prüfbare Prognosen über künftige Entwicklungen formuliert, oder um ökologisch wünschbare Szenarien, deren Umsetzung u. a. vom politischen Gestaltungswillen abhängt? Unbefriedigend bleibt die Verquickung von ‹Sein› (oder besser ‹Werden›) und ‹Sollen›, von empirischen Abläufen und normativ orientiertem politischen Programm. Welches sind genau die Gründe für die Phasenübergänge und dafür, dass die Entwicklung wie prognostiziert und nicht anders abläuft? Handelt es sich um einen technikdominierten, sich quasi automatisch vollziehenden Prozess, sodass wir die Phase struktureller Ökologisierung optimistisch abwarten können? Hier bestehen noch eine ganze Reihe von Unklarheiten.

Bei Jänicke (1994: 54 ff.) hängt die künftige Entwicklung u. a. vom Verlauf der politischen Debatte ab. Hier finden wir einige politische Minimalforderungen, um ökologische Modernisierungsprozesse in Gang zu setzen. Nun sind Forderungen wie höhere Energiesteuern, man denke nur an die Benzinpreisdebatte, nicht gerade populär. Jänicke formuliert daher folgenden Kerngedanken: «Ökologische Langzeitpolitik hat heute nur Chancen, wenn sie mit anderen ungelösten Problemen verbunden werden kann. Massenarbeitslosigkeit und Staatsverschuldung gehören dazu. Gerade hier wird es auf integrierte ‹Win-win›-Lösungen ankommen, die an mehreren Fronten des Sozialstaats Entlastung schaffen» (1994: 56).

2. Systemtheorie

Es lassen sich zwei Arten von Systemtheorie unterscheiden (Rapoport 1988 a, 1996). Die eine hat ihre Wurzeln in der Biologie und betrachtet die Entwicklung und Funktionsweise komplexer Strukturen, z. B. des Organismus oder einer Zelle. In dieser Tradition stehen die Arbeiten von Maturana und Varela (Maturana 1982) zur «Autopoiesis» (der Selbstreproduktion von Systemen), an die der Soziologe Niklas Luhmann anknüpft. Die andere Art von Systemtheorie hat mathematisch-physikalische Wurzeln und geht auf die von Norbert Wiener begründete Kybernetik (Steuerungslehre, Mess- und Regelungstechnik, Informationstheorie) zurück. Ein System besteht hier aus Elementen und den zwischen den Elementen existierenden Relationen. Beide Arten von Systemtheorie wurden in den Sozialwissenschaften rezipiert, und – darüber hinaus – werden beide Arten von Systemtheorie heute auf ökologische Fragestellungen bezogen.

Ökologische Kommunikation

«Kann die moderne Gesellschaft sich auf ökologische Gefährdungen einstellen?», lautet die Frage im Untertitel von Luhmanns (1986) Arbeit zur «ökologischen Kommunikation». Zur Analyse der gesellschaftlichen Reaktionen auf ökologische Probleme bedient sich Luhmann (1984) seiner Theorie sozialer Systeme. Um die Ausführungen nachvollziehen zu können, müssen wir uns mit den wichtigsten begrifflichen Bausteinen der Theorie vertraut machen. Dazu zählt zunächst einmal der Begriff «soziales System», der von Luhmann in eigenwilliger Weise definiert wird. In der sozialen Netzwerkanalyse z. B. ist ein soziales System eine Menge von Personen, zwischen denen bestimmte Beziehungen (z. B. Tauschbeziehungen) bestehen können. Ganz anders bei Luhmann. In seiner Definition kommen weder Menschen noch menschliche Handlungen vor. Ein soziales System ist gemäß Luhmann (1986: 269) ein «autopoietischer Kommunikationszusammenhang», welcher sich durch «Einschränkung der geeigneten Kommunikationen gegen eine Umwelt abgrenzt». Dabei heißt «autopoietisch», dass sich Systeme aus sich selbst heraus reproduzieren, also dass sie «alle elementaren Einheiten, aus denen sie bestehen, durch ein Netzwerk eben dieser Elemente reproduzieren und sich dadurch von einer Umwelt abgrenzen (...)» (S. 266). Ein biologisches Beispiel ist die Zelle eines Organismus, die sich mit ihren elementaren Einheiten wie Zellkern, Zellplasma, Mitochondrien usw. selbst reproduziert und eine «Differenz» zu ihrer Umwelt aufbaut. Ein Beispiel eines sozialen Systems ist das Rechtssystem. Elementare Einheiten sind Kommunikationen wie Gesetzestexte, Auslegungen von Recht, Urteile usw., wobei die Kommunikationen aufeinander bezogen sind, sich von der Umwelt, also auch von anderen Subsystemen wie Politik und Wirtschaft abgrenzen und sich der Kommunikationszusammenhang fortwährend aus sich selbst heraus (autopoietisch) erneuert. Wie man schon gemerkt haben wird, hat auch der Begriff «Umwelt» eine Bedeutung, die vom üblichen Sprachgebrauch abweicht. «Umwelt» meint nicht notwendigerweise «Ökologie», sondern aus der Perspektive eines Systems heraus gehören sämtliche Vorgänge außerhalb der Systemgrenzen zur Umwelt des Systems (vgl. auch Luhmann 1994). Ein wirtschaftliches Ereignis, beispielsweise die Fusion von zwei Unternehmen, ist für das Rechtssystem ein «Umweltereignis».

Eine strukturelle Besonderheit moderner Gesellschaften ist «funktionale Differenzierung» (Luhmann 1994). Hiermit wird die Herausbildung von System-Umwelt-Differenzen innerhalb von Systemen bezeichnet, z. B. durch die Bildung von Subsystemen, die eine Funktion für das Gesamtsystem erfüllen (1986: 266 f.). In Bezug auf das Gesamtsystem der modernen Gesellschaft sind Wirtschaft, Recht, Wissenschaft, Politik, Religion u. a. soziale Subsysteme. Wir sprachen davon, dass sich Systeme, und dazu zählen auch Subsysteme, autopoietisch reproduzieren. Das bedeutet nun nicht, dass Systeme äußere Einflüsse vollständig ignorierten. Allerdings reagieren die Systeme sehr zurückhaltend und selektiv auf ihre Umwelt. Luhmann (S. 41) spricht von «Kopplung» (in Anlehnung an die biologische Theorie lebender Systeme) oder «Resonanz». Nur ausnahmsweise wird ein System «durch Faktoren der Umwelt irritiert, aufgeschaukelt, in Schwingung versetzt (...). Eben diesen Fall bezeichnen wir als Resonanz» (S. 40).

Die Frage nach den ökologischen Gefährdungen des gesellschaftlichen Lebens kann jetzt in die Sprache der Systemtheorie übersetzt werden, und zwar in die Frage nach den Bedingungen, «unter denen Sachverhalte und Veränderungen der gesellschaftlichen Umwelt in der Gesellschaft *Resonanz finden*» (S. 41 f., Hervorhebungen im Original). Bei der Beantwortung ist Luhmann, so viel sei hier schon vorweggenommen, mit «der These einer nur begrenzten Resonanzfähigkeit der auf der Basis von Sinn operativ geschlossenen Systeme» eher pessimistisch. Wie wird die These der begrenzten Resonanzfähigkeit genauer begründet? Besinnen wir uns darauf, dass Systeme äußerst selektiv auf Umweltereignisse reagieren. Die Selektion wird gesteuert durch die Struktur eines Funktionssystems. Systeme können «nur nach Maßgabe ihrer eigenen Struktur auf Umweltereignisse reagieren (...)» (S. 269). Die Struktur eines Funktionssystems besteht nun aus «Codes» und «Programmen», die spezifisch auf das jeweilige System zugeschnitten sind. Subsysteme wie Politik, Recht, Wirtschaft u. a. reagieren somit auch höchst unterschiedlich auf Ereignisse ihrer Umwelt. Bei den Codes handelt es sich um binäre Attribute mit den Ausprägungen wahr / falsch im Wissenschaftssystem, Recht / Unrecht im Rechtssystem, die Existenz bzw. Abwesenheit von Verfügungsrechten über Geld und Vermögen sowie Zahlungen im Wirtschaftssystem oder auch gut / böse in der Moral. Die Codes wiederum werden gemäß den Programmen zugewiesen. So ist die Ethik ein Programm, das Regeln enthält, nach denen die moralischen Codes «gut» oder «böse» zugeschrieben werden. Rechtslehre und Wissenschaft kennen Programme zur Vergabe der Codes Recht / Unrecht bzw. wahr / falsch. In der Wirtschaft erfolgt die Beurteilung der Richtigkeit von Zahlungen, die Zuweisung der Codes Zahlen / Nichtzahlen durch das Programm der Preise, das wiederum durch eine Art Metaprogramm (Lehre vom gerechten Preis, Lehre von der Vertragsfreiheit und Marktpreisen im Liberalismus) gerechtfertigt wird (S. 104 ff.).

Entsprechend den Codes und Programmen wird nun recht selektiv auf Ereignisse in der Umwelt der Systeme reagiert. Wird z. B. im Wirtschaftssystem oder Rechtssystem Resonanz erzeugt, wenn der Verkehrslärm in einem Wohnquartier stark ansteigt oder ein Straßenbauprojekt die Naturästhetik einer Bergregion zu zerstören droht? Dies ist gemäß Luhmanns Theorie zunächst einmal nicht der Fall. Erst wenn eine Rechtsregel existiert, die z. B. eine Grenze für die Lärmbelastung festlegt, und ein Betroffener eine Klage einreicht, wird das Umweltereignis vom Rechtssystem verarbeitet und codiert. Erst in diesem Fall tritt Resonanz auf. Das Wirtschaftssystem wiederum reagiert nicht auf die Bedrohung der Naturästhetik, es sei denn, es handelte sich um einen in Preisen bezifferbaren Schaden z. B. durch Einbußen beim Tourismus. «Der Schlüssel des ökologischen Problems liegt, was Wirtschaft betrifft, in der Sprache der Preise. (...) Auf Störungen, die sich nicht in dieser Sprache ausdrücken lassen, kann die Wirtschaft nicht reagieren (...) Diese strukturelle Beschränkung auf Preise ist aber nicht nur ein Nachteil, nicht nur ein Verzicht auf andere Möglichkeiten; sie *garantiert* zugleich, dass das Problem, *wenn* es in Preisen ausgedrückt werden kann, *im System auch bearbeitet werden muß*» (S. 122 f., Hervorhebungen im Original).

Ereignisse in der Umwelt eines Systems rufen also an sich noch keine Reaktionen hervor. «Die Umwelt ist, was sie ist. Sie enthält allenfalls Daten. Erst für Systeme wird es möglich, die Umwelt zu sehen (...)» (S. 45). Aber was ist mit der Politik, die sich doch um öffentliche Angelegenheiten kümmern sollte? Werden die Besorgnisse über ökologische Gefährdungen hier nicht eher Gehör – oder in der Sprache der Systemtheorie – Resonanz finden? In Luhmanns Theorie kommt der Politik keine privilegierte Position zu. Das politische System steht nicht als Steuerungszentrale über den anderen Systemen. Politik ist ein Subsystem, ein Funktionssystem wie Wirtschaft, Recht und andere mit Codes und Programmen. Der Code des politischen Systems ist das Innehaben oder der Ausschluss von Ämtern. «Auch das politische System ist mithin, es wäre sonst kein System, nur im Rahmen der Eigenfrequenzen resonanzfähig. (...) Politische Resonanz kommt vor allem dadurch zustande, dass die öffentliche Meinung als der eigentliche Souverän differentielle Chancen der Wiederwahl suggeriert» (S. 175).

Ein weiteres Moment verringert nochmals die Chancen von Resonanz: der Verzicht auf redundante Funktionssysteme. Systeme wie Recht, Wirtschaft, Wissenschaften usw. sind keine funktionalen Äquivalente; das eine System kann die Aufgaben des anderen nicht übernehmen. Es gibt keine Parallelsysteme, die einander substituieren könnten. Damit verringert sich die Wahrscheinlichkeit, dass eine «Störung» in der Umwelt, die ein System ignoriert, von einem funktional äquivalenten System doch noch wahrgenommen werden könnte. «Wie unter Hinweis auf allgemeine systemtheoretische und besonders auf biologische Forschungen bereits gesagt, führt Redundanzverzicht zu einer Beschränkung der Fähigkeit, auf Störungen (noise) zu reagieren» (S. 218).

Resonanz nur nach Maßgabe der Codes und Programme und Redundanzverzicht verringern die Chance, dass die Funktionssysteme auf ökologische Gefährdungen angemessen reagieren. «Die Gesellschaft hat *nur* diese Möglichkeit, nur in Ausnahmefällen zu reagieren. Daraus kann man schließen, dass die Gesellschaft angesichts ökologischer Gefährdungen *zu wenig Resonanz* aufbringt» (S. 220, Hervorhebungen im Original).

Nun argumentiert Luhmann aber weiter, dass die externen und internen Systemgrenzen zu unterscheiden sind. «Durch ihre Außengrenzen schirmt die Gesellschaft ihre eigene Autopoiesis, also Kommunikation, gegen die hohe Komplexität nichtkommunikativer Sachverhalte ab» (S. 221). Die geringe Resonanz bezieht sich also auf Ereignisse jenseits der Außengrenzen. Die Verseuchung eines Gewässers z. B. kann erst dann eine Reaktion hervorrufen, wenn sie kommuniziert wird und gemäß den Codes und Programmen den Filter eines Funktionssystems passiert. An den gesellschaftsinternen Systemgrenzen existiert dagegen ein viel regerer Austausch von Kommunikationen. Wirtschaftliche Daten wie die Arbeitslosenquote, Wachstumsziffern und Inflationsindices rufen Resonanz im politischen System hervor, dessen Kommunikationen wiederum auf das Wirtschaftssystem zurückwirken. Wegen der kommunikativen Interdependenzen ist es «hochwahrscheinlich, dass sich Turbulenzen eines Systems auf andere übertragen (...)» (S. 221). Daraus ergibt sich die zweite zentrale These, dass neben zu geringer Resonanz auch ein Überschuß an Resonanz auftreten kann. «Es kann nämlich gleichzeitig auch zu viel Resonanz geben, und das System kann, ohne von außen zerstört zu werden, an internen Überforderungen zerspringen» (S. 220). Und ganz ähnlich heißt es in einer späteren Arbeit «Wessen Umwelt?»: «Die Wahrscheinlichkeit ist vielmehr hoch, dass die Systeme einander mit Problemen überlasten, die mehr und mehr eigene Kraft absorbieren» (1994: 30).

Die systemtheoretische Analyse nährt Zweifel an der Problemlösungskapazität staatlicher Politik. Nur, benötigt man, um zu dieser Behauptung zu gelangen, das begriffliche Instrumentarium der Systemtheorie? Und gibt es nicht auch Gegenbeispiele für ökologische Gefährdungen (bzw. Kommunikationen über Gefährdungen), die im politischen System erhebliche Resonanz hervorgerufen haben und auf politischem Wege «entschärft» werden konnten? Wer Luhmanns Systemtheorie studiert, lernt viele neue Begriffe kennen. Das an sich ist noch kein Kritikpunkt, sofern die Begriffe in Hypothesen und Propositionen eingehen und zu neuen Erkenntnissen führen. System, Kommunikationen, Autopoiesis, funktionale Differenzierung, Subsysteme und Funktionssysteme, Interdependenz, Codes, Programme und Resonanz sind die wesentlichen Glieder der Argumentationskette. Aber ein Wörterbuch ist noch keine Theorie. Wie mit bunten Legosteinen werden aus diesen Begriffen kunstvolle Gebäude errichtet. Aber dienen sie auch dem Zweck, Verständnis und Erkenntnis zu vertiefen? Wenn die zentrale Schlussfolgerung lautet, dass ökologische Gefährdungen entweder zu wenig oder zu viel Resonanz erzeugen, stellt sich die Frage nach dem Informationsgehalt der Theorie. Und darüber hinaus stellt sich eine zweite Frage: Was ist denn überhaupt der Maßstab, um zu entscheiden, ob zu wenig oder zu viel Resonanz hervorgerufen wurde? Erst nach Beantwortung dieser Frage kann wohl überhaupt geklärt werden, ob die systemtheoretische Analyse Luhmanns zu einer angemessenen Beschreibung der gesellschaftlichen Reaktionen auf ökologische Probleme beiträgt.

Dynamische Systeme

Die aus der Kybernetik hervorgegangene Systemtheorie betrachtet insbesondere dynamische Systeme. Ein System ist hier eine Menge von Variablen, zwischen denen Relationen bestehen. Werden die Variablen mit einem Zeitindex versehen und liegen Beziehungen derart vor, dass die Variablenwerte zum gegenwärtigen Zeitpunkt von den Variablenwerten der Vorperiode abhängen (Beispiel Bevölkerungswachstum), dann handelt es sich um ein dynamisches System. Eigendynamik, Rückkoppelung, positives Feedback (Übersteuerung) und negatives Feedback (Kontrolle) sind weitere Schlüsselbegriffe der Theorie dynamischer Systeme. Genauer handelt es sich zunächst einmal nicht um eine empirisch gehaltvolle Theorie, sondern um ein formales Modell. Zu einer empirischen Theorie wird das Modell dann, wenn die Variablen messbare Größen wie Bevölkerung, CO_2-Emissionen usw. darstellen.

Um die Logik dynamischer Systeme zu veranschaulichen, betrachten wir zunächst ein einfaches Modell, das später in verschiedene Richtungen verallgemeinert werden kann. In unserem Modell wächst die Bevölkerung y mit einer konstanten Wachstumsrate, der Differenz aus Geburtenrate a und Sterberate b. Beträgt die Geburtenrate z. B. a = 0,015 pro Jahr (oder 1,5 %) und die Sterberate b = 0,01 (oder 1 %), dann wächst die Bevölkerung jedes Jahr mit einer Wachstumsrate von 0,005 oder 0,5 %. Hinzu kommt die Nettoeinwanderung x, die Differenz aus Einwanderung und Auswanderung. Die Zusammenhänge gehen aus der Abbildung II.1 hervor.

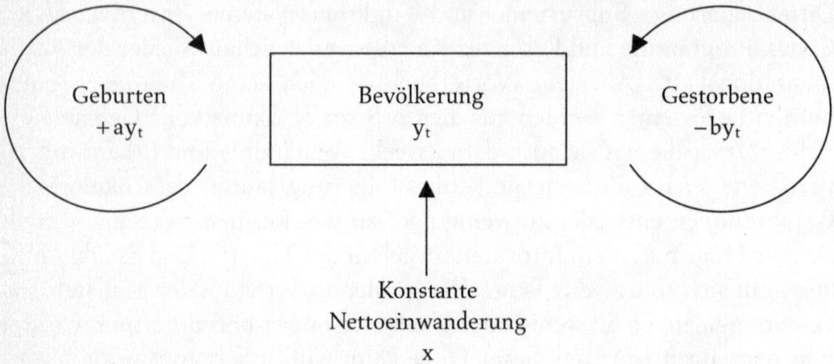

Abbildung II.1: **Ein einfaches Modell des Bevölkerungswachstums**

Der Zusammenhang zwischen dem Bevölkerungswachstum, dem Bevölkerungsbestand, der Geburten- und Sterberate sowie der Einwanderung kann mit einer Differenzengleichung ausgedrückt werden. Bei einer Differenzengleichung (ersten Grades) hängt der Wert einer Variable y zum Zeitpunkt t+1 von dem Wert der gleichen Variable in der Vorperiode t ab. Schreiben wir Δy_t für den Zuwachs der Bevölkerung in der Zeitperiode von t bis t+1, so lautet die Bevölkerungsgleichung:

$$\Delta y_t = y_{t+1} - y_t = ay_t - by_t + x. \quad (1)$$

Dies ist nach einer einfachen Umformung:

$$y_{t+1} = (1 + a - b)\, y_t + x. \quad (2)$$

Vereinfachen wir mit der Bezeichnung c = 1 + a − b für den Wachstumsfaktor, dann erhält man:

$$y_{t+1} = cy_t + x. \quad (3)$$

Sind der Wachstumsfaktor c und die Nettoeinwanderung je Periode x bekannt, dann kann die Bevölkerungszahl – ausgehend von einem Anfangswert y_0 – für alle weiteren Zeitperioden t = 1, 2, 3, … hochgerechnet werden. Dies geschieht durch sukzessives Einsetzen:

$$y_1 = cy_0 + x$$
$$y_2 = cy_1 + x \quad (4)$$
$$y_3 = cy_2 + x$$
... usw.

Betrachten wir ein einfaches Zahlenbeispiel mit einem Anfangswert von $y_0 = 100$, einer Wachstumsrate von 10 Prozent (d. h. $a - b = 0{,}10$ und damit $c = 1{,}10$) und einer Nettoeinwanderung von $x = 10$. Mit diesen Werten ergibt sich durch sukzessives Einsetzen:

t	y_t	x
0	100	10
1	120	10
2	142	10
3	166	10
4	193	10
... usw.		

Die zeitliche Entwicklung der «Zustandsvariablen» y_t bezeichnet man als Trajektorie. Sind ein dynamisches System und die Anfangswerte der Zustandsvariablen gegeben, so stellen die Trajektorien eine spezifische Lösung des Systems dar. Bei einfachen Systemen wie in unserem Beispiel kann man die Lösung auf mathematisch-analytischem Weg ableiten. Die Lösung der Gleichung (3) lautet allgemein: $y_t = c^t y_o + x\,(1 - c^t)\,/\,(1 - c)$. Man kann sich davon überzeugen, dass für $y_o = 100$, $c = 1{,}1$ und $x = 10$ die in der Tabelle aufgeführten Werte für y_t resultieren. Natürlich kann das Wachstum auch negativ sein. Gehen wir der Einfachheit halber von einer Nettoeinwanderung von $x = 0$ aus. Ist nun in (1) $b > a$, d. h. die Sterberate größer als die Geburtenrate, dann schrumpft die Bevölkerung. Gleichermaßen können wir die Formel auf den Raubbau an natürlichen Ressourcen anwenden. Nehmen wir an, y_t ist die Fläche tropischen Regenwalds. Wenn pro Jahr 2 Prozent abgeholzt werden, schrumpft die Waldfläche nach etwa 35 Jahren auf die Hälfte. (Dies folgt aus $y_t = c^t y_o$ mit $y_t = 2\,y_o$, $c = 0{,}98$ und Auflösen nach t. Allgemein gilt näherungsweise für «kleine» Wachstumsraten bis etwa +/– 10 Prozent für die Verdoppelungs- bzw. Halbierungszeit = 70/prozentuale Wachstumsrate.)

Bei komplexen dynamischen Systemen mit zahlreichen Zustandsvariablen und nicht-linearen Zusammenhängen zwischen den Variablen wird man in der Regel keine analytische Lösung finden. In diesem Fall behilft man sich mit Computersimulationen, bei denen Periode für Periode durch sukzessives Einsetzen entsprechend dem obigen Rechenbeispiel die Werte der Trajektorien ermittelt werden. Der Nachteil von Computersimulationen ist freilich, dass das Systemverhalten nicht allgemein analysiert werden kann wie im Falle mathematisch-analytischer Lösungen. Hier können wir genau die Bedingungen ermitteln für z. B. ein Bevölkerungsgleichgewicht oder die Voraussetzungen für schrumpfende und wachsende Bevölkerungen. Bei Computersimulationen erhält man dagegen immer spezielle Lösungen für die jeweiligen Parameterwerte (im Beispiel a und b), die Anfangswerte (hier y_o) sowie die exogenen Einflüsse (im Beispiel x). Um das Systemverhalten zu erkennen, muss man dann «probieren», d. h. die zeitliche Entwicklung der Zustandsvariablen für verschiedene Konstellationen von Anfangswerten, Parameterwerten und exogenen Effekten hochrechnen. Sind die errechneten Trajektorien relativ robust gegenüber leichten Veränderungen der Anfangswerte, Parameter usw., so wird man Modellprognosen eher vertrauen, als wenn die errechneten Werte sehr sensibel auf Abweichungen reagieren. Man spricht von Robustheits- bzw. Sensitivitätsanalysen.

Auf der anderen Seite haben Computersimulationen dynamischer Systeme den großen Vorteil, dass die Systeme fast beliebig komplex sein können. Beispielsweise hängen Geburten- und Sterberaten und die Einwanderung von zahlreichen anderen ökonomischen, sozialen und demographischen Faktoren ab. Es ist kein Problem, dynamische Systeme mit hundert oder mehr Variablen und einer Vielzahl von Wechselwirkungen im Computer zu simulieren. Das Prinzip ist das gleiche wie bei unserer einfachen Bevölkerungsgleichung. Die Beziehungen zwischen den Variablen werden als Differenzengleichungen geschrieben, wobei es sich oftmals um Hunderte von Gleichungen handeln kann. Sodann werden die Werte der Variablen für jede Zeitperiode $t = 1, 2, 3, \ldots$ aus den Werten der Vorperiode errechnet. Dafür gibt es in der «System Dynamics» eigene Computersprachen wie z. B. die von Forrester am MIT entwickelte Software «Dynamo».

Die Komplexität von Ökosystemen und die Probleme der Nicht-Vorhersagbarkeit zahlreicher Nebenwirkungen bei menschlichen Eingriffen in Ökosysteme demonstriert Vester (1993: 105 ff.) am Beispiel des Assuan-Staudamms. Mit diesem Großprojekt wurde das Nilwasser in Oberägypten aufgestaut, um Elektrizität zu gewinnen und die Wirtschaft in dem bitterarmen Land zu fördern. Gleichzeitig wurde aber durch den Staudamm der fruchtbare Nilschlamm zurückgehalten, der entlang des Flusses die Felder düngte. Die künstliche Bewässerung führte zur Versalzung der Felder, und das nährstoffarme Flusswasser reduzierte den Fischbestand an der Mündung, sodass auch die Küstenfischerei in Mitleidenschaft gezogen wurde. Die Verdunstung des Stauwassers nahm weit größere Ausmaße an als vorhergesagt, woran auch die sich ausbreitenden Wasserhyazinthen einen Anteil hatten. Diese wiederum wurden zur Brutstätte von Schnecken, die die gefährliche Bilharziose übertragen konnten. Und dies sind nur einige der vielen Wechsel- und Folgewirkungen, wobei wir hier nicht bewerten wollen, ob das Projekt mehr Schaden als Nutzen gestiftet hat. (Das arme und bevölkerungsreiche Ägypten brauchte dringend Energie für die wirtschaftliche Entwicklung, und ob Ägypten heute ohne Assuandamm besser dastünde, ist keineswegs eine ausgemachte Sache.)

Vester (1993) führt weiterhin eine Reihe von Merkmalen auf, die die Vorhersagbarkeit der Folgen von Eingriffen in komplexe Ökosysteme erschweren. Dazu zählen typische Systemeigenschaften wie Nicht-Linearität, exponentielles Wachstum, positive Rückkoppelungen und kritische Schwellenwerte. Mit diesen Eigenschaften ausgestattete Systeme reagieren oftmals, besonders in der Nähe kritischer Schwellenwerte, sehr «sensitiv», sodass bereits «kleine Ursachen» größere Katastrophen hervorrufen können. Weizsäcker (1997) zitiert das Beispiel des kanadischen Elchsees. Jahrzehntelange Immissionen hatten keine spürbaren Schäden hinterlassen, bis der See plötzlich nach Überschreiten einer kritischen Schwelle «umkippte» und ein Großteil des Lebens ausgelöscht wurde. «Unsere Welt – ein vernetztes System», so lautet das Credo von Vester (1993). Dieses vernetzte System mit «System Dynamics» und Hunderten von Differenzengleichungen berechenbar zu machen, ist das Anliegen des Teams von Meadows.

Meadows: Die neuen Grenzen des Wachstums

Im Auftrag des «Club of Rome» haben Meadows et al. (1972) bereits vor knapp drei Jahrzehnten einen viel beachteten und kontrovers diskutierten Bericht mit dem Titel «Die Grenzen des Wachstums» vorgelegt. Auch der damalige Bericht basierte auf der Simulation eines dynamischen Systems vernetzter Größen wie Bevölkerung, Rohstoffe, Nahrungsmittelmenge und Umweltbelastung. Kritiker werteten die Studie als zu pessimistisch, als «malthusianisch». Zur Erinnerung: Thomas Malthus (1976, [1798]) hat in seinem berühmten «Essay on the Principle of Population» prognostiziert, dass die Bevölkerung in geometrischer Progression (gemäß der Folge 2, 4, 8, 16, ...) wachse, während das Wachstum der Nahrungsmittelmenge nur einer arithmetischen Progression (2, 4, 6, 8, ...) folge. Die zwangsläufig zunehmende Kluft zwischen exponentiellem Wachstum der Bevölkerung und linearem Wachstum der Nahrungsmittel müsse zu Katastrophen und Hungersnöten führen. Unterschätzt hatte Malthus aber den technischen Fortschritt bei der Nahrungsmittelproduktion ebenso wie den Rückgang der Fertilität in den industrialisierten Staaten. Auch Meadows et al. (1972) prognostizierten eine dramatische Verschärfung der globalen Probleme bei der Nahrungsmittelversorgung, den Rohstoffen und der Umweltbelastung. Kritiker stellten den «Grenzen des Wachstums» optimistisch «wachsende Grenzen» entgegen. Damit war gemeint, dass mit Hilfe technischen Fortschritts z. B. knapper werdende Rohstoffe substituierbar sind, etwa Metalle in der Automobilproduktion durch Kunststoffe ersetzt werden können. Immer wenn ein Rohstoff knapp wird, entdeckte menschlicher Erfindungsgeist schon einen Ersatzstoff, der zumeist auch noch wesentlich günstigere Eigenschaften hat, so der Glaube der Optimisten. Damals wie heute gelte das Postulat, dass Knappheitsprobleme durch «Effizienz» gelöst werden können.

Tatsächlich haben sich einige Prognosen des Systemmodells von Meadows et al. als nicht zutreffend erwiesen, wobei aber auch zu berücksichtigen ist, dass infolge der Umweltdebatte Gegenmaßnahmen eingeleitet wurden. Einige haben, wohl etwas übertrieben, den Vorhersagen von Meadows et al. (1972) das Etikett der «self-killing prophecies» anheften wollen. Aber auch wenn technischer Fortschritt die Grenzen verschieben kann, so bleibt das Problem der Endlichkeit von Ressourcen auf dem «Raumschiff Erde» (Boulding 1966). Nach dem derzeitigen Stand des Wissens ist die Endlichkeit der Ressourcen weniger ein Problem bei der Nutzung von Rohstoffen. Insbesondere die Klimadebatte zeigt, dass die Grenzen eher bei der Aufnahmekapazität von Emissionen wie CO_2 liegen.

Anfang der 90er Jahre haben Meadows et al. (1992) die «Neuen Grenzen des Wachstums» veröffentlicht (der Titel der englischsprachigen Ausgabe «Beyond the Limits» setzt einen etwas anderen Akzent). Mit einem verfeinerten Modell, aber der gleichen Technik der Computersimulation eines Differenzengleichungssystems wurden so genannte Szenarios entwickelt. Die Szenarios sind bedingte Prognosen, d. h. unter der Voraussetzung der Realisierung eines Maßnahmebündels wird die Entwicklung von ökonomischen und ökologischen Größen sowie des materiellen Lebensstandards berechnet. Die «Prognosen» des Modells beziehen sich auf eine Zeitspanne von 200 Jahren, und zwar auf den Zeitraum von 1900 bis 2100. Damit wird zugleich ein Modelltest ermöglicht, denn natürlich sollten die prognostizierten Trajektorien für die erste Hälfte der Zeitspanne ungefähr den beobachteten Daten entsprechen. Berichtet werden die Ergebnisse für die globale Entwicklung der Bevölkerung, des Industrieoutputs, der Ressourcen, Nahrungsmittel und Umweltverschmutzung, wobei wir auf die Details der Indikatoren und Messung an dieser Stelle nicht weiter eingehen können. Diese fünf Größen stehen für den «Zustand der Welt». Dem Bereich «materieller Lebensstandard» werden die vier Variablen Lebenserwartung, Konsumgüter, Dienstleistungen und Nahrungsmittel zugeordnet. Szenario 1 dient als Referenz. Der «Standardlauf» prognostiziert die Entwicklung unter der Status-quo-Annahme, dass keine Korrekturmaßnahmen ergriffen werden. Als Beispiel für eine bedingte Prognose sei hier Szenario 10 wiedergegeben. Die Simulation geht von der Voraussetzung aus, dass die Geburtenrate und Produktion gegenüber dem Standardmodell reduziert wird und Technologien zum Schutz der Umwelt eingesetzt werden. Maßnahmen wurden ab dem Jahr 1995 ergriffen. Abbildung II. 2 informiert über die Ergebnisse der Computersimulation von Szenario 10.

Die Status-quo-Prognose liefert das deutlich pessimistische Bild eines drastischen Rückgangs von Lebensstandard und Lebenserwartung etwa ab dem Jahr 2020. Zusätzlich steigt auch die Umweltverschmutzung noch an und verringert sich erst bei fallendem Industrieoutput in der zweiten Hälfte des Jahrhunderts (Meadows et al.: 166). Ganz anders in Szenario 10. Bevölkerung, Nahrungsmittel und Industrieoutput nehmen noch zu, stabilisieren sich dann aber auf hohem Niveau. Gleiches gilt für die Entwicklung des Lebensstandards. Anders als in den «Grenzen des Wachstums» wird mit den «Neuen Grenzen des Wachstums» auf Alternativen aufmerksam gemacht. Die Zukunft ist insofern offen, als die künftige Entwicklung auch von dem Gestaltungswillen der Menschheit abhängig ist. Wie und mit welchen Folgen, wollen die Szenarios mit der Simulationsrechnung des dynamischen Systems aufzeigen.

Dörner: Die Logik des Misslingens

«Lohhausen» und «Tanaland» sind die Namen von zwei künstlichen Sozialgebilden. Es handelt sich um dynamische Systeme, um Computersimulationen von Differenzengleichungen, genau nach dem Muster von Meadows et al. Der Schöpfer der beiden Kunstwelten möchte aber keine Prognosen oder Szenarios realer Prozesse erstellen. Dörner (1992) benutzt vielmehr diese Systemwelten als Instrument, um menschliches Entscheidungsverhalten angesichts einer komplexen Systemumwelt zu untersuchen. Untersuchungsobjekt sind nicht die Systeme, sondern die menschlichen Akteure, die Entscheidungen treffen und damit Eingriffe in ein System mit vielfältigen, zumeist unvorhergesehenen Folgen vornehmen.

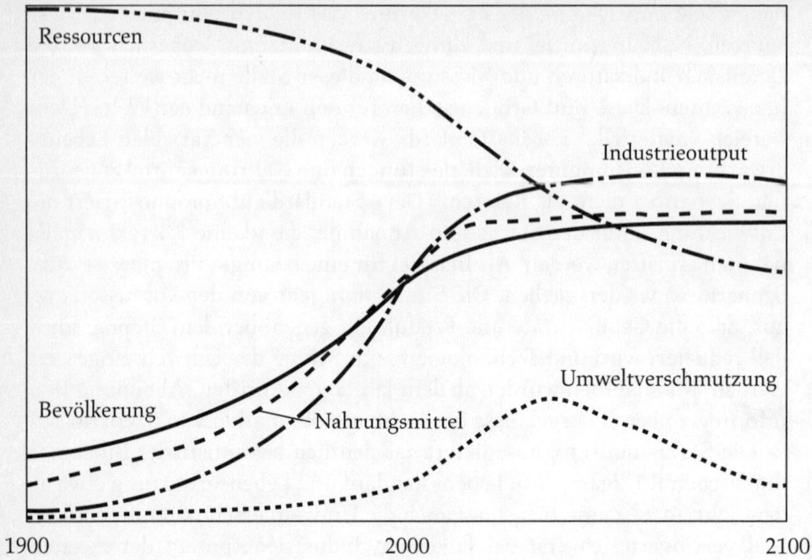

Materieller Lebensstandard

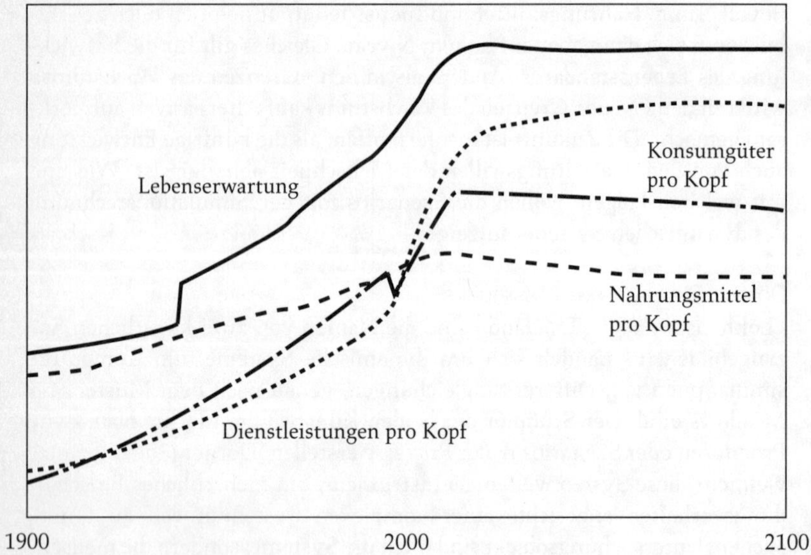

Abbildung II.2: **Zustand der Welt**

Lohhausen ist eine kleine Stadt mit einer Uhrenfabrik, einem Bahnhof, Geschäften, Freizeitanlagen und allem, was so eine Kleinstadt üblicherweise aufzubieten hat. Die Versuchspersonen übernehmen die Rolle des Bürgermeisters. Sein Erfolg wird an der Entwicklung der Arbeitslosenzahlen, der Anzahl von Wohnungssuchenden, der Zufriedenheit der Bewohner und weiteren Indikatoren gemessen. Tanaland befindet sich in Ostafrika und wird von den Tupis und Moros bewohnt. Die Moros sind Rinder- und Schafzüchter, während sich die Tupis von Acker- und Gartenbau ernähren. Tanaland ist ebenfalls ein komplexes Sozialsystem, aber diesmal ein auf dem Computer simuliertes, virtuelles Agrarland der Dritten Welt. Die Versuchspersonen sind Entwicklungshelfer – oder besser «Entwicklungsdiktatoren» – mit weitreichenden Vollmachten. Sie können das Gesundheitssystem verbessern und die Kindersterblichkeit senken, Brunnen bohren, Rinderkrankheiten bekämpfen, die Felder düngen usw. oder mehrere dieser Maßnahmen miteinander kombinieren. Ein Simulationslauf erstreckt sich auf 120 Perioden oder Tanaland-Monate. An einem Experiment beteiligten sich zwölf Versuchspersonen. Sechsmal zu frei gewählten Zeitpunkten konnten sie Informationen sammeln, Maßnahmen planen und Entscheidungen treffen. Natürlich sind ihnen die genauen Beziehungen zwischen den Variablen, wie bei den meisten realen Entscheidungen auch, nicht bekannt. Wie das System auf ihre Eingriffe reagiert, können sie nur an den Folgen erkennen. Diese waren in den meisten Fällen verheerend.

In unserer Alltagswelt sind wir gewohnt, dass Wirkungen unmittelbar auftreten, sich Ursachen so dosieren lassen, dass wir die gewünschte Quantität an Effekten herstellen können, und dass die verschiedenen Eingriffe voneinander unabhängig und frei von Fernwirkungen sind. Das Aufdrehen des Wasserhahns, der Lichtschalter oder die Betätigung des Gaspedals im Auto sind dafür Beispiele. In komplexen dynamischen Systemen ist das Verhältnis zwischen Eingriffen und Wirkungen dagegen viel komplizierter. In einer späteren Arbeit spricht Dörner (1996) von KUL-Welten, die durch komplexe, unbestimmte und langsam ablaufende Prozesse charakterisiert sind. «Langsam» meint dabei, dass die Wirkung nicht immer unmittelbar auf die Ursache folgt und Fernwirkungen auftreten können. Die meisten Menschen sind überfordert, in KUL-Welten vernünftige Entscheidungen zu treffen.

Kehren wir zu Tanaland zurück. Typisch ist etwa die folgende Simulation. Zunächst wurden das Nahrungsangebot und die medizinische Versorgung verbessert. Damit sank die Zahl der Todesfälle, stieg die Geburtenrate, die Lebenserwartung und insgesamt die Bevölkerungszahl. Die Versuchspersonen glaubten schon, sie hätten die Probleme gelöst. Dabei hatten sie «nur eine Zeitbombe geschärft» (Dörner 1992: 24). Denn in späteren Perioden trat, für die Versuchspersonen überraschend, eine Hungersnot auf, da die Produktion von Nahrungsmitteln mit dem Bevölkerungswachstum nicht Schritt hielt. Die guten Absichten wurden ins Gegenteil verkehrt. Dabei geht es nicht darum, die ersten Maßnahmen als falsch herauszustellen. Gewiss war es vernünftig, zunächst das Angebot an Nahrungsmitteln zu erhöhen und sich um die Gesundheit der Menschen zu kümmern. Nur kann die Lösung eines wichtigen Problems in einem dynamischen System langfristige Folgen haben. Werden diese übersehen, kann das Unternehmen in einem Desaster enden. Auffallend war in dem Experiment ferner, dass über die sechs Entscheidungsperioden die Zahl der Reflexionen und Fragen zurückging, die Anzahl der Entscheidungen hingegen zunahm. Die Versuchspersonen überschätzten ihre Systemkenntnis und entwickelten sich «von zögerlichen ‹Philosophen› zu entscheidungsfrohen ‹Tatmenschen›» (S. 29). Allerdings gab es auch Personen, die in Tanaland oder Lohhausen besser abschnitten. Der Vergleich zwischen «guten» und «schlechten» Versuchspersonen liefert Hinweise auf Kriterien für erfolgreiche Entscheidungsmuster. So waren Personen erfolgreicher, die nicht nur ein einziges Ziel verfolgten, sondern gleichzeitig mehrere Probleme und Ziele im Auge behielten. In einem Experiment mit Studenten der Universität Bamberg und Managern deutscher und Schweizer Firmen schnitten tatsächlich die Manager besser ab. Sie sammelten erst Informationen zu mehreren Problemen und entschieden dann en bloc, während weniger erfolgreiche Versuchspersonen einzelne Probleme sukzessive abarbeiteten (Dörner 1996). Auch zeigte sich, dass die Überschätzung der Systemkenntnis und die Ignoranz gegenüber exponentiellen Entwicklungen, zeitverzögert eintretenden Wirkungen und sich selbst verstärkenden Prozessen dazu führen können, dass man sich noch kurz vor einer Katastrophe in Sicherheit wiegt. Das detaillierte Protokoll der Chronologie von Entscheidungen, die die Operateure des Reaktors in Tschernobyl in den Stunden und Minuten vor der Explosion getroffen haben, bietet dafür perfektes Anschauungsmaterial (Dörner 1992: 47 ff.). Kasten II.1 gibt einen Einblick, was im April 1986 in Tschernobyl geschah.

Kasten II.1: **Die Katastrophe von Tschernobyl**

«Am 26. April 1986 explodierte der Reaktor 4 des ukrainischen Kernkraftwerks in Tschernobyl, zerstörte dabei seine tausend Tonnen schwere Betondecke, verseuchte große Teile der Umgebung und ganz Europas mit strahlenden Partikeln (...). Der Reaktor stand zum Zeitpunkt des Unglücks kurz vor seiner jährlichen Wartung. Vor der Wartung wollte man noch ein Experiment durchführen, welches der Verbesserung einer Sicherungseinrichtung dienen sollte. (...) Die gesamte Experimentalserie sollte vor den Maifeiertagen beendet sein.» Am Freitag, dem 25. April 1986, um 13 Uhr wurde begonnen, den Reaktor auf eine Zielmarke von 25 Prozent Leistung hinunterzufahren. Um 14 Uhr schaltete man das Notkühlsystem ab, um zu verhindern, daß es den Testlauf beeinträchtigt. Wegen einem unvorhergesehenen Anstieg der Stromnachfrage mußte das Experiment auf Anweisung der Kraftwerkkontrolle in Kiew unterbrochen werden. Erst um 23.10 konnte der Test wieder aufgenommen werden. Per Handsteuerung versuchte der Operateur nun, die Leistung auf 25 Prozent zu reduzieren. Hierbei kam es zur Übersteuerung, da der Operateur das Eigenbremsverhalten nicht korrekt berücksichtigt hatte. Statt der angepeilten 25 Prozent betrug die Reaktorleistung etwa eine halbe Stunde nach Mitternacht nur ein Prozent. Bei dieser geringen Leistung war der Betrieb der Anlage äußerst gefährlich, da Instabilitäten zu einem «plötzlichen ‹Durchstarten› der Kernspaltung» führen könnten. Nach einer halben Stunde gelang es, die Leistung bei sieben Prozent zu stabilisieren. Obwohl man damit immer noch im verbotenen Bereich war, beschlossen die Ingenieure das Experiment fortzusetzen. Was folgte, war eine Kette weiterer verhängnisvoller Fehler. So wurde das System bei geringer Reaktorleistung einer hohen Belastung ausgesetzt. Das System reagierte darauf per automatischer Rückkoppelung mit einer Reduzierung der Graphitbremsstäbe im Reaktor. Um 1.22 Uhr erfuhr der Schichtführer, daß sich nur noch sechs bis acht Bremsstäbe im Reaktor befanden (es war streng verboten, das Minimum von zwölf Bremsstäben zu unterschreiten). Knapp zwei Minuten vor der Explosion wiegte sich das Team erfahrener Ingenieure immer noch in Sicherheit. Der Schichtführer faßte den Entschluß, das Experiment fortzusetzen. Etwas später, es war 1.24 Uhr, war man nun doch beunruhigt. «Man versuchte, die Graphitbremsstäbe in den Reaktor zurückzuschieben. Dies war nicht mehr möglich, da die Rohre, in denen die Graphitstäbe gleiten, durch interne Hitzeentwicklung bereits verbogen waren. Im selben Moment ereigneten sich zwei Explosionen. Der Rest der Geschichte ist bekannt».

Es ist klar, daß zahlreiche Sicherheitsvorschriften verletzt wurden. Aber das kam häufiger vor, denn im Normalfall führt eine Abweichung von der Vorschrift nicht zu einer Katastrophe. Bei den Ingenieuren «handelte es sich um ein gut eingespieltes Team hochangesehener Fachleute, welches gerade eben einen Preis gewonnen hatte für das hohe Ausmaß, in dem ihr Reaktor ‹am

Netz› war». Sicher hatten die Operateure Nebenwirkungen und Rückkoppelungen der von ihnen eingeleiteten Maßnahmen nicht angemessen berücksichtigt. Und außerdem handelten sie unter Zeitdruck. Menschliches Versagen? Wohl kaum! Nach Perrow (dazu weiter unten) handelt es sich um ein «komplexes System mit enger Kopplung und hohem Katastrophenpotential». Systeme dieser Art sind von ihrer Struktur her katastrophenträchtig.

Quelle: Dörner (1992: 47 ff.)

Perrow: Normale Katastrophen

Befasst sich der Psychologe Dörner mit dem Entscheidungsverhalten von Personen in komplexen Umwelten, so richtet der Soziologe Perrow den Blick auf jene strukturellen Merkmale von Systemen, die quasi das Misslingen vorprogrammieren. Beide Studien widersprechen sich nicht, sondern verhalten sich komplementär zueinander. Anknüpfend an systemtheoretische Überlegungen fragt Perrow (1992) nach den Risiken großtechnischer Systeme. «Normale Katastrophen», so der Titel seiner Studie, sind die strukturell verursachten «unvermeidbaren Risiken der Großtechnik». Anhand einer Vielzahl detaillierter Fallstudien wird eine Theorie systembedingter Risiken entwickelt. Dabei werden sowohl herkömmliche großtechnische Systeme wie Staudämme und Bergwerke als auch moderne, risikoträchtige Verfahren wie Gentechnik und Atomkraftwerke in Betracht gezogen. In einem ersten Schritt werden empirische und damit prüfbare Behauptungen über das Katastrophenpotenzial der Techniken formuliert. In einem zweiten Schritt geht es um die Bewertung der Risiken, um Maßnahmeempfehlungen, wobei auch die Kosten der Substitution riskanter Großtechniken eine Rolle spielen.

Perrow unterscheidet zunächst einmal Komponenten- und Systemunfälle. Bei ersteren ist ein Teil des Systems defekt, wobei die Schäden vorhersehbar sind. Bei Systemunfällen fallen dagegen mindestens zwei Komponenten aus, und es bestehen zwischen den Defekten nicht vorhersehbare Wechselwirkungen. Die beiden Schlüsselvariablen zur Erklärung von Systemunfällen sind Interaktion und Kopplung. Systeme können linear oder mehr oder weniger komplex sein. Weiterhin können sie lose oder eng gekoppelt sein. Bezüglich beider Variablen können Systeme in eine Rangordnung gebracht werden, d. h., es handelt sich um Ordinalskalen mit den Polen linear / komplex bzw. lose / eng.

Was heißt nun komplexe Interaktion und enge Kopplung? Ein System ist umso komplexer, je größer es ist, je mehr Funktionen es hat und je vernetzter Systeme sind. Ein Fließband z. B. ist ein lineares System. Ein Fehler lässt sich leicht identifizieren, und man kennt die Auswirkungen. Komplexer sind Systeme, wenn Komponenten des Systems mehrere Funktionen haben. Perrow nennt das Beispiel einer industriellen Heizanlage, die ein Gas in einem Tank aufheizt und gleichzeitig als Wärmetauscher einen chemischen Reaktor kühlt. Bei einem Ausfall wird nicht nur das Gas abkühlen, sondern der Reaktor läuft auch Gefahr zu überhitzen. Solche «Common-Mode-Funktionen» erhöhen die Effizienz, aber auch die Unfallträchtigkeit technischer Systeme. In eng gekoppelten Systemen sind die Betriebsabläufe unveränderbar vorgegeben und zeitlich eng aufeinander abgestimmt. Das Ziel der Produktion ist nur mit der vorgesehenen Methode erreichbar, und es besteht wenig Spielraum für den Ersatz von Material und Personal (S. 136). Lose gekoppelte Systeme, die diese Eigenschaften nicht oder nur in geringem Grade aufweisen, sind dagegen robuster, wenn Teile des Systems ausfallen. Außerdem können Schäden flexibler behoben werden.

Die zentrale Hypothese lautet, dass Systemunfälle umso wahrscheinlicher sind, je komplexer die großtechnische Anlage und je enger das System gekoppelt ist. Komplexe Systeme mit enger Kopplung sind nach Perrows Zuordnung: militärische Frühwarnsysteme, Raumfahrt, großchemische Anlagen, Flugzeuge, Gentechnologie, Kernwaffen und Kernkraftwerke (S. 138). Bei der Bewertung kommen aber zwei weitere Kriterien ins Spiel: das Katastrophenpotenzial und die Kosten alternativer Lösungen (S. 408). Gemäß diesen Maßstäben plädiert er bei Kernwaffen und Kernkraft für «aufgeben», bei Gentechnologie und Schiffstransporten für «einschränken» und bezüglich der Systeme Raumfahrt, Staudämme, Bergbau, Chemie, Luftfahrt für «beibehalten und verbessern». (Schiffstransport ist nach Perrow ein lineares, aber eng gekoppeltes System mit mittlerem Katastrophenpotenzial bei relativ geringen Kosten alternativer Lösungen.)

Man kann über Perrows empirische Theorie, d. h. über die empirische Gültigkeit der Hypothese, dass der Typ von Interaktion und Kopplung die Unfallwahrscheinlichkeit eines Systems bestimmt, ebenso streiten wie über sein Bewertungsschema. Hinzu kommt das Problem der «Messung». Lassen sich die einzelnen großtechnischen Systeme wirklich präzise und eindeutig auf den vier Dimensionen Komplexität, Enge der Kopplung, Katastrophenpotenzial und Kosten alternativer Lösungen in eine Rangordnung bringen? Auch wenn hier kritische Einwände berechtigt sind, so ist

Perrows Theorie strukturell bedingter Risiken großtechnischer Systeme doch ein interessanter und weiterführender Vorschlag. Man denke auch an Becks (1986) «Risikogesellschaft». Die Risiken moderner Technologien werden bei Beck relativ pauschal behandelt. Allenfalls differenziert er in späteren Arbeiten nach dem umstrittenen Kriterium der Versicherbarkeit von Risiken (vgl. Abschnitt II.1.). Perrow liefert dagegen Kriterien, nach denen großtechnische Systeme – gleich ob konventionell oder modern – im Hinblick auf ihr Risikopotenzial unterschieden werden können. Dies ist ein Beitrag, der theoretische und gesellschaftspolitische Implikationen hat. An dieser Stelle können die systemtheoretischen Überlegungen mit den soziologischen Theorien über Modernisierungsrisiken verknüpft werden.

3. Die Konstruktivismus-Debatte

Im bayerischen Wald wollte man ein unberührtes Stück Natur schaffen. Zur unberührten Natur gesellte sich alsbald der Borkenkäfer, der auf natürliche Weise für ein gewaltiges Baumsterben sorgte. Die einheimische Gastronomie und Tourismuswirtschaft blies zum Kampf gegen Naturschützer und Borkenkäfer, denn man fürchtete, die Touristen blieben aus; gleich, ob das Baumsterben nun auf natürliche oder industrielle Ursachen zurückzuführen sei. Nur mit der Vernichtung des Borkenkäfers könne man «die Natur» erhalten. Die Lüneburger Heide ist das Ergebnis einer menschengemachten Umweltkatastrophe, der großflächigen Abholzung des Waldes u. a. für die mittelalterliche Salzproduktion. Heute bemüht man sich, die Heide als Naturlandschaft zu erhalten und vor Wildwuchs zu bewahren, eine Aufgabe, die im Wesentlichen von Schafherden (den «Heidschnucken») erledigt wird. Was also ist «die Natur»? Je nach Zeitströmung, sozialem und kulturellem Hintergrund wird Natur unterschiedlich gesehen. Der aristokratische französische Garten wurde durch den «demokratischen» englischen Garten abgelöst, und heute wiederum hat man gern ökologischen Wildwuchs, aber bitte ohne Borkenkäfer und waldüberwucherte Heidelandschaft (vgl. auch Haubl 1998).

Umweltsoziologen sprechen von wechselnden «Naturbildern» und lassen damit bereits eine «konstruktivistische» Note anklingen. «Natur kann nicht mehr *ohne* Gesellschaft, Gesellschaft kann nicht mehr *ohne* Natur begriffen werden», heißt es in gewohnt dialektischer Manier bei Ulrich Beck (1986: 107). Ebenso ist das, was als ökologisches Risiko erkannt und als Umweltproblem auf die politische Tagesordnung gesetzt wird, von sozialen, kulturellen und politischen Prozessen abhängig. Wurden rauchende Schlote in der Hochzeit der Industriegesellschaft als Zeichen der Prosperität gesehen, so galten sie bald mit aufkeimendem Umweltbewusstsein als Dreckschleudern. In den 80er Jahren hatte das Thema Waldsterben Hochkonjunktur. Seither ist es um die Gefährdung des Waldes stiller geworden. Risiken sind «offen für soziale Definitionsprozesse. Damit werden Medien und Positionen der Risikodefinition zu gesellschaftlich-politischen Schlüsselstellungen» (Beck 1986: 30). «Was die Gesundheit beeinträchtigt, die Natur zerstört, ist häufig für das eigene Empfinden und Auge nicht erkennbar, und selbst dort, wo es scheinbar offen zutage liegt, bedarf es der sozialen Konstruktion nach zu seiner ‹objektiven› Feststellung des ausgewiesenen Expertenurteils» (S. 35). Die Vorstellungen von Natur, Landschaftsästhetik, Umweltproblemen und Risiken sind aus dieser Optik «soziale Konstruktionen», die im Extremfall losgelöst von realen, physikalischen und objektivierbaren Gegebenheiten eine Eigendynamik entwickeln.

Konstruktivismus in der Wissenssoziologie

Die Konstruktivismus-Debatte in der Umweltsoziologie hat ihren Ursprung in einem heftigen Gefecht über konstruktivistische Thesen der Wissenssoziologie. Ausgangspunkt sind die empirischen Feldforschungen von Soziologen, die Ethnologen gleich die Alltagstätigkeit von Wissenschaftlern im Labor beobachten. Man schaut also Chemikern oder Physikern im Labor, in den Zentren der Hochenergiephysik usw. bei ihrer alltäglichen Forschungstätigkeit sozusagen über die Schulter, um herauszufinden, wie wissenschaftliche Erkenntnisse entstehen. «Das empirische Programm des Konstruktivismus stellt zunächst den Versuch dar, die jeweils involvierten Konstruktionsprozesse, die eigentliche Konstruktionsmaschinerie zum Gegenstand der Analyse zu machen» (Knorr-Cetina 1989: 91). Empirische Konstruktivisten interessiert die Rolle der kulturellen, sozialen und historischen Umstände bei der Entstehung von Entdeckungen und der Akzeptanz von Forschungsergebnissen in der Gemeinschaft von Wissenschaftlern, der «scientific community». Ob sich dagegen wissenschaftliche Theorien und Hypothesen durch Experiment und Beobachtung als wahr oder falsch (bzw. als bewährt oder falsifiziert) herausgestellt haben, ist für den Konstruktivismus kein Thema. Nicht die Natur, nicht unabhängig von uns existierende Gesetzmäßigkeiten der Realität, sondern soziale Übereinkünfte entscheiden danach über die Gültigkeit von Theorien und Hypothesen. Entsprechend heißt es bei Knorr-Cetina (1989: 93): «Die neuere Wissenssoziologie der Naturwissenschaften hat die *soziale Konstruiertheit naturwissenschaftlicher Tatsachen* aufgespürt. Sie hat wissenschaftliche Fakten als soziale Phänomene erklärt, (Natur)wissenschaftliches auf Soziales zurückgeführt» (Hervorhebung im Original). Eng damit verbunden ist die Idee der Kontingenz. Denn wenn die Gültigkeit von Theorien von sozialen und historischen Umständen abhängt, können diese so oder auch anders lauten. Bezüglich dem Erkenntnisziel wahrer Naturbeschreibung wird der Konstruktivismus zum Relativismus.

Gibt es z. B. real existierende Viren und Bakterien, DNS usw.? Der Wissenssoziologe Latour verneint diese Frage. Französische Wissenschaftler hatten nach Inspektion der Mumie des ägyptischen Pharaos Ramses II. berichtet, dass dieser an Tuberkulose gestorben sei. Der Tbc-Bazillus wurde aber erst im Jahre 1882 von Robert Koch entdeckt oder – besser – «konstruiert». Folgerichtig, argumentiert Latour (1998), hätte der Tuberkulose-Bazillus vor Koch keine reale Existenz.

Latour vertritt damit eine Position, die in der Philosophie der Erkenntnis nicht neu ist. Es handelt sich um eine extreme Form des Idealismus, die als Solipsismus bezeichnet wird. Der englische Philosoph und Bischof George Berkeley lehrte in der ersten Hälfte des 18. Jahrhunderts, dass die Dinge nur existieren, wenn sie wahrgenommen werden («esse est percipi», Sein ist Wahrgenommenwerden). Wenn die Katze, die ich jetzt sehe, hinter meinem Rücken verschwindet, existiert sie nicht mehr. Im Konstruktivismus der Wissenssoziologen (wohlgemerkt – wir sprechen hier nicht vom Konstruktivismus der Kognitionspsychologen und Neurophysiologen oder anderen Disziplinen, die diesen Begriff gebrauchen) existieren die Dinge (Quarks, Atome, Moleküle, Viren, Bakterien, Gravitation, Magnetfelder usf.) nur dadurch, dass sie von Wissenschaftlern sozial konstruiert wurden.

Dass diese Anschauungen nicht nur für Naturwissenschaftler eine Herausforderung darstellen, liegt auf der Hand. Inzwischen spricht man vom «Wissenschaftskrieg». Eine prononcierte Kritik an den Thesen Latours und anderer Konstruktivisten findet man bei Sokal und Bricmont (1999) unter dem Titel «Eleganter Unsinn» (vgl. auch Hacking 1999: «Was heißt soziale Konstruktion?»). Bunge (1996: 336) macht geltend, dass Konstruktivisten «die Realität mit unseren Repräsentationen der Realität, die Landschaft mit der Landkarte, Amerika mit Vespucci» verwechseln. Auch für «Realisten» sind Theorien, Hypothesen und Begriffe Konstrukte, Erfindungen von Wissenschaftlern, die in einem sozialen Zusammenhang stehen. Allerdings spricht man lieber von «Entdeckungen», um anzudeuten, dass sich die Theorien und Hypothesen auf einen Gegenstand beziehen, der vor dem «Konstrukt» existierte. Die sozialen Konstrukte – oder besser: Aussagen über Dinge – beschreiben dann die realen Dinge in der Außenwelt, so wie die Landkarte ein soziales Konstrukt ist, das die Landschaft (unvollständig) beschreibt. Auch wird keineswegs bestritten, dass kulturelle, soziale und historische Umstände bei der Entdeckung und Verbreitung wissenschaftlicher Erkenntnisse eine Rolle spielen. Dass aber reale Gegebenheiten und Gesetzmäßigkeiten ohne Bedeutung für die Entscheidung der «scientific community» über die Akzeptanz von Tatsachenaussagen, Theorien und Gesetzen seien, stößt auf entschiedene Gegnerschaft.

Soziale und kulturelle Faktoren mögen die Akzeptanz und Verbreitung empirisch bewährter Theorien und Hypothesen hemmen oder fördern. Letztendlich sind aber Experiment und Beobachtung diejenigen Instanzen, die für die Bewährung oder das Scheitern von Theorien und Hypothesen maßgeblich sind. Fossilienfunde z. B. sind eine von vielen empirischen Beobachtungen, die für die darwinistische Evolutionstheorie und gegen den Kreationismus (die wörtlich aus der Bibel übernommene Schöpfungslehre) sprechen. Für Konstruktivisten sind beide Lehren soziale Konstruktionen, zwischen denen eine Entscheidung anhand des Kriteriums der Falsifikation empirisch gehaltvoller Aussagen belanglos ist. Daran anknüpfend lässt sich folgende Frage stellen: Wenn wissenschaftliche Theorien nicht mehr als soziale Konstruktionen sind, wie kommt es dann, dass erfolgreiche Theorien Prognosen und Anwendungen erlauben, an die die «Konstrukteure» nicht im Mindesten gedacht haben? Die DNS, das Molekül der Erbsubstanz, wurde 1953 von Francis Crick und James D. Watson «konstruiert», übrigens in einem der spannendsten Wettläufe der Wissenschaftsgeschichte. Dass die Entwicklung der Idee von der «Doppelhelix» ein sozialer Prozess war, angetrieben von unterschiedlichsten Motiven und Umständen, wird von niemandem bestritten, am allerwenigsten von den Entdeckern oder Erfindern selbst (dazu Watson 1997). Die Entschlüsselung der molekularen Struktur hat aber neben der Lösung verschiedener Probleme der Vererbungslehre zu zahlreichen Prognosen und Anwendungen geführt, die den Schöpfern der Theorie damals gar nicht in den Blick gerieten. Wie kann das gelingen, wenn es sich um eine unter vielen möglichen sozialen Konstruktionen handelt, über die nur in einer Art sozialem Abstimmungsprozess entschieden wird? Ist es nicht viel einfacher anzunehmen, dass unabhängig von der menschlichen Wahrnehmung reale Gesetzmäßigkeiten existieren und sich wissenschaftliche Theorien oder Konstruktionen dann bewähren, wenn sie diese Gesetzmäßigkeiten möglichst genau beschreiben? (Ein hervorragendes historisches Beispiel unter vielen ist die Geschichte von der Entdeckung (Konstruktion?) des Planeten Neptun. Dazu Rapoport 1980.)

Schließlich ist zu fragen, wie denn die Arbeiten der empirischen Konstruktivisten über die wissenschaftliche «Konstruktionsmaschinerie» selbst zu beurteilen sind, da es sich hierbei ja auch um soziale Konstruktionen handelt (Bunge 1996: 338; Murphy 1997: 25 ff.). Nach eigener Lehre müssten die Erkenntnisse des empirischen Konstruktivismus, die ja ebenfalls soziale Konstruktionen sind, ausschließlich kulturell und sozial determiniert sein. Auf welches Verfahren stützt sich dann der Nachweis der Gültigkeit konstruktivistischer Erkenntnisse? Oder haben empirische Konstruktivisten einen privilegierten Zugang zur Konstruktion wahrer Aussagen?

Um Missverständnisse zu vermeiden, sei betont, dass sich die vorgebrachten Kritikpunkte auf den Konstruktivismus der Wissens- und Wissenschaftssoziologie à la Latour beziehen. Der «Sozialkonstruktivismus» von Berger und Luckmann (1969) oder der «kognitionstheoretische Konstruktivismus» (um die Bezeichnungen von Knorr-Cetina 1989 zu verwenden) sind davon nicht betroffen. Weiterhin sind für Realisten Experiment und Beobachtung dann Entscheidungsinstanzen, wenn es um die Gültigkeit empirisch gehaltvoller Theorien und Tatsachenbehauptungen geht. Über die Akzeptanz religiöser Überzeugungen, ästhetischer Bewertungen und normativer Postulate (Werte, Normen) kann allein anhand empirischer Beobachtungen nicht entschieden werden. Die «Theorie des Treibhauseffekts» ist eine empirisch gehaltvolle Theorie, über deren Gültigkeit letztendlich empirische Beobachtungen entscheiden. Ob und welche Maßnahmen ergriffen werden *sollen*, ob Energiesparen durch Einschränkungen, ob Effizienzsteigerung oder einfach Nichtstun erfolgen soll, ist dagegen eine Wertfrage, die nicht *allein* durch empirisches Wissen beantwortet werden kann. Kulturelle und soziale Faktoren und insbesondere ökonomische Interessen werden bei Wertfragen auch dann noch eine Rolle spielen, wenn es über die empirischen Zusammenhänge keine nennenswerte Kontroverse mehr gibt.

Natürlich hängt die Akzeptanz von empirisch gehaltvollen Theorien und Hypothesen zunächst auch stark von sozialen und kulturellen Merkmalen ab, falls die empirischen Belege zugunsten der Theorie noch schwach ausgeprägt sind. Die darwinistische Evolutionstheorie ist dafür ein gutes Beispiel. Wenn aber mehr und mehr empirische Evidenz vorliegt, die für die Theorie spricht, wird der Einfluss sozialer und kultureller Faktoren auf die Entscheidung, ob die Theorie als gültig akzeptiert wird, schwinden. Die Hypothese, dass Rauchen Lungenkrebs hervorruft und das Risiko anderer schwerer Erkrankungen wie Herzinfarkt drastisch erhöht, war vor einigen Jahrzehnten noch umstritten. Einige Tabakfirmen warben in den 30er Jahren sogar mit der gesundheitsfördernden Wirkung von Zigaretten. Heute wird auch der hartgesottenste Manager in der Tabakindustrie diese Zusammenhänge nicht mehr bestreiten. Eine ähnliche Entwicklung ist bei der Theorie des Treibhauseffekts zu beobachten. Über die Existenz des Effekts besteht heute weitgehend Konsens, während sich die Geister an der Frage nach geeigneten Maßnahmen scheiden. Hier besonders ist das Einfallstor für ökonomische Interessen und kulturelle und soziale Werte.

Konstruktivismus in der Umweltsoziologie

Der wissenssoziologische Konstruktivismus hat die Debatte in der Umweltsoziologie beeinflusst. Orientierte man sich in der Umweltsoziologie an einer strikt konstruktivistischen Position, so hätte dies paradoxerweise die Ausgrenzung der biologisch-physikalischen Umwelt zur Folge. Das Resultat dieser Ausgrenzung ist eine «Sociology without Nature» (Murphy 1997). Der radikale Konstruktivismus schafft sich ein weitgehend autonomes Reich sozialer Konstruktionen. Wer sich dieser Perspektive anschließt, wird sich zwar für die Eigendynamik sozialer Konstruktionen (oder Kommunikationen) interessieren und hat auch ein vor der Einmischung anderer Disziplinen abgeschottetes Untersuchungsfeld. Das Forschungsinteresse richtet sich aber nicht mehr auf die Analyse sozialer Ursachen «realer» ökologischer Probleme. «Eine konstruktivistische Umweltsoziologie macht zumindest die Umweltsoziologie für die praktische Politik wertlos» (Renn 1996: 50).

Die weitgehende Ausgrenzung der materiellen Welt fällt auch bei der Systemtheorie Niklas Luhmanns auf. (Allerdings sind Schnittstellen vorgesehen für die Reaktion auf Umweltereignisse.) In Luhmanns (1986) «ökologischer Kommunikation» existieren Umweltprobleme und Risiken nur als Kommunikationen. «Es gibt keine Überführung von Informationen aus der Umwelt in das System. Die Umwelt ist, was sie ist. Sie enthält allenfalls Daten. Erst für Systeme wird es möglich, die Umwelt zu ‹sehen› (...)» (S. 45). Und an anderer Stelle:

> «Es mögen Fische sterben oder Menschen, das Baden in Seen oder Flüssen mag Krankheiten erzeugen, es mag kein Öl mehr aus den Pumpen kommen und die Durchschnittstemperaturen mögen sinken oder steigen: solange darüber nicht

kommuniziert wird, hat das keine gesellschaftlichen Auswirkungen. Die Gesellschaft ist zwar ein umweltempfindliches, aber operativ geschlossenes System. Sie beobachtet nur durch Kommunikation. Sie kann nichts anderes als sinnhaft kommunizieren und diese Kommunikation durch Kommunikation selbst regulieren. *Sie kann sich also nur selbst gefährden*» (S. 63, Hervorhebung im Original).

Die reale, physikalisch-biologische Außenwelt spielt in der systemtheoretischen Variante des Konstruktivismus kaum noch eine Rolle. Eine Umweltsoziologie auf dieser Basis würde sich ausschließlich Problemen der Kommunikation, der Untersuchung der Eigendynamik von Kommunikationen widmen. Wenn man in diesem Zusammenhang auch empirisch die wechselseitigen Einflüsse von z. B. Wissenschaft, Massenmedien, Politik, Umweltbewegungen und Öffentlichkeit untersucht, handelt es sich dabei sicher um *ein* wichtiges Forschungsgebiet (vgl. dazu den Sammelband von de Haan 1995). Die Umweltsoziologie allein auf diese Thematik zu verpflichten, käme freilich einer höchst unnötigen Selbstbeschränkung gleich.

Nun richtet sich die Kritik an der Ausgrenzung materieller ökologischer Prozesse an die Adresse eines strikten Konstruktivismus. In der Umweltsoziologie gibt es, wie Renn (1996: 40) bemerkt, auch «Zwischentöne». Hier wird die Sache nicht ganz so heiß gegessen, wie sie in der Wissenssoziologie gekocht wurde. Brand (1998b) spricht vom «naturalistischen» und «kulturalistischen Bias» der Umweltsoziologie. Ersterer stellt sich ein, wenn man wie Catton und Dunlap (1978) die Soziologie auf Ökologie basieren möchte. Letzterer tritt auf, wenn nur noch soziale Konstruktionen wie «Naturmythen» in den Blick geraten. «So pendelt die sozialwissenschaftliche Diskussion üblicherweise zwischen naturalistischen und kulturalistischen, erkenntnistheoretisch formuliert, zwischen ‹realistischen› und ‹konstruktivistischen› Ansätzen hin und her. Die erste Perspektive ist für *die* unverzichtbar, die von der Dringlichkeit ökologischer Probleme überzeugt sind und an deren Lösung mitarbeiten wollen. Die zweite Perspektive ist – typischerweise – die des kritischen, aber zugleich distanzierten Beobachters. Er richtet seine Aufmerksamkeit darauf, wie Umweltprobleme von unterschiedlichen gesellschaftlichen Akteuren oder in unterschiedlichen systemischen Kontexten ‹sozial konstruiert› werden. Beide Positionen schließen sich aber nicht zwangsläufig aus» (Brand 1998b: 24).

Einen bedenkenswerten Vorschlag zur Überbrückung der «Dichotomie von Natur und Kultur», zur «Verzahnung materieller und symbolischer Welten» finden wir bei der Wiener Arbeitsgruppe Soziale Ökologie (Fischer-Kowalski und Weisz 1998). Schlüsselbegriff ist der Metabolismus, der Stoffwechsel einer Gesellschaft, die Energie und Rohstoffe verbraucht und Abfälle und Emissionen ausstößt. Materielle und kulturelle Wirkungszusammenhänge greifen nach diesem Konzept ineinander und überschneiden sich. Weiterhin lassen sich Gesellschaften anhand verschiedener Formen des Metabolismus unterscheiden. Von dem allgemeinen Konzept hin zu konkreten, empirisch prüfbaren Hypothesen und Prognosen ist dann allerdings noch eine gewisse Wegstrecke zurückzulegen. Der Begriff des Metabolismus könnte sich aber, wie Fischer-Kowalski und Weisz (1998: 155) behaupten, durchaus als «fruchtbares umweltsoziologisches Konzept» erweisen.

Die eingangs zitierten Beispiele historisch und kulturell variierender Naturanschauungen zeigen, dass sich bei dieser Thematik die Frage nach der sozialen Konstruktion von Natur(bildern) geradezu aufdrängt. Zierhofer (1999) unternimmt eine interessante Medienanalyse zu dem kulturell und gefühlsmäßig aufgeladenen Thema «Waldsterben». Dabei wertet er rund 1200 Zeitungsartikel zumeist aus dem Zeitraum 1983 bis 1992 mit qualitativen Methoden aus. In einer ersten Phase, bis etwa 1988, werden alarmierende Berichte geschrieben. Dieser «Verlautbarungsjournalismus mit politischer Färbung» (S. 55) spiegelt aber nur höchst ungesicherte wissenschaftliche Ergebnisse wieder, die auch von den Wissenschaftlern in ihrer Reichweite überstrapaziert wurden. Erst als eine Vielzahl empirischer Studien vorlagen, die sich nicht in das Bild eines allgemeinen Waldsterbens fügten, führte die wissenschaftsinterne Kritik zu einer differenzierten Behandlung des Themas. Einige Medien (nicht alle) haben in der Phase nach 1988 die Selbstkorrektur des wissenschaftlichen Erkenntnisstands aufgegriffen und einen kritischen Journalismus gepflegt. Interessant ist aber nicht nur, wie «soziale Konstruktionen» entstehen und sodann von den Medien vermittelt werden, sondern die Korrektur dieser Konstruktionen durch empirische Resultate, d. h. durch die methodisch genauere Beobachtung realer Ökosysteme. Und diese neue, empirisch stärker gestützte Sicht findet wieder Eingang in (einige) Medien, während andere an den alten Schemata festhalten. Zierhofers Studie macht damit auch deutlich, dass soziale Konstruktionen nicht nur als Mythen ein Eigenleben entwickeln, sondern durch eine mehr oder minder enge Kopplung an die Beobachtung des realen Ökosystems revisionsfähig sind.

Ein anderes, bereits mehrfach angesprochenes und für die Umweltsoziologie zentrales Thema ist der Umgang mit Risiken. Will man den gesellschaftlichen Umgang mit Risiken erklären, so wird man den Blick auf reale ökologische Probleme und Technikrisiken richten müssen *und* auf die sozial und kulturell mitbedingte Verarbeitung der Risiken in der Gesellschaft. Ingenieure bestimmen die Höhe eines Risikos als statistischen Erwartungswert, d. h. als Produkt aus der Wahrscheinlichkeit eines Schadensfalls und dem Ausmaß des Schadens. Selbst wenn für die Wahrscheinlichkeit gute Schätzungen vorliegen wie bei Autounfällen (bei seltenen Ereignissen wie Katastrophen in Atomkraftwerken sind die Schätzungen allerdings wesentlich unsicherer), schleicht sich bei der Bewertung der Schadenshöhe ein «konstruktivistisches» Element ein. Wie wird ein Menschenleben bewertet? Wie der Verlust an Natur durch eine Ölpest?

In der Risikosoziologie finden wir eine große Spannbreite entlang der Achse «Realismus – Konstruktivismus», die wir an dieser Stelle einmal ‹konstruieren›. Die ingenieurwissenschaftliche Risikodefinition bezeichnet so ziemlich den «linken», realistischen Pol der Achse. Weiter rechts davon befindet sich die psychologische Theorie der subjektiven Wahrnehmung von Risiken (siehe Kasten II.2). Perrows Theorie «normaler Katastrophen» geht sicher von einer realistischen Position aus. Aber natürlich fließen in die Anwendung der Theorie Bewertungen ein, nämlich dann, wenn von der Größe des Katastrophenpotenzials und den Kosten des Verzichts auf eine Technologie die Rede ist. Am anderen Ende der Achse können wir die «Cultural Theory» der Risikoselektion von Douglas und Wildavsky (1983) lokalisieren. Diese Theorie befasst sich mit den sozialen und kulturellen Determinanten der Selektion von Risiken in einer Gesellschaft. Ein Beispiel sind die Angehörigen des Lele-Volkes in Zaire, die sich angesichts zahlreicher «objektiver» Krankheitsrisiken in ihrer Umwelt vor allem vor einer eher seltenen Gefahr fürchten, nämlich vor Blitzschlag. Douglas und Wildavsky, die dieses und viele andere Beispiele anführen, versuchen nun die Regeln zu ergründen, nach denen die Auswahl von Risiken erfolgt. In ihrer Analyse spielen «group» und «grid» eine wichtige Rolle, das Ausmaß der Integration in einer sozialen Gruppe und die Anerkennung von Hierarchie. Umweltaktivisten z. B., die in kleinen Gruppen mit hoher Integration und geringer Hierarchie («low grid») agieren, so eine Hypothese, weisen eher fundamentalistische Gesinnungen bezüglich Technik- und Umweltrisiken auf als Mitglieder gering integrierter Gruppen mit anerkannten Führungsrollen (Douglas und Wildavsky 1983: 138 ff.; zu einer Kritik siehe auch Keller und Poferl 1998). Generell gehen sie von der zentralen These aus, dass die Form sozialer Organisation und die «Auswahl von Gefahren» («the selection of dangers», S. 186) in einem engen Zusammenhang stehen.

Ungefähr eine mittlere Position auf der Realismus-Konstruktivismus-Achse nimmt die «Risikogesellschaft» von Beck (1986) ein. Risiken wie «Radioaktivität, aber auch Schad- und Giftstoffe in Luft, Wasser, Nahrungsmitteln (...) sind meist *unsichtbar*, basieren auf *kausalen Interpretationen*, können im Wissen verändert, verkleinert oder vergrößert, dramatisiert oder verharmlost werden und sind insofern im besonderen Maß *offen für soziale Definitionsprozesse*» (S. 29 f., Hervorhebungen im Original). Hier wird davon ausgegangen, dass zwar reale Gefahren vorliegen. Für die Einschätzung der Gewichtigkeit von Risiken besteht aber abhängig von Wissen, Werten und Interessen Interpretationsspielraum. Die realen Risiken sind sozusagen das Rohmaterial für die weitere Verarbeitung im gesellschaftlichen Konstruktionsprozess. Besonders deutlich wird dies bei der Festlegung von Grenzwerten, sei es für Luftschadstoffe, Radioaktivität, toxische Substanzen in Nahrungsmitteln oder auch alltägliche Grenzwerte wie Höchstgeschwindigkeiten im Straßenverkehr oder die «Promillegrenze». «Tempo 50» in Ortschaften heißt, dass man ein bestimmtes Risiko an Unfallopfern in Kauf nimmt. Wenn man weiß, dass bei einer Höchstgeschwindigkeit von 50 km / h gegenüber 30 km / h im Durchschnitt eine Zahl x von Todesopfern mehr zu beklagen ist, bedeutet das bewusst oder unausgesprochen, dass die x Todesopfer so viel wert sind wie der Zeitgewinn aller Autofahrer, die jetzt 50 statt 30 fahren dürfen. Man kann daraus sogar den Wert eines Menschenlebens in Minuten ableiten. Die Definition von Grenzwerten basiert sowohl auf kausalem Wissen über biologische, chemische und physikalische Effekte, also potenziell falsifizierbarem Erfahrungswissen, als auch notwendigerweise auf Nutzen-Kosten-Abwägungen, d. h. Bewertungen. Und diese können durchaus von ökonomischen Interessen abhängig sein oder sozial und kulturell variieren. Dies genauer zu untersuchen ist zweifellos ein spannendes Thema der Umweltsoziologie.

Als Fazit können wir festhalten, dass soziale Konstruktionen, seien es Naturbilder, gesellschaftliche Vorstellungen von Risiken oder auch das Umweltbewusstsein, unstreitig zum Gegenstandsbereich der Umweltsoziologie gehören. Erklärungen der Variation und zeitlichen Veränderung von «Konstruktionen» werden neben sozialen und kulturellen Faktoren aber auch die Beobachtung und das Wissen um reale ökologische Entwicklungen und Probleme einbeziehen müssen. Umgekehrt interessiert sich die Umweltsoziologie für die Auswirkungen der Aktivitäten von Individuen, sozialen Gruppen oder Organisationen auf das Ökosystem, und bei der Erklärung der Aktivitäten werden handlungsleitende Konstruktionen

(z. B. das Umweltbewusstsein) eine Rolle spielen. Sofern soziale Konstruktionen Tatsachenbehauptungen oder Aussagen über z. B. Kausalzusammenhänge enthalten, lässt sich aber auch zwischen diesen nach dem Kriterium der empirischen Gültigkeit differenzieren. So ist es durchaus möglich, z. B. «Phantomrisiken» von – nach dem Stand des Wissens – tatsächlichen Bedrohungen zu unterscheiden. Diese Unterscheidung ist wichtig für die praktische Umweltpolitik, sollen begrenzte «soziale Ressourcen zur Risikovorsorge und Gefahrenabwehr» adäquat eingesetzt werden (Renn 1996: 50). Auf der Grundlage eines strikten, konstruktivistischen Relativismus nach dem Muster des Konstruktivismus der Wissenssoziologie verlöre dagegen die Umweltsoziologie das Potenzial, Wissen für gesellschaftliche Veränderungen und Politikberatung bereitzustellen.

Kasten II.2: **Wahrnehmung von Risiken**

Mit Experimenten und Umfragen wird die Wahrnehmung und Bewertung von Risiken erforscht. Die kognitionspsychologischen Untersuchungen der Forschungsgruppe «Decision Research» von Paul Slovic, Sarah Lichtenstein und Baruch Fischhoff zielen dabei vor allem auf zwei Fragenkomplexe: Erstens wurde danach gefragt, inwieweit sich Experten- und Laienurteile unterscheiden. Zweitens stellt sich die Frage danach, von welchen Faktoren es abhängt, dass Risiken als mehr oder minder schwer eingeschätzt werden.

Die Untersuchungen in den USA zeigen, dass Laien seltene Ereignisse wie Todesfälle durch Tornados überschätzen und häufige Ereignisse (Todesfälle durch Schlaganfall, Herzkrankheiten, generell schwere Krankheiten) unterschätzen. Die Korrelation zwischen den geschätzten und statistisch ausgewiesenen Häufigkeiten lag bei den Laien zwischen 0,50 und 0,62; bei den Experten errechnete sich dagegen eine Korrelation von 0,92 (Jungermann und Slovic 1993).

Wie verschiedene Studien ergeben haben (Überblick in Jungermann und Slovic 1993 sowie Bechmann 1993), hängen die Urteile von Laien über die Höhe von Risiken besonders von folgenden Merkmalen der Gefahrenquelle ab:

– Je mehr Menschen bei einem Unfall zusammen umkommen, desto stärker wird das Risiko bewertet (*Schrecklichkeit* des Risikos). Wenn bei einem Unfall, z. B. einem Flugzeugabsturz, 200 Menschen ums Leben kommen, wird das Risiko höher eingestuft, als wenn z. B. bei 200 Autounfällen je ein Opfer zu beklagen ist.

– Risiken, die Menschen *vertraut* sind,
die sie *freiwillig* eingegangen sind,
bei denen sie noch *nie oder selten einen Schaden* erlebt haben
und die sie glauben selbst *kontrollieren* zu können, werden eher unterschätzt.
Paradebeispiele sind Autofahren und Rauchen.

– In Übereinstimmung mit der Bekanntheit von Gefahrenquellen werden Risiken neuer Technologien stärker bewertet als die Risiken herkömmlicher Techniken (z. B. Kohlebergbau).
– Bei sehr kleinen Risiken wird kaum noch differenziert. Risiken von eins zu einer Million versus eins zu tausend werden als ähnlich wahrgenommen, obwohl das erstere Risiko um den Faktor 1000 höher ist.
– Schließlich hängt die Akzeptanz von Risiken auch von der Gerechtigkeit der Verteilung der Risiken ab, ein Gesichtspunkt, den Experten nicht immer ins Kalkül ziehen.
Haben nun die Experten eher Recht und täuschen sich die Laien bei der subjektiven Wahrnehmung von Risiken? Das kann man pauschal so nicht sagen. Vielmehr berücksichtigen Laien eben auch andere Kriterien als die Anzahl jährlicher Todesfälle, und über diese Kriterien lässt sich streiten. Die psychologische Forschung zur Risikoperzeption beschäftigt sich mit der Konstruktion von Risiken. Wie bei optischen Täuschungen wird dabei aber häufig das objektive, statistisch ausgewiesene Risiko als Maßstab zugrunde gelegt und damit quasi die Abweichung, der Bias untersucht. Risikokonstruktionen sind Gegenstand der Forschung, aber die hinter diesen Forschungen stehende Denkrichtung ist stark «realistisch» geprägt.

4. Die Theorie rationalen Handelns

Als die amerikanische Soziologie noch vom Strukturfunktionalismus Talcott Parsons' dominiert wurde, mahnte George C. Homans zur Rückbesinnung: Schließlich seien gesellschaftliche Prozesse und Strukturen das Ergebnis menschlicher Handlungen. «Bringing men back in» war Homans (1964) berühmte Devise in seiner «Presidential Address» an die amerikanische Soziologenvereinigung. Damit knüpfte Homans wieder bei den Klassikern der politischen Ökonomie und Sozialtheorie an, die gesellschaftliche Ereignisse aus dem Zusammenwirken individueller Handlungen zu erklären versuchten. Heute spricht man gern von «akteurzentrierten» versus «systemzentrierten» Modellen, von Handlungstheorie versus Systemtheorie (vgl. Bohnen 2000) oder der «individualistischen» und der «kollektivistischen» Tradition, die Vanberg (1975) in seiner Studie «Die zwei Soziologien» unterscheidet. Die in der «individualistischen» Tradition stehende Theorie rationalen Handelns oder Rational-Choice-Theorie (RC-Theorie; meist wird der englischsprachige Begriff verwendet) beschränkt ihren Erklärungsanspruch aber keineswegs auf individuelle

Handlungen. Im Gegenteil besteht das Erkenntnisziel zumeist in der Erklärung kollektiver Prozesse und sozialer Ereignisse auf der Makroebene der Gesellschaft. Man möchte gesellschaftliche Entwicklungen, etwa das Auftreten neuer sozialer Bewegungen, Prozesse der Modernisierung, die Entstehung von Institutionen oder auch deren soziale Konsequenzen, genauer verstehen und erklären. Diese Prozesse sind aber nun beabsichtigte oder noch viel häufiger nicht-beabsichtigte Folgen individueller Handlungen (Boudon 1979; Raub und Voss 1981). Aus diesem Grund spielen die Handlungen individueller Akteure eine Schlüsselrolle bei der Erklärung sozialer Prozesse. Die Erklärung kollektiver Prozesse durch individuelle Handlungen (und soziale Strukturen als Bedingungen individueller Handlungen) ist ein methodisches Prinzip, das eine Reihe von Vorteilen bietet. Man bezeichnet dieses Erklärungsprinzip als «methodologischen Individualismus». Der Erkenntnisgewinn ist nicht nur, dass der Rückgriff auf den handelnden Menschen gemäß Homans Devise zu einem vertieften Verständnis kollektiver Entwicklungen führt. Vielmehr vollziehen sich Entwicklungen auf der kollektiven Ebene, z. B. ein Trend wachsenden Umweltbewusstseins, nur unter bestimmten Bedingungen. Gleiches gilt für «Systemgesetze», für Zusammenhänge auf der kollektiven oder Makroebene der Gesellschaft. Eine Analyse, die bei den handelnden Akteuren ansetzt, und hierauf aufbauend zur kollektiven Ebene voranschreitet (man spricht vom Mikro-Makro- oder Aggregationsproblem, dazu weiter unten), kann oftmals die Bedingungen identifizieren, die zu bestimmten kollektiven Prozessen führen und unter denen kollektive Regelmäßigkeiten Gültigkeit beanspruchen können.

Die RC-Theorie hat sich mittlerweile, ausgehend von einer Außenseiterposition, auch in der Soziologie wachsendes Gehör verschafft. Gleichzeitig wurde sie von gewissen Dogmatismen entschlackt. Aufbauend auf den Arbeiten von Gary Becker (1982), James Coleman (1990), Mancur Olson (1968), Robert Axelrod (1984), Raymond Boudon (1979), um nur einige Pioniere aus der Ökonomie, den Politikwissenschaften und der Soziologie zu nennen, liegt ein breit gefächertes Forschungsprogramm vor, das auch für Problemstellungen der Umweltsoziologie von erheblicher Bedeutung ist.

Hypothesen und Konzepte der Rational-Choice-Theorie wie «soziale Dilemmata», «Allmendeprobleme», «Kollektivgüter», «externe Effekte», «Free Riding» und generell die Kooperationsproblematik in sozialen Dilemmata werden mittlerweile in der Umweltsoziologie nicht mehr als exotische Vokabeln buchstabiert, sondern auch dort rezipiert, wo man dieser

Perspektive eher skeptisch begegnet ist (vgl. z. B. Münch 1996 sowie den instruktiven Beitrag von Berger 1994). Die soziologische Rational-Choice-Theorie geht dabei über das eingeschränkte Homo-oeconomicus-Modell hinaus, insofern auch nicht-ökonomische Interessen, altruistische Handlungen, der Einfluss sozialer Strukturen (Institutionen, sozialer Kontext, Netzwerke, Sozialkapital) auf die Handlungsbedingungen und die häufig nicht-intendierten, aggregierten Handlungsfolgen den Gegenstand der Theorie bilden.

Bausteine und Prinzip der RC-Theorie

Eine Voraussetzung der Rational-Choice-Theorie ist, dass die Akteure über Ressourcen verfügen, die sie für ihre Ziele einsetzen können. Verfügbarkeit über Ressourcen bedeutet, dass Personen zwischen mindestens zwei Alternativen wählen können. Personen werden nun ihre Ressourcen so einsetzen, dass sie ihre Ziele «möglichst gut» erreichen. Wir sprechen wohlgemerkt noch nicht von Optimierung oder Maximierung und lassen damit Raum für Theorien «begrenzter Rationalität». Statt von Ressourcen können wir auch negativ von Handlungsbeschränkungen oder Restriktionen sprechen (die uns am Tag zur Verfügung stehende Zeit ist zugleich Ressource und Restriktion); statt von Zielen ist häufig von Präferenzen die Rede. Anders formuliert lautet das Prinzip, dass Akteure in Entscheidungssituationen unter Restriktionen versuchen, ihre Präferenzen möglichst gut zu realisieren. Was unter «möglichst gut» genauer zu verstehen ist (ob «Nutzenmaximierung», Maximierung des subjektiv erwarteten Nutzens, «satisficing» oder ein anderes Entscheidungsprinzip – dazu weiter unten), wie die Ziele oder Präferenzen gemessen werden und welche Präferenzen und Ressourcen jeweils Berücksichtigung finden, sind wichtige Fragen, auf die die Antworten unterschiedlich ausfallen können. Entsprechend gibt es auch keine einheitliche RC-Theorie, sondern mehrere unterschiedliche Versionen. Halten wir aber fest: Die drei Bausteine der RC-Theorie sind:

1. Den Ausgangspunkt bilden Akteure.
2. Diese verfügen über Ressourcen (bzw. handeln unter Restriktionen), haben Präferenzen und können demgemäß zwischen mindestens zwei Alternativen wählen.
3. Die Theorie enthält eine Entscheidungsregel, die angibt, welche Handlung ein Akteur ausführen wird.

Akteure sind im Allgemeinen Personen. Gelegentlich kann man aber die Analyse vereinfachen, indem man von der Abstraktion «korporativer

Akteure» ausgeht und Firmen, Organisationen oder Staaten als handelnde Akteure betrachtet, z. B. bei der spieltheoretischen Analyse internationaler Verhandlungen und Umweltvereinbarungen.

Ressourcen bzw. Restriktionen können sein: Einkommen, Preise, Zeit, Technologien, institutionelle Regelungen wie gesetzliche Auflagen und Verbote u. a. m. Restriktionen beschränken den Handlungsspielraum.

Präferenzen besagen, was ein Akteur «lieber mag». So hat eine Person eine Präferenz für ein Gut a gegenüber einem Gut b, wenn a dem Gut b vorgezogen wird. Häufig arbeitet man in erklärenden Modellen mit sehr allgemeinen Präferenzen oder Handlungszielen wie das Streben nach materiellen Gütern (Einkommen), sozialem Status und sozialer Anerkennung. Präferenzen können (unter bestimmten Bedingungen) in Nutzenwerte «übersetzt» werden. Den Präferenzen werden dabei gemäß einer Nutzenfunktion Zahlen (Nutzenwerte) zugewiesen, die die Präferenzrelationen repräsentieren. Eine Person hat z. B. eine Präferenz für einen Porsche 911 (a) gegenüber einem verbrauchsarmen Kleinwagen (b), den sie aber immer noch der Alternative, kein Auto anzuschaffen (c), vorzieht. Den drei Alternativen können z. B. die ordinalen Nutzenwerte $u(a) = 100$, $u(b) = 10$ und $u(c) = 1$ zugewiesen werden, die die Präferenzrelationen repräsentieren. Unter bestimmten Bedingungen können Nutzenwerte auch auf Intervallskalenniveau gemessen werden. Neumann und Morgenstern (1944) haben dazu ein axiomatisch begründetes Verfahren vorgeschlagen, die so genannte Erwartungsnutzentheorie.

Was im Einzelfall als Restriktion oder als Handlungsziel betrachtet wird, hängt auch vom Erklärungszweck ab. So kann die Erhöhung von Einkommen oder die Verbesserung der relativen Einkommensposition ein Handlungsziel sein, während in einem anderen Modell, z. B. bei der Untersuchung energiesparender Investitionen, das Einkommen eine Restriktion darstellt. Auch soziale Normen können entweder als Restriktionen oder Präferenzen aufgefasst werden. Eine Arbeitshypothese der RC-Theorie lautet, Verhaltensänderungen möglichst durch die Veränderung von Restriktionen und nicht durch die Veränderung von Präferenzen zu erklären, es sei denn, man hätte für die Annahme von Präferenzänderungen wirklich gute Gründe. Weshalb diese Arbeitshypothese? Erklärungen durch Präferenzänderungen sind häufig tautologische Scheinerklärungen. Jede Verhaltensänderung (z. B. ein höheres Ausmaß an Umweltaktivitäten) kann im Nachhinein durch eine Änderung des Nutzens der Aktivität «erklärt» werden. Solche Scheinerklärungen möchte man aber ausschließen, falls man nicht wirklich überzeugende empirische Anhaltspunkte für

Präferenzänderungen und deren Auswirkungen auf das Verhalten vorweisen kann. Außerdem gibt es auch einen praktischen Grund, denn Restriktionen sind leichter prognostizierbar und beeinflussbar als Präferenzen.

Das dritte Element der Theorie ist die Entscheidungsregel. Wie wird sich eine Person bei gegebenen Präferenzen und Ressourcen verhalten? Meist wird von einem Maximierungsprinzip ausgegangen: Die Maximierung des Erwartungsnutzens in der Neumann-Morgenstern-Theorie, die Maximierung des subjektiv erwarteten Nutzens in der SEU-Theorie oder die Maximierung von «prospects» in Kahnemanns und Tverskys «Prospect-Theorie». Andere Entscheidungsregeln sind Maximin, minimales «Bedauern» oder auch nicht maximierende Prinzipien wie «satisficing behavior» in «bounded-rationality»-Theorien (Überblick in Schoemaker 1982; Machina 1987; Eisenführ und Weber 1994). Man sieht: Es gibt nicht *die* RC-Theorie, sondern ein ganzes Bündel von Varianten. Welches Modell jeweils angemessen ist, ist eine empirische Frage. Und neben der empirischen Erklärungskraft wird man besonders «sparsame» Modelle bevorzugen, die mit möglichst wenigen Annahmen möglichst weitreichende Erklärungen erlauben.

Wir können an dieser Stelle nicht die einzelnen Varianten der RC-Theorie im Detail erläutern. Anhand eines Beispiels wollen wir aber kurz eine häufig verwendete Entscheidungsregel skizzieren und auf einige Probleme der Theorie aufmerksam machen.

SEU-Theorie

Bei vielen Entscheidungen sind die Konsequenzen der Handlungsalternativen ungewiss. Kennt man in einer solchen Situation aber die Wahrscheinlichkeiten der Ereignisse, die mit einer Handlung verbunden sind, spricht man von «Entscheidungen unter Risiko». Die Nutzentheorie von Neumann und Morgenstern nimmt dabei auf bekannte, vorgegebene Wahrscheinlichkeiten Bezug. Eine Erweiterung ist die SEU-Theorie von Savage, die sowohl subjektive Nutzenwerte als auch subjektive Wahrscheinlichkeiten kennt. «SEU» steht für «subjective expected utilities». Auch diese Theorie hat eine genaue axiomatische Grundlage, auf die wir hier nicht weiter eingehen können (zu einer Vertiefung und weiteren Literaturhinweisen siehe Eisenführ und Weber 1994).

Sind die Voraussetzungen der Theorie erfüllt, kann jeder Handlungsalternative ein SEU-Wert zugewiesen werden. Der Wert errechnet sich aus der Summe der Produkte von Wahrscheinlichkeit und Nutzen der Handlungskonsequenzen. Wird die SEU-Theorie als deskriptive Theorie herangezogen, d. h. zur Erklärung und Prognose von beobachtbaren Entscheidungen, dann prognostiziert die Theorie die Wahl der Handlungsalternative mit dem maximalen SEU-Wert. Dazu betrachten wir ein einfaches Beispiel.

Wer mit einem öffentlichen Verkehrsmittel fahren möchte, hat im Prinzip die Wahl, eine Fahrkarte zu lösen oder «schwarz»zufahren. Es gibt also zwei Handlungsalternativen. Bezeichnen wir die Fahrt mit Fahrkarte als H1 und die Schwarzfahrt mit H2. Vereinfachend nehmen wir an, dass in beiden Fällen das Fahrtziel mit Sicherheit erreicht wird. Die Erreichung des Fahrtziels hat für die Person den Nutzen u (Fahrtziel). Gehen wir von einer städtischen Busfahrt aus mit einem Tarif von DM 3,– für eine Einzelfahrt. Die Person glaubt, im Falle einer Schwarzfahrt mit Wahrscheinlichkeit p erwischt zu werden. Sie muss in diesem Fall eine Buße von DM 60,– entrichten. Dann können wir für die SEU-Werte von H1 und H2 schreiben:

H1: SEU1 = u (Fahrtziel) – u (3 DM)

H2: SEU2 = u (Fahrtziel) – p · u (60 DM).

Die Person wird sich für «Schwarzfahren» entscheiden, wenn SEU2 maximal ist, wenn also gilt: SEU2 > SEU1. Nun führen wir noch eine Vereinfachung ein und nehmen an, dass der Nutzen des Geldes für «geringe» Beträge eine lineare Funktion des Geldes ist. Dann folgt aus der Bedingung SEU2 > SEU1:

$p \cdot 60 < 3$ oder $p < 0{,}05$.

Die Person wird demnach immer dann schwarzfahren, wenn die subjektive Einschätzung des Risikos, erwischt zu werden, unter fünf Prozent liegt.

Die Zahlenwerte des Beispiels sind für viele Städte durchaus realistisch. Die objektiven Kontrollquoten in deutschen Städten liegen etwa im Bereich von ein bis zwei Prozent. Es könnte nun sein, dass die legalen Fahrgäste die Kontrollquoten subjektiv weitaus überschätzen. Experimente und auch die Prospect-Theorie von Kahnemann und Tversky (1979) besagen, dass kleine Wahrscheinlichkeiten eher überschätzt werden. Aber warum sollten sich Personen, die ein öffentliches Verkehrsmittel sehr häufig benutzen, systematisch und auf Dauer täuschen? Dem einfachen Modell zufolge müssten die meisten Personen also schwarzfahren. Das tun sie aber nicht, und zwar vermutlich aus mehreren Gründen: Erstens gibt es Monatskarten für Vielfahrer. Dadurch wird die Einzelfahrt so weit verbilligt, dass auch bei relativ geringen Kontrollquoten SEU1 nicht mehr kleiner ist als SEU2. Zweitens hat das Erwischtwerden für sehr viele Personen nicht allein die Konsequenz einer Geldbuße, sondern ist auch mit sozialen Sanktionen verbunden. Die meisten Menschen dürften es als ziemlich peinliche Situation empfinden, beim Schwarzfahren ertappt zu werden, besonders wenn noch Nachbarn und Bekannte zugegen sind. Weiterhin kann es der Fall sein, dass Personen die moralische Norm vertreten, dass man für die Beförderungsleistung den geforderten Preis entrichten sollte. Soziale Sanktionen und moralische «Gewissenssanktionen» sind Nutzen- bzw. Kostenkomponenten, die das einfache Modell ausspart.

Strategien der Konstruktion von RC-Modellen

Wenn von «Modell» die Rede ist, meinen wir hier eine formalisierte Theorie, d. h., die Aussagen der Theorie werden in Form mathematischer Gleichungen dargestellt. Bei der Schwarzfahrer-Theorie handelt es sich demnach um ein – wenn auch recht einfaches – «Modell». Dieses Modell legt den Schwerpunkt auf die Eigennutzannahme und rein materielle Interessen. Die beiden Merkmale charakterisieren die Fiktion des Homo oeconomicus. Eine Theorie, die sich auf diese Annahmen beschränkt, können wir als «harte» Variante der RC-Theorie bezeichnen. Der Vorteil solcher Modelle ist, dass sie bezüglich der Annahmen sparsam sind und dass die Variablen z. B. in monetären Einheiten leicht gemessen werden können. Dadurch sind Modelle der harten Variante der RC-Theorie auch potenziell falsifizierbar. Der Nachteil ist freilich, dass sie in vielen Situationen faktisch falsifiziert werden, d. h. das beobachtbare Verhalten nicht erklären können. Man kann allerdings ein weiteres Argument zur Verteidigung anführen. Zwar ist es richtig, dass oftmals nicht das absolute Niveau des beobachtbaren Verhaltens erklärt werden kann, weil das Verhalten eben von vielen, im Einzelfall schwer messbaren Größen abhängig ist. Jedoch können diese Modelle eventuell relative Verhaltensänderungen infolge einer Veränderung der Variablen des Modells prognostizieren. Das einfache, aber falsche Homo-oeconomicus-Modell des Schwarzfahrens ermöglicht immerhin die Ableitung der (eventuell wahren) Hypothesen, dass mit steigendem Bußgeld, steigender Kontrollquote oder Fahrpreissenkungen die Schwarzfahrerquote zurückgehen wird. Ob diese Hypothesen zutreffen, ist eine empirisch zu beantwortende Frage.

Nun ist es im Prinzip leicht möglich, soziale Sanktionen, «innere Sanktionen» (etwa Gewissensbisse im Falle der Verletzung, die Erhöhung des Selbstwertgefühls im Falle der Befolgung moralischer Prinzipien) und «intrinsische» Motive als weitere Argumente in der Nutzenfunktion zu berücksichtigen. In der Gleichung für SEU_2 z.B. könnte man den Term

[$- p \cdot u(s)$] hinzufügen, wobei $- u(s)$ die subjektiv empfundenen Kosten sozialer Missbilligung bezeichnet. Eine RC-Theorie, die die Aufnahme von Nutzenargumenten wie soziale Missbilligung, interne Kosten und Belohnungen und altruistische Motive vorsieht, können wir als «weiche» Variante der RC-Theorie bezeichnen. Die Modelle werden dadurch realistischer, aber gleichzeitig besteht die Gefahr, dass die Theorie durch die Hinzufügung immer weiterer Nutzenkomponenten gegenüber empirischer Kritik immunisiert wird.

Ein weiteres, kontrovers diskutiertes Argument lautet, dass bei hohen Beträgen ohnehin die materiellen Interessen dominieren. Gemäß der «Low-Cost-Hypothese» wirken sich moralische und intrinsische Motive primär im Bereich geringer Kosten auf das Verhalten aus. Demnach sollten mit steigenden Kosten «harte» Modelle eher zutreffende Verhaltensprognosen erlauben als im Low-Cost-Bereich. Bezogen auf den Einfluss des Umweltbewusstseins werden wir diese Hypothese noch genauer in Kapitel IV diskutieren.

Unseres Erachtens ist es aber nicht der zentrale Punkt, ob ein RC-Modell «hart» oder «weich» ist. Wichtig ist, dass RC-Theorien Hypothesen generieren, die empirisch prüfbar sind. Das Ziel besteht also darin, Theorien und Modelle zu entwickeln, aus denen möglichst informative Hypothesen ableitbar sind. Die empirische Prüfung gibt dann Auskunft darüber, ob die Theorie die Beobachtungen zutreffend erklären kann.

Man kann ferner mit guten Gründen die Auffassung vertreten, dass die RC-Theorie primär von heuristischem Wert ist und eine Art Baukasten zur Verfügung stellt, mit dem es gelingen kann, mehr oder minder gute Theorien und Modelle zur Erklärung sozialen Verhaltens zu konstruieren. (Zu den Bausteinen gehören weiterhin oftmals hilfreiche Zusatzhypothesen wie die Grenznutzenhypothese und die Diskontierungshypothese, d. h. die Idee, dass Personen zukünftigem Nutzen einen geringeren Wert zumessen als gegenwärtigem Nutzen.) Auf diesen Elementen aufbauende Theorien, etwa zur Erklärung von Umweltbewegungen oder Umweltaktivitäten von Personen, ähneln dann «Theorien mittlerer Reichweite» im Sinne von Robert K. Merton. Allerdings sind die Theorien für einzelne soziale Teilbereiche nicht voneinander unabhängig, sondern orientieren sich an dem gleichen Prinzip: dass Akteure Ziele haben, begrenzte Ressourcen und einer Entscheidungsregel folgen.

Betrachten wir das folgende Beispiel: In der Nähe eines Sportflugplatzes befindet sich eine Siedlung. Der Flugplatz soll in begrenztem Maß ausgebaut werden, um für Geschäftsleute eine Anbindung an den nächsten Verkehrsflughafen zu ermöglichen. Für die ungefähr fünfhundert Siedlungsbewohner wäre der Ausbau mit einer zusätzlichen Lärmbelästigung verbunden. Rechtlich bestehen nur geringe Chancen, den Ausbau zu stoppen. Auf politischem Weg wäre dies bei genügend «großem Druck» aber möglich. Werden sich die Siedlungsbewohner in dieser Situation gegen den Fluglärm engagieren? Selbst wenn alle Betroffenen von dem Ausbaustopp profitierten und der Gewinn für jeden Einzelnen größer wäre als die Kosten des Engagements, wäre keineswegs sicher, dass eine Initiative zustande käme. Ein einzelner Akteur könnte etwa folgendermaßen denken: Wenn sich alle oder die überwiegende Mehrheit der Bewohner engagieren (mit Petitionen, Leserbriefen, Versammlungen, Demonstrationen usw.), haben wir eine gute Chance, uns bei den Politikern Gehör zu verschaffen und doch noch den Flughafenausbau zu verhindern. Für das Engagement müsste ich allerdings einen Teil meiner Freizeit opfern, insbesondere wenn ich damit anfange, den Protest zu organisieren. Bleiben wir wenige, wird die Mühe vergebens sein. Engagieren sich aber viele, dann wird unser Ziel erreicht, unabhängig davon, ob ich mich beteilige oder nicht. Wenn die überwiegende Mehrheit der anderen Bewohner ebenfalls in dieser Weise kalkuliert, wird der Protest unterbleiben, obwohl dieser im Interesse aller Bewohner der Siedlung wäre.

Die Überlegung, was werde ich tun, wie werden die anderen Akteure entscheiden und welche Konsequenzen wird das für mich und die anderen Personen haben, ist kennzeichnend für eine Situation «strategischer Interdependenz». In einer solchen Situation hängen die Ergebnisse einer Entscheidung von den Entscheidungen der anderen Akteure oder «Mitspieler» ab. Eine Vielzahl sozialer Situationen weist diesen Charakter auf. Als Autofahrer kennt man vielleicht einen Schleichweg, um dem Stau auf der Hauptstraße zu entkommen. Wenn viele andere Autofahrer aber auf den gleichen Gedanken kommen, wird der Schleichweg verstopfter sein als die Hauptstraße. Werden öffentliche Verkehrsmittel mit hohen Subventionen attraktiv gemacht, sodass viele Autofahrer «umsteigen», kann sich als unbeabsichtigte Nebenfolge eine Erhöhung der Attraktivität des Autoverkehrs ergeben. Die Straßen sind leerer als zuvor, die Stauwahrscheinlichkeit ist geringer, und zeitweilig umgestiegene Autofahrer werden zu ihrem gewohnten Verkehrsmittel zurückkehren. Auch auf der Ebene einzelner Staaten ist die Entscheidungslogik strategischer Interdependenz zu beobachten. Ökologische Steuern und verminderte CO_2-Emissionen «ja», aber nur wenn sämtliche anderen Staaten mitmachen. Da dies jedoch nicht der Fall ist, kann man leider als einzelne Nation auch keine großen Schritte unternehmen.

Soziale Interaktionen mit strategischer Interdependenz sind Gegenstand der Spieltheorie. Ohne Erweiterung ist die oben erwähnte SEU-Theorie nicht mehr ausreichend, um solche Situationen zu beschreiben. Der Grund ist, dass die Handlungsergebnisse von den Strategien der anderen Akteure abhängen und damit die Wahrscheinlichkeiten, mit denen bestimmte Ergebnisse auftreten, nicht mehr exogen gegeben sind. Die Wahrscheinlichkeiten der Handlungskonsequenzen werden vielmehr endogen durch die Situation strategischer Interdependenz bestimmt. Die Spieltheorie stellt das begriffliche Gerüst und Lösungsansätze zur Verfügung, mit denen Situationen strategischer Interdependenz präzise analysiert werden können.

Ein zentrales Lösungskonzept ist das «Nash-Gleichgewicht». Dieses liegt vor, wenn – gegeben die Strategien der anderen Spieler – für jeden Spieler eine Abweichung von der gewählten Strategie zu keiner Erhöhung des Gewinns führt. In einem Nash-Gleichgewicht hat demnach kein Spieler einen Anreiz, *einseitig* von der gewählten Strategie abzuweichen. Rechtsfahren im Straßenverkehr ist ein Beispiel für ein Nash-Gleichgewicht. Wenn sich die Mitspieler für diese Strategie entscheiden, kann jeder Spieler nur verlieren, wenn er eine andere Strategie wählt. Im Fluglärm-Beispiel ist die «Trittbrettfahrer-Strategie», sich nicht zu engagieren, eine Nash-Gleichgewichtsstrategie. Wenn sämtliche Mitspieler kein Engagement zeigen, dann macht es, jedenfalls aus der Perspektive von Kosten-Nutzen-Überlegungen, für einen einzelnen Akteur keinen Sinn, sich zu engagieren. Denn mit der Abweichung von der Gleichgewichtsstrategie hätte dieser Akteur auch noch die Kosten des Engagements zu tragen, ohne die Chance der Erreichung des Gruppenziels (oder «Kollektivguts») nennenswert erhöhen zu können.

Situationen, in denen individuell rationale Akteure mit der Wahl einer Nash-Gleichgewichtsstrategie ein schlechteres Ergebnis erzielen als bei einer anderen Strategienkombination, die kein Gleichgewicht darstellt, werden als «ineffizient» bezeichnet. Das bekannteste Spiel mit diesen Eigenschaften ist das «Gefangenendilemma». Auch die Interaktionsstruktur des Fluglärmbeispiels entspricht im Kern einem «Mehr-Personen-Gefangenendilemma». In sozialen Dilemmata entstehen häufig soziale Normen und Institutionen, mit denen mehr oder minder effiziente Lösungen erzielt werden können. Das Umweltrecht, institutionelle Vorkehrungen zur Lösung von Umweltproblemen und vertragliche Übereinkünfte wie etwa das Abkommen von Montreal zum Verbot von FCKW sind dafür Beispiele. Wir werden auf dieses Thema noch ausführlicher im folgenden Kapitel zum Allmendedilemma zurückkommen.

Die Erklärung kollektiver Effekte

Soziologen sind im Allgemeinen nicht so sehr an der Erklärung des Verhaltens einzelner Personen, sondern vielmehr an der Erklärung kollektiver Effekte interessiert. Dazu zählen z. B. Resultate des Umwelthandelns von Personengruppen, die Entstehung sozialer Normen und Institutionen, das Aufkommen von Umweltbewegungen, die Aktivitäten von Firmen und Organisationen und vieles mehr.

Betrachten wir das folgende Beispiel. Heute sind immer mehr Firmen daran interessiert, eine ökologische Reputation aufzubauen. Weiterhin entstehen neue Institutionen wie die Zertifizierung von Umweltleistungen (Öko-Audits), Übereinkünfte bezüglich Öko-Labels auf Produkten usw. Viele dieser Leistungen sind freiwillig, obwohl sie mit Kosten verbunden sind. Bis Juni 1999 hatten sich in Deutschland gemäß der europäischen Umweltaudit-Verordnung 2085 Unternehmensstandorte mit mehr als 1,1 Mio. Arbeitskräften und 125 Mrd. DM Umsatz registrieren lassen (Schulz 1999; zur EG-Öko-Audit-Verordnung vgl. auch Abschnitt V.3). Weshalb sind gewinnorientierte Unternehmen überhaupt daran interessiert? Eine Erklärungsskizze könnte folgendermaßen aussehen: In den letzten Jahrzehnten ist das Umweltbewusstsein in der Bevölkerung stark angestiegen (dazu genauer Kapitel IV). Besonders in Low-Cost-Situationen hat das Umweltbewusstsein einen Effekt auf das Verhalten. Wenn nun Verbraucher zwischen einem Produkt A und einem ungefähr gleich teuren und der Qualität nach gleich guten Produkt B wählen können, ist die Entscheidung für A oder B aus der Sicht des Konsumenten eine Low-Cost-Situation. Hat nun die Firma, die Produkt A herstellt, oder das Produkt A selbst eine Umweltreputation, nicht aber der Hersteller von Produkt B, dann wird sich ein umweltbewusster Konsument in dieser Situation für Produkt A entscheiden. Paradebeispiel für eine solche Situation war der Boykott von Shell-Tankstellen anlässlich der geplanten Versenkung der Nordsee-Bohrinsel «Brent Spar». Viele Autofahrer tankten bei der Konkurrenz und konnten damit ihr Umweltbewusstsein quasi zum Nulltarif einlösen. Für den einzelnen Autofahrer eine Low-Cost-Entscheidung, führen Millionen solcher Entscheidungen zu High-Cost-Konsequenzen bei den betroffenen Firmen. Besonders Unternehmen, die einem intensiven Wettbewerb ausgesetzt sind, werden demnach bemüht sein, eine ökologische Reputation aufzubauen.

Nun kann eine Firma mit phantasievollen Öko-Labels oder Werbemaßnahmen eine solche Reputation auch vortäuschen. Für den Verbraucher aber sind die Informationskosten viel zu hoch, um die wirkliche Berücksichtigung von Umweltbelangen von einem vorgetäuschten Umweltengagement unterscheiden zu können. Institutionen wie standardisierte Zertifikate (EU-Öko-Audit, Zertifizierung nach der internationalen ISO-14001-Norm) bieten hier einen Ausweg. Firmen, die sich stärker um Umweltbelange kümmern, werden ein Interesse daran haben, dass solche Institutionen eingerichtet werden, und sie werden interessiert sein, solche Zertifikate zu erwerben. Wir haben damit in den Grundzügen und noch recht skizzenhaft den kollektiven Effekt erklärt, dass Firmen ein Interesse am Aufbau einer Öko-Reputation und an der mit Kosten verbundenen Beteiligung an der Zertifizierung haben können. Am Anfang der Kausalkette standen dabei das Umweltbewusstsein und die Hypothese eines Effekts des Umweltbewusstseins auf das Kaufverhalten in Low-Cost-Situationen.

In der RC-Theorie wird zwar von individuellen Akteuren ausgegangen – im Beispiel waren dies die Konsumenten; jedoch ist dieser Ansatzpunkt nur Mittel zum Zweck der Erklärung kollektiver Effekte und sozialer Prozesse auf der gesellschaftlichen Makroebene. Weiterhin sind die individuellen Akteure «sozial eingebettet», denn sowohl ihre Ziele als auch die Ressourcen hängen von gesellschaftlichen Merkmalen ab. An der Erklärung von Zusammenhängen zwischen kollektiven Merkmalen oder bei der Erklärung kollektiver Effekte sind demnach drei Arten von Beziehungen beteiligt.

1. Hypothesen über den Einfluss gesellschaftlicher Merkmale (Institutionen, soziale Netzwerke, soziale Interaktionen u. a. m.) auf die Ziele und Ressourcen von Individuen, auf die Wahrnehmung von Handlungsalternativen und subjektiven Wahrscheinlichkeiten, kurz: auf die unabhängigen Variablen der Entscheidungstheorie. Im obigen Beispiel wären dies Hypothesen über den Anstieg des Umweltbewusstseins bei den Akteuren (dazu Kapitel IV), über die Wahrnehmung umweltrelevanter Eigenschaften von Produkten usw.

2. Die Entscheidungstheorie wie z. B. die SEU-Theorie, die eine Aussage darüber macht, welche Handlung ein Akteur auswählen wird.

3. Eine Aggregationsregel (auch als Transformationsregel bezeichnet),

die angibt, welche kollektiven Effekte sich aus den individuellen Handlungen ergeben. Dies kann in einfachen Fällen eine Summe, ein Anteilswert oder eine Rate sein. So ist der Energieverbrauch von Haushalten die Summe aller individuellen Energieverbräuche. Der Gewinn einer Firma ist eine Funktion des Umsatzes und damit der Summe der individuellen Nachfrage. Eine Aggregationsregel kann aber auch institutionell vorgegeben sein. Ein Gesetz zur Förderung regenerativer Energie z. B. tritt dann in Kraft, wenn die Mehrheit der Parlamentarier diesem Gesetz zustimmt. Die Mehrheitsregel ist in diesem Fall die Aggregationsregel. In der Spieltheorie ist die «Lösungsvorschrift» des Spiels zugleich eine Aggregationsregel. Prognostiziert wird ein kollektives Resultat, eine Strategienkombination, die sich aus den individuellen Handlungen in einer Situation strategischer Interdependenz ergibt. Das Nash-Gleichgewicht in einem Gefangenendilemma ist ein kollektiver Effekt, eine möglicherweise nichtintendierte Handlungsfolge einer Summe von Einzelentscheidungen.

Die drei Schritte zur Erklärung von Zusammenhängen zwischen kollektiven Merkmalen («Makro-Regelmäßigkeiten») oder zur Erklärung kollektiver Effekte können wir mit Esser (1993) wie folgt bezeichnen: Bei Schritt eins handelt es sich um die «Logik der Situation», bei Schritt zwei um die «Logik der Selektion» von Handlungsalternativen, und Schritt drei befasst sich mit der «Logik der Aggregation». Die RC-Theorie erklärt damit gesellschaftliche Phänomene als Resultat der Handlungen individueller Akteure, welche wiederum als sozial eingebettet betrachtet werden.

Anwendungen der RC-Theorie im Umweltbereich

Typische Anwendungen der RC-Theorie beziehen sich zunächst auf Entscheidungen von Akteuren, die umweltrelevante Folgen haben. Dazu zählen das Energiesparverhalten, die Entsorgung von Abfällen bei variierenden Anreizstrukturen oder die Verkehrsmittelwahl. Dabei kann man auch einen Schritt weiter gehen und Institutionen und Infrastruktur einbeziehen, die ja die Anreizstruktur und damit die unabhängigen Variablen der Entscheidungstheorie beeinflussen («Logik der Situation»). So kann man nach den Auswirkungen des dualen Systems der Abfallverwertung (DSD, «grüner Punkt») im Vergleich zu alternativen Recycling-Einrichtungen fragen. Zahlreiche empirische Studien befassen sich mit der Verkehrsmittelwahl, wobei zumeist die Alternative öffentlicher Nahverkehr versus Auto bei Berufspendlern untersucht wurde. Es zeigte sich, dass die Verkehrsmittelwahl vor allem von drei Variablen beeinflusst wird: Fahrtzeit, Fahrtkosten und Bequemlichkeit der Verkehrsalternativen. Dieser Befund ist zwar nicht überraschend, aber von Interesse ist doch die Stärke der jeweiligen Effekte. Die Fahrtkosten spielen im Nahverkehr von Berufspendlern offenbar eine geringere Rolle als die Bequemlichkeit und der Zeitvorteil eines Verkehrsmittels. Vom Umweltbewusstsein gehen, wenn überhaupt, nur schwache Effekte aus, wobei diese Frage allerdings noch kontrovers diskutiert wird (vgl. z. B. die folgenden Studien: Brüderl und Preisendörfer 1995; Diekmann 1995; Franzen 1997; Lüdemann 1997; Bamberg und Kühnel 1998). Weiterhin zeigen sich deutliche indirekte Effekte der Infrastruktur auf die Verkehrsmittelwahl, wobei z. B. der Parkplatzverfügbarkeit («Sogwirkung von Parkplätzen») eine wesentliche Rolle bei der Entscheidung für oder gegen das Auto auf dem Weg zur Arbeitsstätte zukommt (Diekmann 1995).

Besonders aufschlussreich sind empirische Untersuchungen zum Thema Energieeinsparung bei der Anschaffung größerer Haushaltsgeräte. Aufschlussreich sind die Befunde deshalb, weil in diesem Fall die «harte Variante» der RC-Theorie bei einem im engeren Sinn «ökonomischen Entscheidungsproblem» deutlich im Widerspruch zu den Beobachtungen steht. Worum geht es? Beim Kauf langlebiger Haushaltsgeräte wie Waschmaschinen, Kühlschränke, Klimaanlagen usw. gibt es einen «Trade off» zwischen Anschaffungs- und Verbrauchskosten. Man kann sich z. B. für einen teureren Kühlschrank mit niedrigem Energieverbrauch oder für einen billigeren Kühlschrank mit höherem Energieverbrauch entscheiden. Wenn die Verbrauchskosten des teuren Modells gering genug sind, lohnt sich die Anschaffung auch für einen eigennützigen, rationalen Käufer. Natürlich muss man bei den Verbrauchskosten berücksichtigen, dass diese erst in der Zukunft anfallen. Zukünftige Kosten aber werden diskontiert, wobei der subjektive Diskontsatz das Ausmaß der Gegenwarts- bzw. Zukunftsorientierung angibt. Wer z. B. 100 DM heute einem Betrag von 200 DM, auszahlbar in einem Jahr, vorzieht, hat einen subjektiven Diskontsatz von mindestens 100 Prozent. In empirischen Untersuchungen zahlreicher Kaufentscheidungen in den USA konnten anhand der Anschaffungs- und Verbrauchskosten die durchschnittlichen (impliziten) Diskontsätze der Käufer errechnet werden (Hausman 1979; siehe auch Thaler 1992). Diese lagen teilweise weit über 100 Prozent. Weiterhin ergab sich, dass die Diskontsätze mit dem Einkommen abnahmen. Je geringer das Einkommen, desto größer waren noch die Verluste aufgrund «irrationaler» Entscheidungen. Diese Ergebnisse haben große Bedeutung für die Förderung energiesparender Investitionen z. B. im Bereich der Wohnungsmodernisierung (Wärmedämmung) oder bei der Anschaffung verbrauchsarmer Heizanlagen. Wenn selbst unter der Eigennutzannahme rentable Investitionen – vom Umweltbewusstsein ist hier gar nicht die Rede – unterbleiben, macht es Sinn, über effizienzfördernde Institutionen nachzudenken. Eine solche Institution ist das «Contracting». Eine Contracting-Firma übernimmt z. B. den Einbau einer neuen Heizanlage, wobei die Kosten vom Nutzer mit der monatlichen Verbrauchsrechnung abgegolten werden. Die Contracting-Firma hat ein Interesse, ein verbrauchsarmes Gerät anzuschaffen und vorzufinanzieren, wobei beide, «Contractor» und Nutzer, einen Gewinn erzielen. Und für die Allgemeinheit fällt als Umweltdividende eine geringere CO_2-Emission an (zum «Contracting» siehe Braunmühl 1997).

Anwendungen wie diese werden auch in der Umweltökonomie behandelt, wobei hier aber die «harte Variante» der RC-Theorie überwiegt und «soziologische» bzw. «sozialpsychologische» Merkmale wie soziale Normen, Netzwerke, Umweltbewusstsein usw. eine geringere Rolle spielen (siehe Frey 1992b; Stephan und Ahlheim 1996; Weimann 1995; zu einer integrativen Sichtweise von Ökonomie und Sozialpsychologie siehe Frey 1997). Weiterhin wurden bei den bisher erwähnten Anwendungen soziale Interaktionen nicht explizit berücksichtigt. Erinnern wir uns an das Fluglärm-Beispiel. Kollektive Interessen werden oftmals nicht realisiert, wenn ein Großteil der Akteure die Strategie des «Trittbrettfahrens» wählt. Dieser Gedanke, der auch bei der Untersuchung von Umweltbewegungen eine zentrale Rolle spielt, ist das Thema der grundlegenden Arbeit von Mancur Olson (1965) zur «Logik kollektiven Handelns». Olson unterscheidet verschiedene Arten von Gruppen, wobei das Trittbrettfahrer-Problem besonders im Falle größerer, «latenter» Gruppen auftritt. Nach Olsons Theorie werden große Gruppen nur dann kollektive Güter herstellen, wenn zusätzliche individuelle, «selektive» Anreize für kooperatives Verhalten existieren. Wenn die Mitarbeit in einer Umweltbewegung z. B. durch eine Steigerung des sozialen Ansehens, durch gesellige Treffen u.a.m. belohnt wird, werden sich eventuell genügend Personen für die gemeinsame Sache engagieren (dazu genauer Kapitel VI). Kooperationsfördernd wirken sich auch «wiederholte Spiele» aus. Ist die individuell-rationale Strategie im einmaligen Gefangenendilemma «nicht kooperieren», so ändert sich die Situation grundlegend, wenn die Akteure das Spiel öfter wiederholen und das Ende der sozialen Interaktion nicht bekannt ist. In diesem Fall existieren «rationale» Nash-Gleichgewichtsstrategien, bei denen beide Akteure fortwährend kooperieren. In einer weithin bekannt gewordenen Simulationsstudie, einem Computerturnier, konnte Axelrod (1986) den Erfolg kooperativer Strategien demonstrieren. Was folgt daraus für die Umweltsoziologie? Kooperation, und damit kann auch proökologisches Verhalten gemeint sein, wird sich mit größerer Wahrscheinlichkeit spontan entwickeln, wenn unter den Akteuren viele wiederholte soziale Interaktionen stattfinden. Dies ist z. B. in sozial integrierten Gemeinschaften eher der Fall als in anonymen Großstadtquartieren. Raub und Voss (1986) formulieren eine Reihe von Hypothesen, die die «Sozialstruktur der Kooperation» mit der «Evolution von Kooperation» (Axelrod 1986) verknüpfen.

Die in diesem Kapitel vorgestellten Theorien sind nicht zwangsläufig Gegensätze, das heißt, die einzelnen Hypothesen stehen nicht unbedingt zueinander im Widerspruch. Die Theorie ökologischer Modernisierung z. B. nimmt häufiger auf umweltökonomische Instrumente, Zusammenhänge zwischen Energiepreisen und Nachfrage, die Auswirkungen institutioneller Regelungen u. a. m. Bezug. Modernisierungstheorie und RC-Theorie können sich durchaus ergänzen. Weiter oben war von der «Logik der Situation» die Rede. Dabei geht es um die Wahrnehmung von Handlungsalternativen, die Abschätzung des Eintretens von Handlungsfolgen, d. h. von subjektiven Wahrscheinlichkeiten, und die Wahrnehmung der Kosten und Nutzen der Handlungsfolgen. Welche Handlung gewählt wird, ist eben auch eine Frage der «Definition der Situation». Die Handlungswahl hängt damit ab von der «sozialen Konstruktion», von dem Bild, das sich eine Person von einer Situation macht. Das gilt auch und vielleicht sogar besonders für die höchsten Entscheidungsträger eines Staates. So beschreibt der ehemalige US-Verteidigungsminister Robert McNamara eindringlich die Irrtümer der politischen und militärischen Führung während des Vietnamkriegs. Befangen von einer verzerrten Wahrnehmung der Situation (der «Dominotheorie»), hatten – nach Angaben des selbst zum engsten Führungszirkel zählenden McNamaras – die Amerikaner die Handlungen der Nordvietnamesen vollkommen fehlinterpretiert. Das Resultat war ein Krieg mit weit über drei Millionen Toten, bei dem es nur Verlierer gab (McNamara 1999).

Bevor eine Person entscheidet, muss sie sich ein Bild von der Situation machen, verschiedene Informationen verarbeiten und Konsequenzen abschätzen. Dieser Prozess erst bestimmt die unabhängigen Variablen der Entscheidungstheorie und damit die Selektion einer Handlung. Die beiden Theoriestränge des sozialen Konstruktivismus und der RC-Theorie könnten an dieser Stelle miteinander verknüpft werden.

III. Umweltprobleme als Allmende-Dilemma

1. Problemstellung

Zahlreiche Umweltprobleme sind Folge einer Situation, in der viele Akteure gemeinsam über eine knappe Ressource verfügen. Unter diesen Umständen ist die Neigung gering, in deren Erhalt zu investieren, und die Neigung groß, sich mehr als «nötig» von der Ressource anzueignen. Die Beispiele reichen von der Überfischung der Weltmeere (siehe Kasten III.1), der Abholzung der tropischen Regenwälder und der Ausrottung gefährdeter Arten bis hin zum Treibhauseffekt und der damit verbundenen Klimagefährdung. Aber auch im alltäglichen «Mikrokosmos» erfahren wir des Öfteren Allmende-Probleme. Der Kühlschrank einer Wohngemeinschaft, ein gemeinsam genutztes Kopiergerät oder ein Restaurantbesuch mit gemeinsamer Abrechnung sind Beispiele alltäglicher Gemeingüter. Im historischen Maßstab finden wir immer wieder Beispiele dafür, dass Kulturen schwere Krisen durchlitten haben oder gar untergegangen sind, weil eine «freie» und lebenswichtige Ressource übernutzt wurde. Im England des 17. Jahrhunderts kam es zu einer «Energiekrise» durch die Verknappung von Holz, ablesbar an den drastisch gestiegenen Holzpreisen (Cipolla 1976). Die sagenumwobene Hochkultur der Osterinsel im Südpazifik hat sich nach der Besiedelung um 400 n. Chr. über acht Jahrhunderte entwickelt. Nach einem Höchststand der Bevölkerung um 1200 «kam es zu einem drastischen Niedergang. Grund: Die Verknappung einer bestimmten Palmenart, deren Holz zum Schiffbau verwendet wurde, hatte zu einem Zusammenbruch von Landwirtschaft und Fischfang und damit zur ökonomischen Talfahrt geführt» (Dieffenbacher 2000).

In einem viel zitierten Artikel in «Science» hat Hardin (1968) das Problem der Übernutzung frei zugänglicher und knapper Ressourcen als «Tragedy of the Commons» bezeichnet. Hardin zufolge bilden die Vorräte des Planeten Erde eine globale Allmende, die durch ungebremstes Bevölkerungswachstum und Umweltverschmutzung bedroht sei. «Freedom in a commons brings ruin to all» lautet Hardins Diktum. Unter bestimmten Umständen ist es freilich möglich, eine Allmende erfolgreich zu bewirtschaften. Zu diesen Bedingungen, die wir noch genauer kennen lernen werden, zählen Institutionen und die Einbettung der Allmendebewirtschaftung in kulturelle Regeln. In der Humanökologie und Ethnologie werden zahlreiche Beispiele erfolgreicher Allmendewirtschaft, ob es sich nun um Fischfang in gemeinsam genutzten Gewässern, Weidewirtschaft oder nachhaltige Holznutzung handelt, in Fallstudien beschrieben. Diese Fallstudien, dazu experimentelle Untersuchungen und theoretische Analysen zeigen Bedingungen auf, deren Kenntnis zur Lösung von Allmende-Problemen beitragen kann.

Kasten III.1: **Die Überfischung der Meere**

Mehr als 100 Millionen Tonnen Fisch werden weltweit pro Jahr gefangen oder in Aquakulturen produziert, wobei der überwiegende Teil auf die Meeresfischerei entfällt. Bis Mitte der 80er Jahre ist das Angebot steil angestiegen und seither rückläufig. Allerdings verharrt der Fischkonsum in den reichen Ländern des Nordens auf hohem Niveau, während der Rückgang besonders in den armen Ländern des Südens zu verzeichnen ist. Diese reduzieren ihren Eigenverbrauch und exportieren das knapper gewordene Nahrungsmittel gegen Devisen in den Norden. Der Grund für den Rückgang des Fangs und die Knappheit von Fisch besonders in den ärmeren Ländern ist die Überfischung der Meere. Weltweit hat die Zahl der Boote der Fischereiflotten zugenommen. Die Fischereiflotten in den Industrieländern wurden zudem mit enormen technischen Mitteln ausgestattet, die es erlauben, in immer tiefere Meeresschichten einzudringen. Wegen der Ausdünnung der Schwärme werden immer größere und engmaschigere Netze verwendet, die zu enormen Mengen an Beifang führen, der zumeist tot wieder über Bord geworfen wird. Der weltweite, von nationalen Regierungen subventionierte Fischfang in den Allmenden der Meere gleicht einer Art Rüstungswettlauf. «Der langsame, aber stetige Rückgang der Fischproduktion hat nur eine Ursache: Die rücksichtslose Ausbeutung der Ressourcen» (Kübler 1995). Einem Teil der Fischbestände droht heute die Ausrottung (Angaben nach Kübler 1995; siehe auch Middleton 1999).

2. Die Struktur des Allmende-Dilemmas

Wir können jetzt ein Allmende-Dilemma genauer definieren (vgl. auch Ostrom 1977). Dieses liegt unter folgenden Voraussetzungen vor:

1. Es existiert eine gemeinsam genutzte, knappe Ressource (die Allmende).

2. Mehrere Personen haben Verfügungsrechte über die Ressource.

3. Keine Person kann eine Kontrolle über das Ausmaß der Nutzung durch die anderen Verfügungsberechtigten ausüben.

Die Folgen eines Allmende-Dilemmas wurden bereits in einem bemerkenswerten Essay zum Bevölkerungswachstum analysiert, geschrieben in England in der ersten Hälfte des 19. Jahrhunderts von William Forster Lloyd (1977 [1833]). Lloyd berichtet neben anderen Beispielen, dass die Rinder auf dem gemeinsamen Weidegrund («The Commons») weitaus magerer ausschauten als Vieh auf privatem Weidegrund. «Why are the cattle on a common so puny and stunted? Why is the common itself so bare-worn, and cropped so differently from the adjoining inclosures?» (S. 11). Zur Beantwortung seiner Frage nach den Ursachen des geringeren Erfolgs der «Commons» oder Allmendebewirtschaftung liefert Lloyd eine präzise und bis heute aktuelle Analyse, die den Kern des Problems beschreibt. In einem modernen Lehrbuchkapitel zur Allmendebewirtschaftung könnte die Struktur des Konflikts zwischen individuellen und kollektiven Interessen, auch unter Zuhilfenahme von Graphiken, Formeln und moderner Terminologie, kaum genauer erläutert werden als in Lloyds fast vergessenem Essay.

Individuellen Interessen folgend wird ein Farmer auf privatem Weidegrund gerade so viel Vieh weiden lassen, dass ein «Sättigungspunkt» erreicht wird. (Ein Ökonom würde heute sagen, es werden so viele Rinder hinzugefügt, bis die Grenzkosten dem Grenznutzen entsprechen.) Bei einer Allmende ist dieser Sättigungspunkt aber weiter nach oben verschoben, und zwar häufig über die Regenerationsmöglichkeiten der Ressource hinaus. Der Grund ist, dass jedes weitere Rind zwar zusätzliche Kosten verursacht, diese Kosten aber bei vielen Allmendenutzern größtenteils bei den anderen Farmern anfallen. Jedes zusätzlich zur Herde hinzugefügte Tier frisst relativ wenigen eigenen Tieren (= private Grenzkosten), aber vielen fremden Tieren (= Grenzkosten, die bei den anderen Farmern anfallen = negative Externalitäten) das Gras weg. Aus der Sicht jedes einzelnen Farmers zählen aber nur die privaten Kosten; der Schaden, der den anderen zugefügt wird (die negativen Externalitäten), geht nicht in das individuelle Kalkül ein. Folgen alle Akteure dieser Logik, dann kommt es zur Übernutzung der Allmende und schließlich zur Erschöpfung der Ressource zum Schaden aller.

Ein Zahlenbeispiel aus einer alltäglichen Situation mag das Dilemma verdeutlichen. Besucht eine Gruppe mehr oder minder zivilisierter Personen ein Restaurant und vereinbart im Vorhinein, die Rechnung durch die

Zahl der Köpfe zu teilen, dann wird die Rechnung zumeist höher ausfallen als im Falle der Erwartung individueller Abrechnung. Angenommen, jemand hat nur einen kleinen Appetit auf einen Snack, sagen wir eine Currywurst mit Pommes frites für DM 9,–. Auf der Speisekarte lockt ihn nun ein Chateaubriand mit Pommes Croquettes für DM 39,–. Da der Appetit nicht so groß ist, würde er normalerweise nicht DM 30,– Mehrkosten zahlen, um das präferierte Gericht zu bestellen. In einer Gruppe von z. B. zehn Personen mit gemeinsamer Abrechnung sieht die Situation freilich anders aus. 90 Prozent der Differenz oder DM 27,– wird gewissermaßen von der Gruppe subventioniert. Man kann auch sagen, dieser Teil der Mehrkosten ist eine negative Externalität, die jede andere Person der Gruppe mit DM 3,– belastet. Unser Akteur selbst trägt zu den Mehrkosten aus seinem Portemonnaie ebenfalls 3,– DM bei. Aus der individuellen Perspektive kostet das Chateaubriand gerade 3,– DM mehr als die Currywurst. Warum sich dann trotz kleinen Appetits mit einem Snack begnügen? Denken die anderen Gruppenmitglieder in gleicher Weise, wird sich die Restaurantrechnung in beträchtlichem Maß aufblähen. Normen und soziale Sanktionen können das Dilemma mildern, z. B. indem unmäßige Tischgenossen sozial sanktioniert werden. Handelt es sich um eine relativ geringe Zahl von Personen, die wiederholt gemeinsam speisen, dann können sich Kooperationsnormen entwickeln, die das Dilemma entschärfen.

Eine Parallele zum Restaurantbeispiel mit ökologischen Folgen ist der übermäßige Verbrauch von Energie und Wasser in Wohngebäuden mit mehreren Mietern und gemeinsamer Abrechnung.

In einer Umweltbefragung der Verfasser in den Städten Bern und München wurde u. a. das Energiesparverhalten erhoben. Als Indikator für den sparsamen Umgang mit Heizenergie galt die Zustimmung zu der folgenden Frage: «Wenn Sie im Winter Ihre Wohnung für mehr als vier Stunden verlassen, drehen Sie da normalerweise die Heizung ab oder herunter?» Nur 23 Prozent der Befragten in der eidgenössischen Hauptstadt, dagegen aber 69 Prozent der Münchnerinnen und Münchner bejahten die Frage (Abbildung III.1; zu den Details der Befragung und genaueren Analysen siehe Diekmann und Preisendörfer 1991). Diese enorme Differenz kann nun wirklich kein Zufall sein. Sind die Bernerinnen und Berner vielleicht weniger umweltbewusst als die Bewohner der bayerischen Metropole? Dies ist nicht der Fall, denn beim Umweltbewusstsein erzielen die Berner keine geringeren Werte als die Münchner. Unterschiedlich war zum Zeitpunkt der Befragung aber die Art der Heizkostenabrechnung in den beiden Städten. Während in München überwiegend nach dem individuellen Verbrauch abgerechnet wurde, war in Bern der kollektive Abrechnungsmodus vorherrschend (z. B. die Aufteilung der Heizkosten nach der Wohnungsgröße). Der Öltank in Berner Mehrparteien-Mietshäusern stellte sozusagen eine Allmende dar, aus der sich jeder Mieter, subventioniert von den Nachbarn, bedienen konnte. Da jeder Mieter gleichzeitig auch Nachbar ist, erhöhte sich der Energieverbrauch im Vergleich zur verbrauchsbezogenen Abrechnung.

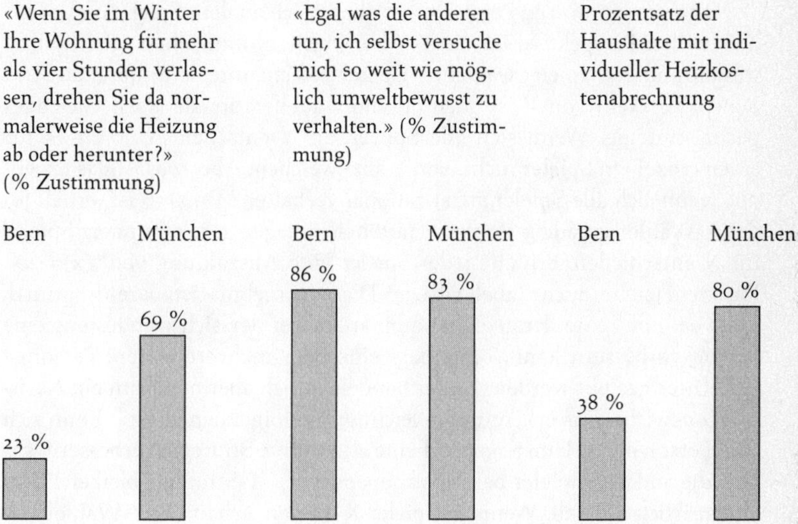

Abbildung III.1: **Energiesparverhalten**

In den ehemals sozialistischen Ländern waren die Kosten für Heizung und Wasser sogar in den Mietkosten eingeschlossen. Die Raumtemperatur wurde dann nicht durch das Herunter- oder Aufdrehen des Heizungsventils reguliert, sondern je nach Bedarf durch das Öffnen und Schließen der Fenster. Bei dieser Regelung wird die Energieverschwendung durch den Vermieter (meist der Staat oder die Kommune) subventioniert, bei gemeinsamer Abrechnung der Heizkosten durch die Nachbarn. In beiden Fällen ist der Energieverbrauch größer als bei individueller Abrechnung.

Zum Verständnis der Struktur eines sozialen Dilemmas ist das Folgende, von dem Mathematiker und Sozialpsychologen Anatol Rapoport vorgeschlagene Spiel hilfreich. N Personen können zwischen zwei Alternativen X und Y wählen. Kommunikation und Absprachen zwischen den Personen sind nicht erlaubt. Jede Person trifft ihre Entscheidung, indem sie X oder Y auf einen Zettel schreibt. Die Auszahlungen A_X und A_Y an die X- bzw. Y-Wähler hängen von den Entscheidungen der Mitspieler ab, und zwar gemäß den folgenden Auszahlungsfunktionen (ein «kleines» x bezeichnet die Anzahl der X-Wähler):

$A_X = 2 \cdot x$

$A_Y = 3 \cdot x + 3.$

Nehmen wir an, 100 Personen beteiligen sich an dem Spiel. Aus der individuellen Perspektive ist die Y-Wahl immer vorzuziehen, gleichgültig was die anderen Spieler wählen. Y ist eine so genannte dominierende Strategie. Die Wahl von Y ist auch die individuell-rationale Nash-Gleichgewichtsstrategie. Wenn sich alle Spieler für Y entscheiden, lohnt es für einen einzelnen Spieler nicht, von Y abzuweichen. Aber was ist das Ergebnis, wenn sich alle Spieler strikt rational verhalten? Da $x=0$ ist, erhält jeder Y-Wähler gerade 3 Punkte. Hätten sich dagegen alle hundert Spieler für X entschieden, erhielte jeder Spieler eine Auszahlung von $2x = 200$ Punkten (siehe auch Tabelle III.1). Dieses Ergebnis ist pareto-optimal, denn es gibt keine Strategienkombination, bei der sich mindestens eine Person verbessern kann, ohne dass eine oder mehrere andere Personen schlechter gestellt werden. Leider handelt es sich aber nicht um ein Nash-Gleichgewicht. Das erkennt man leicht durch folgenden «Test»: Kann sich eine Person durch Umsteigen auf eine alternative Strategie verbessern, sofern die anderen Spieler bei der «kooperativen» X-Strategie bleiben? Dies ist natürlich der Fall. Wenn 99 Spieler X wählen, erhält ein Y-Wähler 300 statt 200 Punkte. Folgen alle Spieler dieser Logik, erhält man das pareto-inferiore Gleichgewicht mit einer Auszahlung von nur drei Punkten je Spieler.

Bei diesem Spiel erzwingt die «Logik der Situation», das heißt die gegebene Anreizstruktur, einen Prozess «kollektiver Selbstschädigung». Der Grund ist, dass das (einzige) Nash-Gleichgewicht nicht pareto-optimal ist. Bei dem Spiel handelt es sich um ein Mehrpersonen-Gefangenendilemma, eine Verallgemeinerung des Gefangenendilemmas mit zwei Spielern. Typisch für ein soziales Dilemma ist, dass die individuell-rationalen Strategien zu keinem pareto-optimalen Ergebnis führen. Und genau dieses Merkmal charakterisiert auch ein Allmende-Dilemma. Dabei ist zu beachten, dass das Spiel ein stark vereinfachtes Modell einer Dilemmasituation darstellt. Es gibt nur zwei Alternativen (bei den Heizkosten z. B. ist der Energieverbrauch eine kontinuierliche Entscheidungsvariable), die Aus-

Tabelle III.1: **Auszahlungsmatrix des Mehrpersonen-Gefangenendilemmas**

		Anzahl anderer X-Wähler						
		0	1	2	3	...	98	99
Wahl	X	2	4	6	8	...	198	200
von	Y	3	6	9	12	...	297	300

Mehr-Personen-Gefangenendilemma. Eine Person kann sich zwischen den Alternativen X oder Y entscheiden (Zeilenspieler). Die Auszahlungswerte hängen von den Entscheidungen der Mitspieler ab. Offenbar liefert die Alternative Y immer höhere Auszahlungen als die Wahl von X, unabhängig davon, wie viele Mitspieler X wählen. Folgen alle Personen dieser Entscheidungslogik, so erhalten sie im Endergebnis jeweils nicht mehr als 3 Punkte. Hätten dagegen alle Personen kooperativ gewählt, so erzielte jeder Spieler 200 Punkte.

zahlungen werden durch einfache lineare Funktionen festgelegt, und alle Akteure befinden sich in einer symmetrischen Situation. Modelle, die besser auf die Realität «passen», werden je nach Anwendung eine komplexere Gestalt aufweisen müssen. Dennoch führt das einfache Spiel den Grundkonflikt zwischen individueller und kollektiver Rationalität klar vor Augen. Weiterhin sind anhand des Modells die Prinzipien verschiedener Lösungen des Dilemmas erkennbar.

Wie könnte das Dilemma gelöst werden? Man könnte zunächst einmal an die Moral appellieren und die kooperative X-Wahl als «gut» und die nicht-kooperative Y-Wahl als moralisch schlecht bewerten. Fraglich allerdings, ob Appelle an die Moral oder das Umweltbewusstsein allein bei der Mehrzahl der Beteiligten dauerhafte Verhaltensänderungen hervorrufen (dazu Kapitel IV). Wenn nun die Anreizstruktur zur kollektiven Selbstschädigung führt, erscheint es nahe liegend, die Anreizstruktur derart zu verändern, dass individuelle Rationalität und Pareto-Optimum zusammenfallen. Die Akteure könnten z. B. eine vertragliche Übereinkunft abmachen, bei der sich alle Beteiligten auf die Wahl der X-Strategie verpflichten. Aber was passiert dann mit denjenigen Personen, die den Vertrag nicht einhalten? Man könnte weiterhin eine Steuer erheben, die die Wahl von Y verteuert, und das Steueraufkommen, dividiert durch die Zahl der Köpfe, an jeden Beteiligten zurückerstatten (die Idee des Ökobonus). Aber wer treibt die Steuer ein, und was macht man mit steuerunwilligen Y-Wählern? Es treten also Überwachungs- und Sanktionierungskosten auf. Die radikalste Lösung in einer Allmendesituation ist die Privatisierung der Allmende. Auch hierbei handelt es sich um eine institutionelle Regelung, die praktisch zur Aufhebung der Allmendesituation führt (Homann und Suchanek 2000: 139 ff.). Ein Beispiel ist die Umstellung auf die verbrauchsabhängige Heizkostenabrechnung, die ja im Prinzip eine Privatisierungslösung darstellt. Im Wohngemeinschaftsbeispiel heißt Privatisierung, dass jeder sein eigenes Kühlschrankfach erhält, und statt eines Kopierpools bekommt jeder Nutzer eine individuelle Kopierkarte mit z. B. einem festgelegten Kontingent an Kopien. Aber wie kann die Überfischung der Meere oder Luftverschmutzung durch Privatisierung gelöst werden? Im Meer kann man schlecht Zäune errichten, und auch die Fische lassen sich schlecht nummerieren oder mit einem Brandzeichen markieren. Privatisierung ist oftmals mit hohen Kosten verbunden und kann auch andere nachteilige Folgen haben. Die Privatisierung des Kühlschranks der Wohngemeinschaft z. B. führt möglicherweise zu einer Verminderung der sozialen Kontakte. Es wird nicht mehr gemeinsam eingekauft u. a. m., was je nach Geschmack der Beteiligten als mehr oder weniger nachteilig empfunden wird.

Halten wir fest: Zur Lösung eines Allmende-Dilemmas sind institutionelle Regeln erforderlich, die die Anreizstruktur verändern. Welche Regelungen sich als geeignet erweisen, wird uns im Folgenden noch genauer beschäftigen.

3. Experimentelle Studien

In einem Experiment von Rapoport (1988 b) konnten die Versuchspersonen in kleinen Gruppen (zwei bis vier Personen) in jeder Runde aus einem Pool Punkte entnehmen. Nach der Entnahme wurde der verbleibende Rest verdoppelt. Das Spiel verlief über acht Runden, und die Zahl der Runden wurde vorher angekündigt. Die kollektiv optimale Strategie ist offensichtlich. Sie lautet bei z. B. vier Spielern: «Entnimm bis Runde sieben nichts und fordere in Runde acht 25 Prozent des Poolinhalts». Nur eine verschwindend geringe Minderheit der Versuchspersonen ist dieser Strategie gefolgt. Von Edney (1979 a, 1979 b) stammt ein amüsantes «Nussspiel», das einem Allmende-Dilemma gleicht. In einer Schale befinden sich anfänglich zehn «Nüsse» bzw. Spielsteine. Die drei oder mehr Teilnehmer/-innen können aus der Schale Nüsse entnehmen. In Abständen von zehn Sekunden wird die verbleibende Anzahl der Nüsse verdoppelt. Oftmals wurde der «Nusspool» bereits im ersten Zehn-Sekunden-Intervall restlos geleert. Bei Edneys Nussspiel muss es hoch hergegangen sein, denn er berichtet auch von abgebrochenen Fingernägeln temperamentvoller Allmendespieler. In einigen Fällen konnte er aber auch Gruppen beobachten, die sich Regeln setzten, um die Nussentnahme zu begrenzen. Eine solche Regel konnte sein, dass man erst eine bestimmte Strecke laufen musste, bevor eine Nuss entnommen werden durfte. Oder eine Nuss musste zunächst in kunstvoller Weise mit einem Löffel balanciert werden, bevor sie in den Besitz des Spielers gelangte. Dabei verstrich Zeit, sodass Nüsse zur Verdoppelung und damit für die folgende «Ernte» übrig blieben.

Ganz ähnlich beobachten wir oftmals in realen Allmendesituationen, dass vor und während der Ernte komplizierte Rituale ausgeführt werden oder dass kulturelle Regeln bestimmte, für den Außenstehenden antiquiert anmutende Fischfangmethoden vorschreiben. Edney (1979b) berichtet von Austernfischern an der Atlantikküste, die ihre Austernbänke nur mit kleinen, traditionellen Segelbooten befischten. Was aber dem Außenstehenden zunächst unverständlich vorkommt, kann eine kluge, der jeweiligen Umwelt angepasste Regel sein, deren Befolgung den Raubbau an einer lebenswichtigen Ressource verhindert. Oftmals wird die Regel in mythischen und religiösen Überzeugungen verankert, was ihre Geltungskraft noch erhöht. Diese These ist ein Kerngedanke der Humanökologie: Gesellschaften entwickeln spezifische, jeweils ihrer Umwelt angepasste kulturelle Regeln, die häufig in Glaubenssysteme eingebettet werden. Das beginnt mit der Wirtschaftsweise und reicht hin bis zu Vorlieben oder Tabus gegenüber bestimmten Nahrungsmitteln (Harris 1988). In Edneys einfachem Nussspiel kann bereits die Evolution umweltangepasster Regeln beobachtet werden (vgl. auch Ellickson 1991).

Bis heute liegen eine Vielzahl experimenteller Studien zum Allmende-Dilemma vor. Meist handelt es sich um so genannte Ressourcenmanagementspiele, deren Struktur dem Nussspiel ziemlich ähnlich ist. Man simuliert z. B. einen Fischteich auf dem Computer, wobei jede Versuchsperson in jeder Spielrunde eine bestimmte Fangmenge entnehmen kann. Die verbleibende Menge wächst mit einer festgelegten Wachstumsrate. Ist die in einer Runde entnommene Menge gleich dem Bestand, gilt die Population als ausgestorben, und das Spiel ist beendet. Wird dagegen in einer Runde von allen Spielern gerade so viel entnommen, dass nach Aufstockung der ursprüngliche Bestand erreicht wird, kann man von einer ressourcenschonenden oder nachhaltigen Wirtschaftsweise sprechen. (Bei z. B. zehn Spielern und einer Wachstumsrate von 25 Prozent hieße «nachhaltige Bewirtschaftung», dass jeder Spieler genau zwei Prozent der Ressource entnimmt.) In Experimenten kann nun beobachtet werden, wie viele Spieler oder Gruppen es schaffen, die Ressource ganz oder näherungsweise «nachhaltig» zu bewirtschaften, nach wie vielen Runden die Ressource erschöpft ist, welche Fangmengen die Spieler erzielen u. a. m. Aus diesen Messungen kann man sodann Indizes für Kooperation oder das Ausmaß nachhaltiger Bewirtschaftung konstruieren. Ziel vieler Experimente, die mit diesem oder ähnlichen Designs arbeiten, ist natürlich herauszufinden, von welchen Faktoren das Ausmaß der Kooperation abhängig ist.

Die untersuchten Hypothesen beziehen sich auf eine ganze Reihe möglicher kooperationsfördernder oder -hemmender Faktoren. So kann man strukturelle Merkmale der Situation verändern wie die Wachstumsrate oder die Gruppengröße. Weiterhin kann man Kommunikation und Absprachen zulassen. In vielen Experimenten wurden die Informationsbedingungen variiert. Personen werden über die Wachstumsraten und andere Merkmale des Spiels aufgeklärt oder nicht, es wird die «nachhaltige» Strategie angegeben oder verschwiegen, es gibt nach jeder Runde «Informations-Feedback» über den Bestand und die Entnahme durch die einzelnen Spieler usf. (vgl. z. B. Brechner 1977; Edney und Harper 1978; Spada et al. 1987; Rapoport 1988 b; Ostrom et al. 1994; Frey und Bohnet 1996; Ernst 1997; Ostmann 2000). Es zeigte sich z. B., dass die Zulassung von Kommunikation und die Ermöglichung von Sanktionen signifikant zur Erhöhung der Kooperation beitragen (Ostrom et al. 1994; Ostmann 2000). Beide Merkmale sind u. a. auch wichtig, um reale Allmenden erfolgreich zu bewirtschaften, wie uns die Fallbeispiele in Ostrom (1990) lehren (dazu weiter unten).

Unter bestimmten Bedingungen kann die Kooperation auch ohne Einführung von Sanktionen gegenüber Trittbrettfahrern erhöht werden. So untersuchte Mosler (1995; Mosler und Gutscher 1996) mit einem Fischteichspiel nach dem oben skizzierten Muster, ob die öffentliche Bekanntgabe einer freiwilligen Selbstverpflichtung zur Erhöhung der Kooperationsrate beiträgt. In dem Experiment beträgt die Wachstumsrate 100 Prozent, das heißt, nach jeder Runde wird der Restbestand verdoppelt. Den Versuchspersonen wurde der Eindruck vermittelt, dass sie in einer Gruppe von insgesamt 25 Personen spielten; tatsächlich wurden die 24 Mitspieler vom Computer simuliert. Die ressourcenschonende, kooperative Strategie lautet demnach: «Entnimm in jeder Runde 2 Prozent des vorhandenen Bestandes». In einer ersten Phase wurde der Fischbestand durch die simulierten Spieler stark reduziert (Runde 1 bis 3). Danach sank der Bestand nur noch geringfügig ab (Runden 4 bis 7). In einer dritten Phase (ab Runde 8) konnte nun die Versuchsperson einer «Interessengemeinschaft» (IG) von Fischern beitreten, die sich dem Ziel einer ressourcenschonenden Bewirtschaftung verschrieben hatte. Die freiwillige Selbstverpflichtung wurde öffentlich gemacht, indem an den Fischerbooten der IG-Mitglieder ein Fähnchen erschien. Die Fischerboote aller 25 Spieler, d. h. der 24 simulierten Spieler und der Versuchsperson, wurden auf dem Computerbildschirm gezeigt. Ab der dritten Phase war bei einigen Booten die Markierung durch ein Fähnchen zu erkennen. Die Fangquoten konnten unter dieser Bedingung mit einer Kontrollgruppe verglichen werden, bei der die freiwillige Selbstverpflichtung nicht öffentlich bekannt gegeben wurde. Das Experiment ergab, dass die Veröffentlichung einer freiwilligen Selbstverpflichtung tatsächlich einen positiven Effekt auf die Kooperationsrate ausübt. Dieser Effekt, so zeigten weitere Auswertungen, ist besonders ausgeprägt bei Personen mit geringem Umweltbewusstsein.

Dieses und weitere Experimente informieren über die Wirkung verschiedener Faktoren auf das Verhalten in einem Allmende-Dilemma. Zugleich machen die Befunde auf mögliche Strategien aufmerksam, um in einem Allmende-Dilemma kooperatives Verhalten hervorzurufen. Ob die experimentellen Befunde einem realen Praxistest standhalten, ist dann allerdings noch eine andere Frage. Die Experimente sind meist von kurzer Dauer. Wird z. B. die Öffentlichkeit einer Selbstverpflichtung auch in einer realen Allmendesituation Wirkung zeigen, und zwar nicht nur kurzfristig? Evaluationsstudien über die Wirkung von Maßnahmen könnten hierüber Aufschluss geben (siehe Kapitel VII). Man könnte z. B. in einer Gemeinde Bürgerinnen und Bürger gewinnen, die bereit sind, sich öffentlich zu verpflichten (in der örtlichen Zeitung, durch Plaketten etc.), an einem Energiesparprogramm teilzunehmen oder das Auto bei Wochenendausflügen in der Garage zu belassen. Es ist einige Skepsis angebracht, ob auf diese Weise das Verhalten vieler Personen längerfristig wirklich verändert werden kann. Ob unsere Skepsis berechtigt ist, ist allerdings eine Frage, die nur empirisch beantwortet werden kann. Möglicherweise haben solche Maßnahmen in kleinen Gruppen eher noch eine Wirkung als in größeren Gemeinwesen.

Gegenüber Experimenten sind Fallstudien eine weitere Möglichkeit, um herauszufinden, welche Faktoren die Kooperation in einem Allmende-Dilemma hemmen oder unterstützen. Fallstudien haben zwar den Nachteil, dass sich die Wirkungsweise der einzelnen Faktoren nicht isolieren lässt wie bei kontrollierten Experimenten. Auf der anderen Seite bieten sie den nicht zu unterschätzenden Vorteil, dass es sich um reale und nicht kurzfristig hervorgerufene Experimentiersituationen handelt. Dass sich beide Methoden auch sinnvoll ergänzen können, demonstriert das Beispiel der «Ökosteuer» auf der Südseeinsel Lofanga (Kasten III.2).

Kasten III.2: **Lofanga oder die Kultur des Teilens**

«Papageien- und Doktorfische, Zackenbarsche, Schnapper und Meeräschen zappeln im Netz – um die südpazifische Insel Lofanga im Königreich Tonga gibt es Fisch im Überfluss. Die Fischer hier kennen ein Abgabesystem, das gleichzeitig als Sozialversicherung, Nachbarschaftshilfe und Ökosteuer wirkt: Wer mehr fängt, als er verbraucht, muss seinen Fang mit anderen teilen, zum Beispiel mit alten und kranken Bewohnern oder Fischern, die weniger Glück hatten. Täglich lieferten die Fischer etwa einen Drittel ihres Ertrags ab – Renten in Form von frischen Nahrungsmitteln. Weil sich große Fänge nicht lohnen, gehen sie mit der natürlichen Ressource sparsam um. Und nur ausnahmsweise, wenn sie einmal Geld für Benzin oder Schulen brauchen, dürfen die Männer ihren Fisch an einem Marktstand verkaufen.

Völlig anders – und ähnlich wie in den Industriestaaten – wirtschaften die Fischer der etwas größeren Nachbarinsel 'Uiha: Sie bringen einen Grossteil ihrer Fänge auf den Markt und mancher legt das eingenommene Geld für die eigene Alters- und Krankheitsvorsorge auf einer Bank an. Damit sind sie motiviert, mehr Fische zu fangen, als sie und ihre Familien essen können. Folge: Die Fischgründe bei 'Uiha sind heute nahezu erschöpft.

Untersucht wurden die Strategien der Südseefischer in einem innovativen deutsch-schweizerischen Forschungsprojekt, das von Beginn an interdisziplinär angelegt war. Noch während ihrer Feldstudien tauschte sich die deutsche Ethnologin Andrea Bender per E-Mail mit St. Galler Wirtschaftswissenschaftern aus, die laufend neue Fragen und Hypothesen zur Fischerei in Tonga formulierten. Dazu entwickelten Psychologen in Freiburg i. Br. ein experimentelles Umweltkonfliktspiel; dieses zeigte, dass Ressourcen nachhaltiger genutzt werden, wenn sich die Beteiligten gegenseitig kontrollieren und sanktionieren können.

Eine ‹Kultur des Teilens› nennen die Forscher am Institut für Wirtschaft und Ökologie der Universität St. Gallen um Prof. Ernst Mohr das traditionelle Abgabesystem, das zu einem schonenden Umgang mit der Ressource ‹Fisch› führt: Wer sich darauf verlassen kann, im Notfall von seinen Nachbarn Fisch zu bekommen, hält seine Anstrengungen niedrig – die Fischerboote von Lofanga fahren nur alle zwei bis drei Tage aus, jene von 'Uiha fünfmal die Woche. Und wenn sich alle weniger anstrengen, wird die Ressource weniger intensiv genutzt und ihr Bestand ist gesichert».

(*Aus:* Dieffenbacher 2000: 14)

4. Alanya und Törbel: Institutionen gegen Übernutzung

Die Küstenfischer von Alanya in der Türkei bilden mit etwa hundert Mitgliedern eine noch relativ kleine und überschaubare Gemeinschaft. Vor einigen Jahrzehnten, Anfang der 70er Jahre, drohte die Gefahr der Überfischung. Seither sichern sie die Erhaltung ihrer Fischgründe mit einem einfachen, aber klug ausgetüftelten System. Die Fischgründe werden in mehrere Sektoren eingeteilt. Diese Sektoren werden zu Beginn einer Saison, die sich von September bis Mai erstreckt, unter den Fischern verlost. Nun versprechen die einzelnen Sektoren unterschiedliche Fangergebnisse. Eine Familie könnte also Pech haben und ein Los ziehen, das ihr einen Sektor mit geringem Ertrag zuweist. Das Lossystem wirkt zwar bestandserhaltend, schafft aber ein Verteilungsproblem. Dagegen hilft das in Alanya ebenfalls eingeführte Rotationsverfahren. Jeden Tag wechseln die Fischer in östlicher Richtung in den benachbarten Sektor. Im Januar wird die Richtung des Wechsels umgekehrt. Die Fischschwärme bewegen sich bis Januar von Osten nach Westen und kehren dann zurück. Das Rotationssystem garantiert, dass alle Fischer im gleichen Ausmaß gute und schlechte Fanggründe vorfinden. Aber werden die Regeln auch eingehalten? Der Vorzug des Systems ist, dass es «selbstkontrollierend» und «selbstsanktionierend» ist. Man braucht keine Fischereipolizei, um etwaige Verstöße aufzuspüren und zu sanktionieren. Denn jeder Regelverstoß wird ja sofort von den Fischern, die in «ihren» Sektor wechseln, bemerkt und im eigenen Interesse sanktioniert. Dadurch werden Kontroll- und Überwachungskosten eingespart. Die institutionellen Regelungen erfordern ein Minimum an Bürokratie und setzen die Anreize so, dass alle Teilnehmer die Regeln im Eigeninteresse befolgen.

In ihrem Buch «Die Verfassung der Allmende» («Governing the Commons») hat Elinor Ostrom (1990) zahlreiche Fallbeispiele der Allmendebewirtschaftung systematisch analysiert. Alanya zählt zu den Erfolgsgeschichten. Bezüglich der institutionellen Regeln, die eine erfolgreiche Bewirtschaftung sichern, besteht aber Spielraum. Und natürlich müssen die Regeln der jeweiligen Umweltsituation angepasst sein.

Die Walliser Bauern von Törbel wissen dies seit Jahrhunderten. In den Alpen wird der weit überwiegende Teil der bewirtschafteten alpinen Fläche als Allmende genutzt. Es ist kein Zufall, dass die privaten Flächen im Tal und die Allmenden hoch oben in den Bergen liegen. Denn dort sind die Erträge geringer, die Flächen größer und die Privatisierungskosten entsprechend höher. Die Schweizer Bauern sind kluge Rechner und wissen, was sie tun. Sozusagen Kapitalismus im Tal und Sozialismus auf den Bergen machen wirtschaftlich Sinn. Die Bauern von Törbel legen davon seit Generationen Zeugnis ab.

Seit mehr als 500 Jahren, genauer seit 1483, gibt es in Törbel eine Genossenschaft. Aus dem Jahr 1517 liegt ein Dokument vor, in dem die Regeln der Allmendebewirtschaftung schriftlich fixiert wurden. Diese haben im Wesentlichen zum Inhalt: 1. Fremde, die sich in Törbel ansiedeln, erhalten damit noch kein Anrecht auf die Allmende. 2. Kein Zugangsberechtigter darf mehr Kühe halten, als er im Winter füttern kann («Winterregel»). 3. Die Verletzung der Winterregel wird durch einen «Gewalthaber» sanktioniert. 4. Der Gewalthaber behält für sich die Hälfte der verhängten Strafe.

Diese Institutionen haben bis heute eine Überweidung der Allmende in Törbel verhindert. Anders aber als in Alanya wurde eine spezielle Überwachungsinstitution geschaffen: die Institution des Gewalthabers mit einer Art polizeilicher Funktion. Weiterhin bestehen Anreize für die beiden typischen Probleme: «Monitoring» und Sanktionierung. Der Gewalthaber hat ein Eigeninteresse daran, Allmendesünder zu erwischen.

Die Gemeinde Bern scheint von Törbel gelernt zu haben. Zugang zu den knappen Parkplätzen im Univiertel haben ausschließlich Anwohner. Wer auf ein Auto nicht verzichten kann, muss für einen Parkplatz in einer Tiefgarage «Pacht» zahlen. Die oberirdische Parkraum-Allmende wird von einer privaten Firma im Auftrag der Gemeinde kontrolliert. Die «Gewalthaber», die Privatpolizistinnen und -polizisten, werden an den Einnahmen beteiligt, wobei die Geldbuße für unberechtigtes Parken umgerechnet gut und gerne 100 DM übersteigt. Gefördert noch durch ein gut ausgestattetes Nahverkehrssystem und die zentrumsnahe Lage kommen Angehörige der Universität zu Fuß, mit dem Fahrrad oder dem Bus zu ihrer Ausbildungs- und Arbeitsstätte, aber eher selten mit dem Auto.

Ostroms «Sekundäranalyse» zahlreicher Fallbeispiele ist besonders aufschlussreich, weil sie systematisch vergleichend angelegt ist. Die Fallbeispiele werden nämlich daraufhin untersucht, welche Gemeinsamkeiten erfolgreiche Institutionen aufweisen. Dabei diskutiert sie nicht nur Erfolgsgeschichten wie Alanya und Törbel, sondern auch Fälle gescheiterter Allmendebewirtschaftung. Den Erfolgen wird also quasi die «Kontrollgruppe» der Misserfolge gegenübergestellt.

So ist es im kalifornischen San Bernardino County nicht gelungen, ein funktionsfähiges Regelsystem zur gemeinsamen Wasserbewirtschaftung zu installieren. Die Größe des Territoriums und die Heterogenität der Interessen der Wassernutzer führt Ostrom als Gründe für das Scheitern an. Andere türkische Fischereigenossenschaften waren nicht so erfolgreich wie ihre Kollegen aus Alanya. Die Ägäis-Fischer von Bodrum mussten ihre Genossenschaft 1983 auflösen. Zu heterogen waren die Interessen, und vielleicht auch zu groß war die Gruppe (etwa 400 Fischer). Anfang der 70er Jahre, bis dahin wurden die Fischgründe erfolgreich bewirtschaftet, hatte die türkische Regierung einige Bodrum-Fischer zur Anschaffung größerer Boote ermuntert. Mit den Hochseekuttern konnte jetzt auch das Gebiet jenseits der «Drei-Meilen-Zone» befischt werden. Das anfängliche Geschäft der Hochseeboote verlockte neue Unternehmer zum Eintritt in den Markt. In Bodrum gab es nunmehr drei Gruppen von Fischern: die Fischer mit kleinen Booten, die küstennah ihrem Gewerbe nachgingen, die Fischer mit den Hochseekuttern und die neu in den Markt eingetretenen Unternehmer. In der relativ großen Gruppe war es bei der Verschiedenheit der Interessen nicht mehr möglich, sich gemeinsam auf funktionsfähige Regeln zu verpflichten, die die Ressourcen schützen und zugleich für alle gewinnbringend sind. Auch Genossenschaften wie Kibbuzim oder religiöse Gruppen, die Ressourcen gemeinsam bewirtschaften, sind mit dem Problem des Allmende-Dilemmas konfrontiert. Dass auch hier der Erfolg wesentlich von den institutionellen Regeln abhängt, demonstriert eine aufschlussreiche Fallstudie von Bullock und Baden (1977) über die Mormonen und Hutterer (siehe Kasten III.3).

Kasten III.3: **Mormonen, Hutterer und die Logik der Allmende**

Die Kirche der Mormonen ist heute eine stabile Institution. Das war nicht immer so. Als der Religionsstifter Joseph Smith die Kirche der Mormonen im Jahr 1830 im Jackson County in Missouri begründete, wählten er und seine Anhänger eine genossenschaftliche Organisationsform, die «Order of Stewardships». Jedes Mitglied trat seine gesamte Habe an die Genossenschaft ab und erhielt von dieser eine Ausstattung mit Gütern und Land entsprechend den Bedürfnissen seiner Familie. Der erwirtschaftete Überschuss wurde ebenfalls an die Genossenschaft abgeführt und von dieser wieder verteilt. Alle Handlungen basierten auf Freiwilligkeit. Weiterhin konnte jeder Gläubige Mitglied werden, das heißt, es gab praktisch keine Zugangsbeschränkung. Der Überschuss war eine Art freiwilliger Steuer. Wenn nun tatsächlich jemand einen Überschuss abführte, dann handelte es sich häufig um eine ziemlich klapprige Kuh oder ein halb totes Pferd, wie ein Beobachter bemerkte. Weiterhin hatten gerade arme Gläubige ein Interesse, sich der Gemeinschaft anzuschließen. Bei ihnen überstiegen die von der Genossenschaft zugewiesenen Mittel den Wert der abgegebenen Habe. Entsprechend wuchs der Zuzug armer Siedler. Freiwilligkeit von Abgaben und offener Zugang führten nach drei Jahren zum Kollaps der «Order of Stewardship».

Ganz anders verhält es sich mit den Hutterern, die christliche Agrarkommunen im Norden der USA und in Kanada bilden. Von wenigen persönlichen Habseligkeiten abgesehen, kennen die Hutterer nur gemeinsames Eigentum. Die Kolonien der Hutterer, die sich heute in der Landwirtschaft modernster Technik bedienen, sind wirtschaftlich äußerst erfolgreich. Die Hutterer haben klug angelegte Institutionen geschaffen, u. a. um die Größe der Kolonien zu regeln und das Führungspersonal auszuwählen. Die Kolonien umfassen selten weniger als 60 und mehr als 150 Mitglieder, genug, um Spezialisierungsvorteile zu nutzen, und nicht zu groß, um Trittbrettfahrer noch erkennen und sanktionieren zu können. Da die Hutterer keinerlei Empfängnisverhütung praktizieren, wachsen die Kolonien relativ rasch. Wird die kritische Größe überschritten, kommt es zur Teilung der Kolonie. Alle Mitglieder helfen bei der Gründung der Tochterkolonie, bauen neue Unterkünfte usf. Wer aber in der alten Kolonie bleibt, ist möglicherweise weniger motiviert, bei den Arbeiten in der Tochterkolonie hart anzupacken. Für dieses Trittbrettfahrerproblem haben die Hutterer eine einfache Lösung. Niemand weiß im Vorhinein, ob er in die Tochterkolonie ziehen wird oder in der Mutterkolonie verbleibt. Die Aufteilung erfolgt nach genauen Regeln. Kernfamilien werden nicht getrennt, in jeder Kolonie müssen bestimmte Berufe sein, und die demographische Struktur sollte ähnlich sein. Alle Personen werden unter Einhaltung dieser Regeln in zwei Gruppen eingeteilt. Am Tag der Abreise entscheidet das Los darüber, welche der beiden Gruppen in die Tochterkolonie zieht. Die Institutionen der langfristig erfolgreichen Hutterer-Kommunen regeln den Zuzug, begrenzen die Gruppengröße und ermöglichen Kontrolle und Sanktionierung von Trittbrettfahrern.

(Nach Bullock und Baden 1977; siehe auch Holzach 1982)

Anhand der Fallbeispiele entwickelt Ostrom eine Theorie erfolgreicher Allmendebewirtschaftung. Gegenstand sind Allmenden, die klein genug sind, dass die meisten Mitglieder sich untereinander persönlich kennen. Es sind die folgenden sieben Faktoren, die dazu beitragen, dass eine Allmende langfristig erfolgreich bewirtschaftet wird:

1. *Restriktion des Zugangs.* Nur Mitglieder haben Zugang zur Allmende, und es ist genau festgelegt, wer Mitglied ist und wer nicht.

2. *Umweltangepasstheit.* Die Regeln der Verfügung über die Ressource sind den lokalen Umweltbedingungen angepasst.

3. *Partizipation.* Die Mitglieder haben das Recht, an der Veränderung der sie betreffenden Regeln mitzuwirken.

4. *Monitoring.* Es existiert «Monitoring», das heißt, das Verhalten der Mitglieder bezüglich der Bewirtschaftung der Allmende ist kontrollierbar.

5. *Sanktionierbarkeit.* Personen, die die Regeln verletzen, werden sanktioniert, und es besteht die Möglichkeit zu abgestuften Sanktionen je nach der Schwere des Regelverstoßes.

6. *Konfliktregulierung.* Es gibt Institutionen, um Konflikte zwischen den Mitgliedern zu regulieren.

7. *Autonomie.* Externe Regierungsbehörden respektieren das Recht der Mitglieder einer Genossenschaft, autonom Regeln zur Bewirtschaftung der Allmende festzulegen.

Geeignete institutionelle Regeln können also in einer Allmendesituation verhindern, dass die gemeinsam genutzte Wirtschaftsgrundlage zerstört wird. Privatisierung und Zentralisierung sind nicht die einzigen Wege, um eine Allmende dauerhaft bewirtschaften zu können. Wenn die Kosten und unerwünschten Nebenfolgen der Privatisierung gering sind, bietet sich dieser Weg an. Wie oben erwähnt sind aber oftmals die Privatisierungskosten hoch, und es können unerwünschte Nebenfolgen auftreten, sodass eine gemeinsame Bewirtschaftung vorzuziehen ist. Fürsprecher der Zentralisierung schlagen vor, dass der Gefahr des Allmende-Dilemmas durch staatliche Regulierung begegnet wird. Ostrom zeigt anhand von Beispielen aus Ländern der Dritten Welt, dass dieser Weg mit Nachteilen verbunden sein kann. Nicht selten ist die staatliche Behörde schlechter über Stand und Nutzung der Ressourcen informiert als die ortsansässigen Bewohner. Und wenn die staatlichen Beauftragten, etwa die Angestellten einer Forstbehörde, schlecht entlohnt werden, ist das Auftreten von Korruption keine Ausnahme. Nach Ostroms These ist die gemeinsame Bewirtschaftung einer Allmende gegenüber Privatisierung einerseits und Zentralisierung auf der anderen Seite eine dritte Möglichkeit, die oftmals die günstigere Lösung darstellt.

Für die erfolgreiche genossenschaftliche Bewirtschaftung einer Allmende bedarf es aber festgelegter Regeln. Nur in seltenen Fällen genügt bei drohender Überfischung eine einzige Regel, die die amerikanischen Ureinwohner mit einem Wort ausdrückten (nach dem Guiness-Buch der Rekorde der längste Name eines Sees, siehe Weizsäcker et al. 1995: 240). Diese Regel lautet: «Manchaugagogchangaugagogchaugogagungamaug». Übersetzt heißt dies: «Wir fischen auf unserer Seite, ihr fischt auf eurer Seite, und niemand fischt in der Mitte».

IV. Umwelteinstellungen und Umweltverhalten in der Bevölkerung

1. Zur Bedeutung von Umwelteinstellungen und alltäglichem Umwelthandeln

Orientiert man sich an der Zahl der Arbeiten, sind auf Befragungen basierende Analysen zu Umwelteinstellungen und -verhaltensweisen der Bevölkerung das quantitativ bedeutsamste Arbeitsfeld der Umweltsoziologie. Die Durchführung von Umfragen gehört mehr oder weniger zum «Standardgeschäft» der empirischen Sozialforschung, und es bereitete den empirischen Sozialforschern keine Schwierigkeiten, die Thematik des Umweltschutzes in laufende Umfragen zu integrieren oder aber in der Form eigenständiger Erhebungen zu bearbeiten. Inhaltlich gibt es dabei gute Gründe, sich mit Umwelteinstellungen und dem Umweltverhalten der Bevölkerung auseinander zu setzen.

Was zunächst das Umweltverhalten betrifft, erscheint unstrittig, dass die Umweltbeeinflussung, die direkt oder indirekt auf das Verhaltenskonto der Bevölkerung geht, eine wesentliche Teilkomponente der ökologischen Problematik ausmacht. Schätzungen beziffern den «unmittelbaren Umweltkonsum» der Privathaushalte, d. h. den Anteil der durch die Privathaushalte direkt verursachten Umweltbelastung, auf 30 bis 40 Prozent der Gesamtbelastung (Seel 1995; Teichert 1995). Wird zusätzlich der «mittelbare Umweltkonsum» berücksichtigt, der in der Produktionsgeschichte der nachgefragten Güter und Dienstleistungen steckt, lässt sich nach Einschätzung der Umweltökonomin Barbara Seel (1995: 12) «das quantitative Ausmaß der Umweltbeeinflussung durch die privaten Haushalte kaum überschätzen».

Zahlreiche Umweltprobleme sind letztlich das Resultat eines «fehlangepassten Verhaltens der Bevölkerung» (Maloney und Ward 1973), und es wird darauf ankommen, dieses Verhalten zu beeinflussen und zu verändern. Das Umweltverhalten der Bevölkerung ist in vielen Fällen die unmittelbare Zielgröße umweltpolitischer Aktivitäten. Will man den Erfolg oder Misserfolg umweltpolitischer Maßnahmen abschätzen, bedarf es der Verhaltensbeobachtung und der Registrierung von Verhaltensänderungen.

Auch Lösungsvorschläge, wie sie von Technikern und Naturwissenschaftlern erarbeitet werden, bleiben zumeist darauf angewiesen, dass sie von der Bevölkerung aufgegriffen und umgesetzt werden. Weniger materialintensive und Benzin sparende Autos z. B. nützen wenig, wenn sie von den Bürger/-innen nicht gekauft werden. Zwar sind Verhaltensbeobachtungen im Prinzip auch ohne Befragungen möglich, etwa durch die systematische Auswertung von Verkaufstrends für umweltsensible Produkte (vgl. z. B. Wenke 1993; Neitzel et al. 1994, 1995), aber Befragungen sind und bleiben ein wichtiges Hilfsmittel, nicht zuletzt weil Informationen aus direkten Verhaltensbeobachtungen vielfach nicht bzw. nicht in einer befriedigenden Form zur Verfügung stehen.

Auf den ersten Blick nicht ganz so offensichtlich ist der Stellenwert von Umwelteinstellungen bzw. des Umweltbewusstseins. Sozialwissenschaftliche Studien beschäftigen sich mit umweltbezogenen Einstellungen und Orientierungsmustern u. a. im Rahmen der so genannten Wertwandelforschung (vgl. z. B. Inglehart 1982, 1998; Scherhorn 1994). In diesen Arbeiten bleibt aber oft unklar, welche praktischen Konsequenzen mit einem feststellbaren Wertewandel verbunden sind. Irgendwie haben wir zwar das Gefühl, dass mit Blick auf den Umweltschutz stellenweise ein Wertewandel notwendig ist – z. B. dann, wenn wir beobachten, dass ein PS-starkes Auto oder auch Fernreisen mit dem Flugzeug noch immer mit sozialem Status und gesellschaftlichem Ansehen verknüpft sind. Was aber grundlegende Werte genau bewirken können und wie sie wirken, ist nicht so ohne weiteres klar.

Sehr viel spezifischer in dieser Hinsicht ist die sozialpsychologische Einstellungs-Verhaltens-Forschung. Hier wird bzw. wurde lange Zeit angenommen, dass sich Einstellungen mehr oder weniger direkt in ein entsprechendes Verhalten umsetzen. Dies hieße, positive Umwelteinstellungen zögen ein umweltfreundliches Verhalten nach sich. Nachdem nun regelmäßige Meldungen aus diversen empirischen Studien den Eindruck vermitteln, dass sich in der Bevölkerung inzwischen ein hohes Umweltbewusstsein durchgesetzt hat, ist damit die mehr oder weniger begründete Hoffnung verknüpft, dass auch entsprechende Verhaltensänderungen die Folge sein werden. Etliche empirische Studien haben jedoch mittlerweile belegt, dass der Zusammenhang zwischen Umwelteinstellungen und Umweltverhalten insgesamt relativ schwach ausgeprägt ist bzw. dass nennenswerte Einstellungs-Verhaltens-Effekte nur unter bestimmten Bedingungen auftreten (mehr dazu in Abschnitt IV.5).

Selbst wenn es nur eine begrenzte Umsetzungskraft von Einstellungen in Verhalten gibt, könnte man argumentieren, dass ein hohes Umweltbewusstsein mit Blick auf die Anliegen des Umweltschutzes mit Sicherheit nicht schadet. Umweltgerechtes Verhalten kann unterschiedlich motiviert sein, und das Motiv des Umweltschutzes ist ein Motiv unter anderen. Ein wichtiges anderes Motiv können z. B. auch ökonomische Erwägungen sein. Wer sich kein Auto und keine Flugreisen in die Karibik leisten kann, verhält sich im Bereich des Mobilitätsverhaltens wohl überdurchschnittlich umweltgerecht. Es steht aber zu befürchten, dass bei einem Wegfallen bzw. einer Lockerung der finanziellen Restriktionen das «umweltgerechte Verhalten» sehr schnell aufgegeben wird. Umwelteinstellungen können zumindest ein ergänzender Stabilisator umweltgerechten Verhaltens sein und dazu beitragen, dass sich Personen in ihrem jetzigen und künftigen Verhalten relativ konsistent und nicht nur punktuell um den Umweltschutz bemühen.

Schließlich erscheinen umweltbezogene Einstellungen aus einem anderen Grund von Bedeutung: Sie bilden und formen ein bestimmtes «öffentliches Meinungsklima», und man kann davon ausgehen, dass dieses Meinungsbild die politischen und wirtschaftlichen Entscheidungsträger beeinflusst und so die Voraussetzungen für eine Durchsetzung von Maßnahmen und Aktivitäten zum Schutz der Umwelt schafft. Umwelteinstellungen erstrecken sich zum Teil direkt auf die Beurteilung vorgeschlagener Umweltschutzmaßnahmen, und es erscheint plausibel anzunehmen, dass das Meinungsbild in der Bevölkerung die jeweiligen Entscheidungsträger nicht unberührt lässt. Solche «Sicker-Effekte des Meinungsklimas» sind zwar im Einzelnen schwer nachweisbar, in einigen Bereichen aber sind sie auch ohne stringenten empirischen Nachweis ziemlich augenfällig.

2. Stand und Entwicklung des Stellenwerts des Umweltproblems

Ausgehend von der Situation Ende der 60er Jahre lässt sich die Entwicklung des Umweltbewusstseins in den westlichen Industrieländern in der Tat als eine Art «miracle of public opinion» (Dunlap und Scarce 1991: 651) beschreiben. Man kann heute davon ausgehen, dass sich eine hohe ökologische Grundsensibilisierung in praktisch allen fortgeschrittenen Industrieländern durchgesetzt hat. Mit einigen Hoch und Tiefs sowie gewissen länderspezifischen Besonderheiten ist die Priorität des Umweltschutzes bis

Ende der 80er Jahre in den meisten Industrieländern gestiegen. Seit Anfang der 90er Jahre ist jedoch ein Rückgang zu verzeichnen.

Auf der Grundlage der HOP-Studie (Health of the Planet), bei der im Jahr 1992 Umfragen in 24 Ländern durchgeführt wurden, diagnostizieren Dunlap und Mertig (1996) sogar ein «weltweites Umweltbewusstsein». Dabei haben sie sich speziell für den Zusammenhang zwischen dem Bruttosozialprodukt der untersuchten Länder und der Priorität des Umweltschutzes interessiert. Da es nach ihren Ergebnissen häufiger negative als positive Korrelationen zwischen dem nationalen Wohlstandsniveau und der Sorge der Bürger um die Umweltqualität gibt, interpretieren sie ihre Befunde im Sinne einer Widerlegung der Wohlstandsniveau- bzw. Postmaterialismus-These, nach der sich bevorzugt die Bürger der reichen Länder das «Luxusgut» des Umweltschutzes auf die Fahne geschrieben haben.

Diese Interpretation ist jedoch nicht unwidersprochen geblieben (vgl. z. B. Diekmann und Franzen 1996, 1999). Eine genauere Betrachtung der insgesamt 16 «Umweltbewusstseinsmaße», auf die sich Dunlap und Mertig stützen, macht deutlich, dass zum einen die wahrgenommene Umweltqualität und subjektive Beeinträchtigungen durch Umweltprobleme gemessen werden, zum anderen die Bereitschaft, etwas dagegen zu tun. Während die wahrgenommenen Beeinträchtigungen durch Umweltprobleme, wie sie in der HOP-Studie erhoben wurden, in den ärmeren Ländern tatsächlich höher liegen (negative Korrelation mit dem Sozialprodukt), finden Forderungen nach Gegenmaßnahmen in den reichen Ländern eine höhere Zustimmung (positive Korrelation mit dem Sozialprodukt). Zudem sprechen andere international vergleichende Studien recht deutlich für die Wohlstandsniveau-These. Im Rahmen der ISSP-Studie (International Social Survey Program) des Jahres 1993, an der sich insgesamt 20 Länder beteiligten, korrelieren acht von zehn Messungen des Umweltbewusstseins positiv mit dem Sozialprodukt. Bei der ISSP-Frage z. B. «Inwieweit fänden Sie es persönlich akzeptabel, höhere Preise zu bezahlen, um die Umwelt zu schützen?» beläuft sich die Korrelation mit dem Sozialprodukt auf 0,75 (Preisendörfer und Franzen 1996: 229). Kurz: Die Schlussfolgerung von Dunlap und Mertig, man könne die Wohlstandsniveau-These ad acta legen, ist wohl doch etwas voreilig.

Ebenfalls als voreilig erweist sich im Lichte international vergleichender Umfragen die häufig vertretene Position, die Deutschen seien Spitzenreiter im Umweltbewusstsein. In Sekundäranalysen internationaler Vergleichsstudien konnte Kuckartz (1997) zeigen, dass das Umweltbewusstsein in Deutschland keineswegs in allen Bereichen so herausragend ist, wie oft unterstellt wird. Zwar sind Umweltängste wie die Furcht vor globalen Klimaveränderungen oder die Befürchtung einer Zunahme von Umweltkrankheiten nirgendwo sonst so hoch wie in Deutschland. Aber dann, wenn es um konkrete Handlungsbereitschaften geht, etwa die Bereitschaft zur Zahlung höherer Steuern für einen verbesserten Umweltschutz oder die Bereitschaft zur Zahlung höherer Preise für Öko-Produkte, rangieren die Deutschen nur im Mittelfeld. Hinter den Titel seiner Arbeit «Grünes Trikot für Deutschland?» hat Kuckartz zu Recht ein Fragezeichen gesetzt.

Konsistente Zeitreihen für die Entwicklung speziell in Deutschland liegen erst für die Zeit seit Mitte der 80er Jahre vor. Dabei ergibt sich folgendes Bild (vgl. dazu u. a. Kramer 1994, 1998; Schupp und Wagner 1998; Preisendörfer 1999): Ausgelöst bzw. verstärkt durch Tschernobyl ist die Priorität des Umweltschutzes in Westdeutschland bis Ende der 80er Jahre deutlich gestiegen. Auf dem Höhepunkt in den Jahren 1989/90 stand der Umweltschutz (was man heute oft schon wieder vergessen hat) in etlichen Umfragen sogar an oberster Stelle, d. h. noch vor der Arbeitslosigkeit. Zweifellos überraschend in den ersten gesamtdeutschen Erhebungen war, dass das Umweltproblem in der Eingangsphase im Westen und Osten in etwa gleich stark gewichtet wurde. Inzwischen ist jedoch der Stellenwert des Umweltschutzes im Osten klar abgesunken. Der Stellenwert im Westen ist ebenfalls zurückgegangen, aber weniger stark als in Ostdeutschland, sodass das Umweltproblem aktuell im Westen eine höhere Priorität hat. Derzeit sind es die Arbeitslosigkeit, die Kriminalitätsbekämpfung, der Erhalt des Sozialstaates und der «Standort Deutschland», die der Bevölkerung wichtiger erscheinen als der Umweltschutz.

Um den Rückgang der Priorität des Umweltschutzes in Deutschland im Verlauf der 90er Jahre beispielhaft zu illustrieren, sind in Abbildung IV.1 die Ergebnisse zu einer Frage aus dem sozio-ökonomischen Panel festgehalten, die da lautet: «Wie ist es in folgenden Gebieten (Vorgabe: Schutz der Umwelt), machen Sie sich da große Sorgen?» Der auf Gesamtdeutschland bezogene Anteil derer, die sich angeblich große Sorgen um den Schutz der Umwelt machen, ist von 61 Prozent im Jahr 1990 auf 35 Prozent im Jahr 1997 zurückgegangen, wobei sich der Rückgang vor allem in der ersten Hälfte der 90er Jahre vollzogen hat.

Was nun sind die Gründe für den rückläufigen Stellenwert des Umweltschutzes in Deutschland und zahlreichen anderen Ländern? Zwei Faktoren erscheinen ausschlaggebend: Der erste Faktor ist ziemlich offensichtlich,

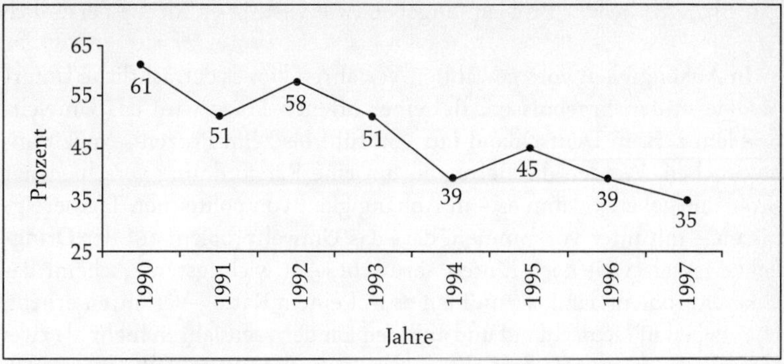

Abbildung IV.1: **Anteile derer, die sich «große Sorgen» um den Schutz der Umwelt machen, in Deutschland (West und Ost) von 1990–1997**

Quelle: Sozio-ökonomisches Panel und Schupp/Wagner (1998: 178)

nämlich die ökonomische Krise und die damit verbundene Arbeitslosigkeit, die heute in allen Umfragen mit Abstand an der Spitze der Problemnennungen rangiert. Weniger offensichtlich ist der zweite Faktor. Für die Phase seit 1990 werden in Westdeutschland und mehr noch in Ostdeutschland von einem beträchtlichen Teil der Bevölkerung nennenswerte Fortschritte und Verbesserungen in verschiedenen Bereichen des Umweltschutzes gesehen. Es scheint sich ein Stimmungsbild breit zu machen, das auf «Entwarnung» hindeutet oder aber sogar auf das, was Maxeiner und Miersch (1996) «Öko-Optimismus» nennen.

Abschließend noch einige methodische Bemerkungen. Wenn es in Umfragen darum geht, den Stellenwert zu erfassen, den die Bevölkerung dem Umweltproblem im Vergleich zu anderen gesellschaftspolitischen Problemen zumisst, kommen im Wesentlichen drei verschiedene Verfahren zum Zug. Die Varianten sind: (1) eine offene Frage nach den derzeit wichtigsten Problemen, (2) das Ranking-Verfahren oder (3) das Rating-Verfahren. Bei einer offenen Frage werden die Befragten gebeten, die aus ihrer Sicht derzeit wichtigsten gesellschaftspolitischen Probleme zu nennen, ohne dass irgendwelche Antwortvorgaben gemacht werden. Beim Ranking-Verfahren wird den Befragten eine Liste von Problemen vorgelegt, und sie werden gebeten, diese Probleme nach ihrer Wichtigkeit in eine Rangfolge zu bringen. Das Rating-Verfahren arbeitet ebenfalls mit einer Liste vorgegebener Probleme, nur sollen die Befragten jetzt auf einer z. B. zehnstufigen Skala bei jedem Problem angeben, wie wichtig es für sie persönlich ist.

In Abhängigkeit vom gewählten Verfahren gibt es beträchtliche Unterschiede in den Ergebnissen: Bei einer offenen Frage wird das Umweltproblem z. B. in Deutschland nur von fünf bis zehn Prozent explizit angesprochen. Werden die Befragten um eine Rangordnung verschiedener Probleme gebeten, kann es – in Abhängigkeit von politischen Tagesereignissen – mitunter vorkommen, dass das Umweltproblem auf der Dringlichkeitsskala weit nach hinten abrutscht. Am wichtigsten erscheint das Umweltproblem dann, wenn man es mit einem Rating-Verfahren erhebt. Hier geben in Deutschland und anderen Ländern seit Jahren mehr als zwei Drittel die Auskunft, dass ihnen das Umweltproblem (allerdings auch zahlreiche andere Probleme) ein wichtiges Anliegen ist.

3. Konzeptions- und Messprobleme

Mit Urteilen über den relativen Stellenwert des Umweltproblems und mit anderen «Einpunktmessungen» demoskopischer Meinungsumfragen, wie sie im voranstehenden Abschnitt angesprochen wurden, wird das ökologische Problembewusstsein der Bevölkerung nur rudimentär erfasst. In Zusammenarbeit vor allem mit der Umweltpsychologie bemühen sich deshalb Umweltsoziologen seit nunmehr etlichen Jahren, differenziertere Skalen zur Erfassung des Umweltbewusstseins und Umweltverhaltens zu entwickeln.

Was ist Umweltbewusstsein?

Ähnlich wie der Begriff «environmental concern» im Englischen hat sich der Begriff des Umweltbewusstseins im deutschen Sprachraum zu einer Art «Sammelvariable» für ökologische Bewusstseinsgehalte und ökologische Orientierungen entwickelt. In der Alltagssprache bezeichnet der Begriff unter anderem Situationswahrnehmungen (z. B. subjektive Perzeptionen von Umweltbelastungen), emotionale Reaktionen (z. B. Angstgefühle angesichts der bedrohten Umwelt), Kognitions- und Wissensbestände (z. B. Informationen über ökologische Probleme), Einstellungen zu politischen Maßnahmen im Bereich des Umweltschutzes (z. B. Befürwortung von Maßnahmen zur Reduktion des Autoverkehrs) und zum Teil auch grundlegende Wertorientierungen (z. B. Skepsis gegenüber wirtschaftlichem Wachstum). Sogar das tatsächliche Verhalten wird unter den

Begriff des Umweltbewusstseins subsumiert, wenn etwa von umweltbewusstem Handeln gesprochen wird oder wenn eine Person als Beleg für ihr Umweltbewusstsein auf bestimmte Verhaltensweisen verweist. Kurz: In der Alltagssprache wird der Begriff des Umweltbewusstseins sehr vielschichtig gebraucht und bleibt damit in hohem Maß offen und unbestimmt.

Dies ist nicht grundlegend anders im wissenschaftlichen Sprachgebrauch, obwohl sich die einschlägige Forschung seit Anfang der 70er Jahre intensiv um begriffliche Kodifizierungen und entsprechende messtechnische Operationen bemüht (für Übersichten vgl. Van Liere und Dunlap 1981; Urban 1986, 1991; Fuhrer 1995 a; de Haan und Kuckartz 1996; Preisendörfer und Franzen 1996). Einigkeit besteht insoweit, dass es wenig Sinn macht, immer neue Definitionen vorzuschlagen, die dann doch nicht allgemein anerkannt werden. Was im Zuge der theoretischen Diskussion und der begleitenden empirischen Forschung erreicht wurde, ist, dass die verschiedenen Teilaspekte des Umweltbewusstseinsbegriffs Schritt für Schritt herausgearbeitet und «auseinander dividiert» wurden. Diese Zerlegung in Teilaspekte eröffnet dann die Möglichkeit, Vorschläge anzubieten, welche Aspekte zu den Kernelementen des Umweltbewusstseins gehören und welche Aspekte eher am Rande liegen.

Eines der frühesten Ergebnisse der Umweltbewusstseinsforschung war, dass das Umweltwissen offenbar eine relativ eigenständige Kategorie bildet (vgl. Maloney und Ward 1973; Maloney et al. 1975). Ein hohes Umweltbewusstsein kann auch ohne fundiertes Wissen bestehen, es genügt, wenn bei einer Person eine gewisse, nicht unbedingt auf detailliertem Faktenwissen beruhende Einsicht in die Gefährdung der natürlichen Lebensgrundlagen vorhanden ist. Auch subjektive Wahrnehmungen von Umweltbelastungen sind kein genuiner Bestandteil des Umweltbewusstseins, da solche Wahrnehmungen ein hohes Umweltbewusstsein bewirken können, aber unter Umständen auch folgenlos bleiben. Weiterhin ist es mit Sicherheit wenig sinnvoll, Umweltverhalten in den Begriff des Umweltbewusstseins hineinzuziehen, denn damit würde das gesamte Problem der Umsetzung von Umweltbewusstsein in Umweltverhalten auf dem Weg über eine Definition umgangen, also gleichsam definitorisch ausgeblendet. Dem Umweltbewusstsein eigentlich vorgelagert sind grundlegende Werthaltungen, die für den Schutz der Umwelt von Bedeutung sind. Urban (1986) spricht hier von der «Wertbasis des Umweltbewusstseins». Eher am Rande des Umweltbewusstseinsbegriffs liegen schließlich auch Einstellungen zu politischen Maßnahmen im Bereich des

Umweltschutzes; es handelt sich dabei um mögliche Konsequenzen, zu denen Individuen aufgrund eines hohen Umweltbewusstseins gelangen können.

Nach dieser Elimination von Teilaspekten verbleibt im Kern ein Verständnis von Umweltbewusstsein im Sinne einer allgemeinen Einstellung bzw. Attitüde. Von diesem Verständnis ist schon in den 70er Jahren der Rat von Sachverständigen für Umweltfragen (SRU 1978: 445) ausgegangen, als er Umweltbewusstsein definierte als «Einsicht in die Gefährdung der natürlichen Lebensgrundlagen des Menschen durch diesen selbst, verbunden mit der Bereitschaft zur Abhilfe». Diese Definition konzipiert Umweltbewusstsein als eine Einstellung, bestehend aus einer kognitiven Komponente (Einsicht in die Gefährdung) und aus einer konativen, die Handlungsbereitschaft betreffenden Komponente (Bereitschaft zur Abhilfe). Was in dieser Definition nach Einschätzung zahlreicher Autoren allerdings noch fehlt, ist die affektive Komponente, die auf den Grad der emotionalen Besetzung der Umweltgefährdung und auf das Ausmaß der emotionalen Reaktionen (in der Form von Angst, Empörung, Wut, Hilflosigkeit u. Ä.) abstellt (zur besonderen Bedeutung der affektiven Komponente vgl. z. B. Schahn 1996; Tanner und Foppa 1996).

Vor dem Hintergrund dieses Diskussionsstandes sollen im Folgenden drei konkrete Skalen bzw. Skalensysteme zur Erfassung des Umweltbewusstseins beispielhaft vorgestellt werden. Die erste stammt aus den USA, die beiden anderen aus dem Kontext der deutschen Umweltforschung.

Maloney / Ward-Skala: Dies ist die in der amerikanischen Diskussion noch immer einflussreichste Skala zur Messung des Umweltbewusstseins. Maloney und Ward (1973) sehen «environmental concern» als eine Einstellung und gehen von der Dreiteilung des Einstellungskonzepts in eine affektive, kognitive und konative Komponente aus. Die aus insgesamt 130 Items bestehende Skala gliedert sich in vier Unterskalen: eine Affektskala, eine Wissensskala, eine Skala der Handlungsbereitschaft (verbal commitment) und eine Verhaltensskala (actual commitment). Die Affektskala zielt auf die affektive Einstellungskomponente ab und versucht, das Ausmaß der gefühlsmäßigen Betroffenheit einer Person über die Umweltzerstörung zu erfassen. Sie trifft den Kern dessen, was im Englischen mit «environmental concern» im Sinne von Umweltbesorgnis bezeichnet wird. Die Wissensskala spricht die kognitive Einstellungskomponente an. Bei ihren Einzelitems handelt es sich um spezifische Wissensfragen zu Fakten und Kausalzusammenhängen im Bereich des Umweltschutzes. Die «Verbal Commitment»-Skala bezieht sich auf die konative Einstellungskomponente, wobei sich die Handlungsbereitschaft auf persönliches Verhalten im alltäglichen Leben, auf öffentliches Engagement im Bereich des Umweltschutzes und auch auf Forderungen nach politischen Maßnahmen erstreckt. Die vierte Teilskala schließlich, das selbst berichtete Verhalten, ist kein genuiner Bestandteil einer Messung der ökologischen Orientierung. Sie wird von Maloney und Ward in erster Linie für Validierungszwecke verwendet. In einer späteren Arbeit präsentieren Maloney et al. (1975) eine Kurzversion ihrer Skala, die mit 45 Items auskommt und strukturell äquivalent aufgebaut ist.

Skalensystem von Schahn: Das im deutschen Sprachraum wohl am besten ausgearbeitete Instrument ist das Skalensystem zur Erfassung des Umweltbewusstseins (SEU) von Schahn und Kollegen. Nach zwei Vorläuferversionen liegt das SEU inzwischen in einer dritten Version vor (Schahn et al. 1999) und bietet auf jeden Fall für all diejenigen, die sich um eine Messung des Umweltbewusstseins bemühen, wichtige Anregungen. Die Konstruktionslogik des Instruments besteht darin, dass auf der einen Seite Konzeptbereiche, auf der anderen Seite Inhaltsbereiche des Umweltbewusstseins unterschieden werden. Die Kreuzung von Konzept- und Inhaltsbereichen ergibt dann eine Tabelle, in deren Zellen die konkreten Items angesiedelt sind. Die dritte SEU-Version differenziert die drei Konzeptbereiche «Einstellung», «Verhaltensbereitschaft» und «selbst berichtetes Verhalten» und die sieben Inhaltsbereiche «Mülltrennung und Recycling», «Energiesparen im Haushalt», «Wassersparen und Wasserreinhaltung», «umweltbewusstes Einkaufen», «umweltschonender Verkehr», «Sport und Freizeit» sowie «gesellschaftliches Umweltengagement». In jeder Zelle der Tabelle aus Konzept- und Inhaltsbereichen stehen fünf bis sieben Items, was insgesamt ein recht voluminöses Erhebungsinstrument ergibt. Allerdings schlagen Schahn et al. auch eine aus 21 Items bestehende Kurzskala zur Messung des Umweltbewusstseins vor, wodurch man in die Nähe der empirischen Handhabbarkeit kommt.

Diekmann / Preisendörfer-Skala: Stärker den Bedürfnissen der Einsetzbarkeit im Rahmen gängiger Umfragen kommt eine von uns entwickelte Skala zur Messung des allgemeinen Umweltbewusstseins entgegen. Diese Skala haben wir in einer längeren Serie empirischer Untersuchungen entwickelt, und sie ist inzwischen so weit ausgereift, dass wir sie in Kasten IV.1 etwas genauer vorstellen.

Kasten IV.1: **Eine Skala zur Messung des allgemeinen Umweltbewusstseins**

Die Skala zielt auf eine Messung des allgemeinen Umweltbewusstseins, das als eine Einstellung bestehend aus einer affektiven, kognitiven und konativen Komponente begriffen wird. Die Ergebnisse eines Testlaufs der Skala in der Bevölkerungsumfrage «Umweltbewusstsein in Deutschland 1998» sind in der nachstehenden Tabelle festgehalten (ausführlicher dazu Preisendörfer 1999: Kap. 3.1).

	Anteilswerte	Faktorladungen
AFFEKTIVE KOMPONENTE		
Es beunruhigt mich, wenn ich daran denke, unter welchen Umweltverhältnissen unsere Kinder und Enkelkinder wahrscheinlich leben müssen.	65	0,72
Wenn wir so weitermachen wie bisher, steuern wir auf eine Umweltkatastrophe zu.	56	0,78
Wenn ich Zeitungsberichte über Umweltprobleme lese oder entsprechende Fernsehsendungen sehe, bin ich oft empört und wütend.	55	0,63
KOGNITIVE KOMPONENTE		
Es gibt Grenzen des Wachstums, die unsere industrialisierte Welt schon überschritten hat oder sehr bald erreichen wird.	50	0,48
Derzeit ist es immer noch so, dass sich der größte Teil der Bevölkerung wenig umweltbewusst verhält.	48	0,48
* Nach meiner Einschätzung wird das Umweltproblem in seiner Bedeutung von vielen Umweltschützern stark übertrieben.	47	0,57
KONATIVE KOMPONENTE		
Es ist noch immer so, dass die Politiker viel zu wenig für den Umweltschutz tun.	60	0,57
Zugunsten der Umwelt sollten wir alle bereit sein, unseren derzeitigen Lebensstandard einzuschränken.	44	0,57
Umweltschutzmaßnahmen sollten auch dann durchgesetzt werden, wenn dadurch Arbeitsplätze verloren gehen.	19	0,40

Die Aussagen konnten jeweils auf einer fünfstufigen Skala beantwortet werden, und die in der Tabelle ausgewiesenen Anteilswerte geben die Zustimmungsquote an (stimme voll und ganz oder weitgehend zu) bzw. bei dem mit * gekennzeichneten Item die Ablehnungsquote (stimme überhaupt nicht oder eher nicht zu). Faktorenanalytisch ergeben die neun Aussagen eine eindimensionale Lösung, bei der 35 Prozent der Varianz der Items erklärt werden. Die Faktorladungen sind in der zweiten Zahlenspalte der Tabelle festgehalten. Die Reliabilität der Skala liegt bei 0,75 (Cronbachs Alpha).

Mit den Stichworten «künftige Generationen», «Umweltkatastrophe», «Grenzen des Wachstums», «Umweltschützer übertreiben», «Politiker tun zu wenig», «Einschränkung unseres Lebensstandards» und «Umweltschutz contra Arbeitsplätze» erstrecken sich die Aussagen der Skala auf eine Reihe zentraler Topics, wie sie in der Diskussion um den Umweltschutz immer wieder thematisiert werden.

Zusammenfassend sei zum Problem der Konzipierung und Messung des Umweltbewusstseins festgehalten: Die einschlägige psychologische und soziologische Forschung stellt inzwischen ein Instrumentarium bereit, das eine angemessene Erfassung des Umweltbewusstseins durchaus ermöglicht. In seinem Kernbereich wird dabei das Umweltbewusstsein zumeist als eine Einstellung konzipiert. Die Komponente des Umweltwissens ist relativ eigenständig, und auch umweltbezogene Werte und Werthaltungen liegen eher am Rande des Umweltbewusstseinsbegriffs. Auf jeden Fall sorgfältig auseinander halten sollte man die Einstellungs- und die Verhaltensebene, d. h. das Umweltbewusstsein auf der einen Seite und das Umweltverhalten auf der anderen Seite. In empirischen Umsetzungen besteht die eigentliche «Kunst» wohl darin, die angezielten Dimensionen mit einem möglichst geringen Erhebungsaufwand adäquat abzudecken.

Probleme der Eingrenzung und Bestimmung «umweltgerechten» Verhaltens

Nicht einfacher, sondern schwieriger als die Erfassung des Umweltbewusstseins sind Konzeptualisierungen und Messungen des Umweltverhaltens. Geht man von dem allgemeinen Grundverständnis aus, dass Umweltverhalten menschliches Verhalten insoweit ist, als dieses Auswirkungen auf den Zustand der natürlichen Umwelt hat, ist sofort und ohne weiteres klar, dass das Spektrum äußerst weit gespannt ist. Im Prinzip hat man ein zweistufiges Entscheidungsproblem: Im ersten Schritt muss festgelegt werden, welches Verhalten in welchem Ausmaß überhaupt umweltrelevant ist bzw. als umweltrelevant angesehen wird. Im zweiten Schritt ist zu bestimmen, welche Verhaltensalternative bei einem bestimmten Verhalten «umweltgerecht» («umweltfreundlich», «umweltverantwortlich») ist bzw. so eingeschätzt wird.

Fast alle bisherigen empirischen Studien gehen so vor, dass sie zunächst eine Reihe von Bereichen benennen, in denen dann ausgewählte Verhaltensaspekte näher betrachtet werden. Die oben aufgeführten sieben Inhaltsbereiche im Skalensystem von Schahn können beispielhaft für das

Spektrum dessen stehen, was in empirischen Arbeiten oft ins Auge gefasst wird. Weniger ambitionierte Messversuche beschränken sich auf eine kleinere Zahl von Bereichen. Bei einem Überblick über vorliegende Studien lässt sich feststellen, dass sich die vier Bereiche «Müll und Recycling», «Einkaufen und Konsum», «Energiesparen im Haushalt» sowie «Auto und Verkehr» als eine Art Minimalkatalog etabliert haben.

Sowohl was die Auswahl der Bereiche und der Verhaltensaspekte als auch die Festlegung dessen, was nun umweltgerecht ist oder nicht, anbelangt, muss man der bisherigen sozialwissenschaftlichen Forschung, soweit sie sich auf Befragungen stützt, zweifellos ein relativ «naives» Vorgehen bescheinigen. Als umweltrelevante und umweltgerechte Verhaltensweisen wurden bevorzugt solche Verhaltensaspekte ausgewählt, die jeweils auf der Agenda der umweltpolitischen Diskussion standen. Dies waren in der Eingangsphase in erster Linie Verhaltensweisen im Abfallbereich, während sich aktuell der Schwerpunkt eher in den Einkaufs- und Konsumbereich zu verschieben scheint. Die starke Orientierung an der gesellschaftspolitischen Umweltdiskussion hat es mit sich gebracht, dass zum Teil auch gänzlich marginale Verhaltensaspekte (wie etwa der Verzicht auf Plastiktüten beim Einkaufen) berücksichtigt wurden. Einer der Vorwürfe an die einschlägige Forschung lautet denn auch, dass sie sich in mehr oder weniger symbolischen und/oder Alibi-Umweltaktivitäten verfangen habe. Der von ihnen als konventionalistisch etikettierten Vorgehensweise werfen z. B. Bodenstein et al. (1997) vor, dass sie sich einseitig auf so genannte operative Konsumentscheidungen konzentriert habe und so genannte strategische Konsumentscheidungen ausblende. Zu solchen strategischen Konsumentscheidungen rechnen Bodenstein et al. z. B. die Wahl des Wohnorts, die Wohnungsgröße oder den Autobesitz.

Den Gegenpol zur «konventionalistischen Vorgehensweise» könnte man als «ökologistische Vorgehensweise» bezeichnen. Eine Konkretisierung findet die ökologistische Sichtweise vor allem in der naturwissenschaftlich orientierten Energie- und Stoffstromperspektive (grundlegend dazu z. B. Schmidt-Bleek 1994). Hier wird versucht, das Umweltverhalten von Individuen oder Haushalten auf der Grundlage des Umweltverbrauchs zu bewerten, d. h. auf der Grundlage der Umweltbelastungen, die mit dem Verbrauch von Energie und diversen Materialien verbunden sind. Anders als beim konventionellen Vorgehen wird mithin nicht das Ausmaß der «Umweltfreundlichkeit» des Verhaltens, sondern umgekehrt das Ausmaß der «Umweltunfreundlichkeit» ins Blickfeld genommen. In der Tat kann diese Sichtweise dazu beitragen, die Schwerpunkte der Aufmerksamkeit deutlich zu verschieben. Hinsichtlich Material- und Energieverbrauch sind z. B. die Bereiche «Wohnen» und «Verkehr» von zentraler Bedeutung, während der Abfallbereich weniger bedeutsam ist (vgl. dazu auch die Ausführungen in BUND und Misereor 1996: 74 ff.). Selbst bei einzelnen Verhaltensweisen, die sowohl beim konventionellen als auch beim ökologistischen Vorgehen berücksichtigt werden, sind die Bewertungen zum Teil unterschiedlich. Konventionell wird z. B. die Nutzung öffentlicher Verkehrsmittel als «umweltfreundliches Verhalten» eingestuft, bei der stoff- und energiestromorientierten Sichtweise schlägt auch die Nutzung öffentlicher Verkehrsmittel negativ zu Buche, da sie mit einem bestimmten Energie- und Materialverbrauch (der allerdings zumeist niedriger ist als beim Auto) verbunden ist. Die empirisch-methodische Basis der ökologistischen Sichtweise sind im Wesentlichen verschiedene Varianten von Ökobilanzen.

Eine Umsetzung der ökologistischen Perspektive mit dem Instrument von Befragungen wurde zuerst von Bodenstein et al. (1997) vorgeschlagen und erprobt. Die in der Literatur inzwischen als «Bodenstein-Index» titulierte Umweltverhaltensmessung versucht eine summarische Messung des Umweltverbrauchs einer Person. Ausgangspunkt bei dem Index ist die Abfrage zahlreicher Verhaltensweisen und Verhaltenskennziffern, die dann im zweiten Schritt mit einem differenzierten Gewichtungsschema in ein Gesamtmaß des Umweltverbrauchs umgerechnet werden. Als Bereichsgewichte z. B. schlagen Bodenstein et al. für das Wohnen den Faktor 10 vor, für den Verkehrsbereich den Faktor 8, Ernährung ebenfalls 8 sowie Bekleidung und Abfall jeweils Faktor 3. Das markanteste Ergebnis im empirischen Teil der Bodenstein-Studie ist, dass das Einkommen stark positiv mit der Höhe des Umweltverbrauchs korreliert. Dies widerspricht Ergebnissen mit konventionellen Messungen, die für bestimmte Verhaltensweisen ein stärker umweltorientiertes Verhalten von Personen mit höherem Einkommen berichten. Aufgrund der begrenzten Stichprobe hat die Bodenstein-Studie explorativen Charakter, und im Detail hat der Verhaltensindex in seinen Operationalisierungen zweifellos noch beträchtliche Mängel (vgl. dazu z. B. Jann 1998; Diekmann und Jann 2000). Innovative Impulse kann man dem Unterfangen aber nicht absprechen.

Wie nun kann man für die Praxis von Umweltbefragungen die hier vereinfachend als konventionalistisch und ökologistisch bezeichneten Vorgehensweisen einschätzen? Sicher richtig ist, dass sich die Auswahl der Verhaltensaspekte in Zukunft stärker an den mit den Verhaltensweisen tatsächlich verknüpften Umweltbelastungen orientieren sollte. Eine solche Orientierung würde gleichzeitig eine verstärkte Kooperation von naturwissenschaftlicher und sozialwissenschaftlicher Umweltforschung mit sich bringen, was ein zweifellos wünschenswerter Nebeneffekt wäre. Zum Teil jedoch stuft die ökologistische Perspektive Verhaltensmuster als zentral ein, die in der bisherigen gesellschaftspolitischen Umweltdiskussion kaum thematisiert wurden (z. B. die Wohnungsgröße). Eine gewisse «Umweltrelevanz in der öffentlichen Diskussion» sollte ein Verhalten wohl haben, ehe man in allgemeinen Bevölkerungsumfragen danach fragt. Weiterhin sollte man sich auf Verhaltensaspekte beschränken, bei denen Ökobilanzen einigermaßen verlässlich darüber Auskunft geben, welche Verhaltensalternative die relativ umweltfreundlichere ist. Es sollte wohl zudem gewährleistet sein, dass das, was die Ökobilanzen als umweltfreundliches Verhalten ausweisen, auch im Alltagsverständnis und Alltagswissen als umweltfreundlich eingestuft wird. Auch eine Erfassung von mehr symbolischem Verhalten ist allerdings nicht von vorneherein sinnlos, da ein solches Verhalten eine wichtige Stellvertreter- bzw. Indikatorfunktion haben kann.[1]

Gänzlich außer Acht bleibt bei der ökologistischen Perspektive, ob die Akteure bei dem jeweiligen Verhalten überhaupt einen Handlungs- und Gestaltungsspielraum haben und ob und inwieweit ein bestimmtes Verhalten auch ökologisch motiviert ist. Das Handeln eines Akteurs als wenig «umweltgerecht» zu qualifizieren, wenn der Akteur kaum eine Möglichkeit hat, sich anders zu verhalten, ist ein recht harter Standpunkt, der die expliziten und impliziten normativen Aspekte des Konzepts des Umweltverhaltens gänzlich ausblendet. Zumindest bei einigen Verhaltensweisen, die als umweltgerechtes Handeln eingestuft werden, sollte auch gewährleistet sein, dass dieses Handeln an ökologische Motive geknüpft ist (zur Diskussion um die Berücksichtigung motivationaler Komponenten umweltrelevanten Handelns vgl. z. B. de Haan und Kuckartz 1995).

Diese Einwände gegen die ökologistische Perspektive verweisen darauf, dass man bei der Bestimmung von Umweltverhalten ohne konventionelle und gesellschaftsgebundene Elemente nicht auskommt. Auch bei den scheinbar so objektiven Ökobilanzen ist in den letzten Jahren immer mehr klar geworden, dass auch hier noch konventionelle Setzungen einfließen. Für Umfragen, die auf eine Erfassung des Umweltverhaltens abzielen und

1 Im Bereich des Energiesparens ist z. B. bekannt, dass die beiden Verhaltensroutinen «Lichtabschalten beim Verlassen eines Zimmers» und «Abschalten des Bereitschaftsmodus beim Fernsehgerät» nur einen vergleichsweise geringen Effekt auf den Energieverbrauch eines Haushalts haben. In einer empirischen Studie zum Energiesparen gelangt jedoch Wortmann (1994: 137) zu dem Ergebnis, dass speziell das Lichtabschalten ein «kognitiver Stellvertreter für das Energiesparen» ist, der relativ eng mit anderen und wichtigeren Verhaltensaspekten im Energiebereich korreliert.

dabei ja stets auch auf das Alltagsverständnis der Akteure eine gewisse Rücksicht nehmen müssen, bedeutet dies, dass man wohl nach einem Mittelweg zwischen konventionellem und ökologistischem Vorgehen suchen muss (ähnlich Kaiser 1998).

Nach diesen vielen konzeptionellen Überlegungen soll abschließend noch auf das wohl wichtigste Ergebnis der bisherigen Forschung zum Umweltverhalten hingewiesen werden (vgl. dazu z. B. Tracy und Oskamp 1983/84; Diekmann und Preisendörfer 1992; Ungar 1994; Preisendörfer 1999): Das Umweltverhalten in verschiedenen Lebensbereichen ist kein einheitliches und in sich konsistentes Verhaltensmuster, es ist vielmehr vielschichtig und heterogen. Dies bedeutet zum einen, dass die Verhaltensaspekte in den Bereichen und über die Bereiche hinweg oft nur mäßig miteinander korrelieren, und es bedeutet zum anderen, dass die Bestimmungsfaktoren der Verhaltensaspekte unterschiedlich sind. Besonders markant ist dabei in der Regel die Sonderstellung des Verhaltens im Bereich «Auto und Verkehr». Ebenfalls eine gewisse Sonderstellung nimmt der Bereich des Energiesparens im Haushalt ein, was damit zusammenhängt, dass im Energiebereich – anders als z. B. im Einkaufs- und Konsumbereich – ökologische und ökonomische Erwägungen in der Regel Hand in Hand gehen. In der praktischen Anwendung impliziert der Heterogenitäts-Befund, dass Versuche, das Umweltverhalten der Bevölkerung zu beeinflussen, sich auf die unterschiedlichen und zum Teil komplexen Handlungslogiken der Akteure in ihrem Alltagsleben einlassen müssen. Nur bei einer angemessenen Berücksichtigung der jeweiligen situationalen Gegebenheiten, in denen die Akteure stehen bzw. sich sehen, kann es z. B. durch politische Maßnahmen gelingen, das Umweltverhalten in die gewünschte Richtung zu lenken.

4. Die soziale Basis des Umweltbewusstseins und Umweltverhaltens

Bei der Auswertung von Umfragen ist es üblich, die Ergebnisse nach soziodemographischen Merkmalen aufzugliedern. Etwas hochtrabend wird dann im Rahmen von Umwelterhebungen von der «sozialen Basis des Umweltbewusstseins» gesprochen. Soziodemographische Variablen haben zunächst einmal zwar keinen besonderen «theoretischen Nährwert», aber Tatsache ist, dass sich zum einen die öffentliche Diskussion in hohem Maß an solchen Merkmalen orientiert und dass man zum anderen durch entsprechende Anschlussüberlegungen durchaus zu theoretisch bedeutsamen Fragestellungen gelangen kann.

Überblickt man die bisherige Forschung (für Übersichten Van Liere und Dunlap 1980; Langeheine und Lehmann 1986; Jones und Dunlap 1992; Preisendörfer und Franzen 1996), ist vor allem bemerkenswert, dass sich sehr viel mehr Studien mit Unterschieden auf der Einstellungs- als auf der Verhaltensebene beschäftigt haben. Am meisten Aufmerksamkeit gefunden haben die Merkmale «Alter», «Geschlecht», «Bildung», «Beruf», «Einkommen» und «politische Orientierung». Für das Alter, die Bildung und die politische Orientierung sind die Befunde in westlichen Industrieländern überraschend einheitlich in der Form, dass die jüngeren Geburtskohorten, Personen mit einer höheren Schulbildung und Personen im links-liberalen Politikspektrum dem Umweltschutz ein höheres Gewicht einräumen. Bei den drei verbleibenden Merkmalen gestalten sich die empirischen Evidenzen eher heterogen.

Die feststellbaren Altersunterschiede münden fast zwangsläufig in die Diskussion um die postmaterialistische Wertorientierung, sodass sich hier die gesamte Bandbreite der Kontroversen um dieses (angebliche) Wertesyndrom öffnet. Praktisch relevant erscheinen in diesem Zusammenhang auch die empirischen Hinweise darauf, dass – bedingt durch eine gewisse Distanzierung der jüngeren Generation von der Umweltthematik – der Alterszusammenhang inzwischen eher umgekehrt u-förmig verläuft (Blaikie 1992). Und für die ältere Generation, so weit sie auf persönliche Erfahrungen mit ökonomischer Knappheit zurückblicken kann, steht die Vermutung im Raum, dass sie zwar gewisse Schwierigkeiten mit der Terminologie der «ökologischen Korrektheit» hat, in ihrem praktischen Alltagsverhalten aber zum Teil sehr behutsam mit lebenswichtigen Ressourcen (Wasser, Energie usw.) umgeht.

Bei den geschlechtsspezifischen Unterschieden erweist sich am deutlichsten, dass man sehr genau auf die Art der Messung des Umweltbewusstseins achten muss (Blocker und Eckberg 1989; Steger und Witt 1989; Schahn und Holzer 1990). Diejenigen Studien, die sich auf die emotionale Betroffenheit durch die Umweltbelastung und insbesondere auf die Betroffenheit durch lokale Umweltbelastungen konzentrieren, ergeben in der Tat relativ einheitlich, dass Frauen eine stärkere gefühlsmäßige Betroffenheit artikulieren. Erst dann, wenn die Studien auch Aspekte des Umweltwissens einbeziehen, werden die Befunde uneinheitlich, da Frauen in den bisher erprobten Wissenstests eher schlechter abschneiden (Langeheine und Lehmann 1986; Arcury 1990; Diekmann und Preisendörfer

1992; Preisendörfer 1999). Weshalb Frauen auf die Gefährdung der Umwelt emotional stärker reagieren und gleichzeitig in den naturwissenschaftlich inspirierten Wissenstests tendenziell abfallen, erfordert in Detailstudien wohl ein genaueres Eingehen auf geschlechtsspezifische Rollenmuster und auch eine Auseinandersetzung mit allgemeineren, so genannten ökofeministischen Positionen.[2]

Der Zusammenhang zwischen dem Umweltbewusstsein und den drei herkömmlichen Schichtungsindikatoren (Bildung, Beruf, Einkommen) erscheint auf der theoretischen Ebene vor allem mit Blick auf die mutmaßliche Mittelstandszentriertheit der ökologischen Diskussion bedeutsam. In der Startphase der ökologischen Bewegung Ende der 60er bzw. Anfang der 70er Jahre ließ sich in der Tat relativ klar nachweisen, dass die Idee des Umweltschutzes bevorzugt von den wohlhabenderen, materiell abgesicherten Statusgruppen aufgegriffen wurde. Inzwischen jedoch scheint das Umweltbewusstsein nach unten diffundiert zu sein, sodass sich – bei nach wie vor bestehenden Bildungsunterschieden – Unterschiede in Abhängigkeit von der beruflichen Stellung und vom Einkommen nur mehr tendenziell nachweisen lassen (Buttel 1987: 474). Selbst in «verdächtigen» Berufsgruppen wie bei den Beschäftigten in der chemischen Industrie (Heine und Mautz 1988; Bogun et al. 1992) oder in der Automobilindustrie (Hanfstein et al. 1992) lässt sich inzwischen eine hohe ökologische Sensibilisierung beobachten. Speziell mit Bezug auf die berufliche Stellung wird in der einschlägigen Forschung noch immer die so genannte Berufserfahrungshypothese diskutiert (Urban 1986). Eine überdurchschnittliche Verankerung des Umweltbewusstseins wird dabei für die Berufsgruppen im Dienstleistungssektor mit eher «naturfremden» Arbeitsinhalten behauptet, während umgekehrt für die Berufsgruppen mit einem mehr instrumentellen Naturverhältnis eine geringere Umweltsensibilität vermutet wird. Die exakte Bestimmung der Art des Naturverhältnisses in verschiedenen Berufen erweist sich bei Überprüfungsversuchen dieser Hypothese als ein ziemlich sperriges Problem.

Die stärkere Affinität zur Umweltthematik bei Personen, die sich politisch im links-liberalen Spektrum ansiedeln, deutet sich in fast allen empirischen Studien an. Dennoch offenbart sich gerade in Umweltsurveys die stark vereinfachende Links-Rechts- bzw. Liberal-Konservativ-Skala als in

2 Die Ausarbeitung von so diffusen Konzepten wie etwa die angebliche «motherhood mentality» der Frauen und die «marketplace mentality» der Männer (Blocker und Eckberg 1989: 590) möchten wir freilich Autor(inn)en mit einem größeren theoretischen Feingefühl überlassen.

hohem Maße fragwürdig. Zumindest teilweise scheint die Ökologiedimension eine eigene Achse im Feld der politischen Orientierungen aufzuspannen, die quer zur gängigen Links-Rechts-Dimension liegt. So konnten Dunlap und Van Liere (1984) aufzeigen, dass gewisse Grundelemente des «neuen ökologischen Paradigmas» durchaus mit einer konservativen politischen Grundhaltung vereinbar sind und dass umgekehrt eine links-liberale Position eine betont anti-ökologische Ausrichtung keineswegs ausschließt.

Welche Ergebnisse man erwarten kann, wenn man (in multivariaten Modellen) das Umweltbewusstsein und Umweltverhalten nach soziodemographischen Merkmalen aufschlüsselt, sei beispielhaft demonstriert, indem wir erneut auf unsere Erhebung «Umweltbewusstsein in Deutschland 1998» zurückgreifen (ausführlicher dazu Preisendörfer 1999: Kap. 8–12). Im Überblick sind die Ergebnisse in Tabelle IV.1 festgehalten.

Tabelle IV.1: **Umweltbewusstsein und Umweltverhalten in Abhängigkeit von soziodemographischen Merkmalen**

	Umweltbewusstsein	Umweltverhalten			
		M/R	E/K	E/W	A/V
Ältere Personen	–	+	0	+	+
Höhere Bildung	+	0	+	0	–
Höheres Einkommen	0	0	+	0	–
Frauen	+	+	+	+	+
Kinder im Haushalt	0	0	0	0	0
Ostdeutsche	0	0	–	+	+
Politisch Linksorientierte	+	+	+	0	+
Grünwähler/-innen	+	+	+	+	+

Erläuterung: M/R = Müll und Recycling, E/K = Einkaufen und Konsum, E/W = Energie- und Wassersparen, A/V = Auto und Verkehr. + bezeichnet einen positiven, 0 keinen und – einen negativen Zusammenhang.

Folgt man der Tabelle, haben ältere Personen zwar ein niedrigeres Umweltbewusstsein, aber auf der Verhaltensebene übertreffen sie zumeist die Jüngeren. Personen mit höherer Schulbildung sind noch immer überdurchschnittlich umweltbewusst, in ihrem Einkaufs- und Konsumverhalten orientieren sie sich stärker an Belangen des Umweltschutzes, aber in ihrem Mobilitätsverhalten sind sie in hohem Maße autofixiert. In Abhängigkeit vom Einkommen zeigt sich auf der Verhaltensebene dasselbe Muster. Angesichts der uneinheitlichen Ergebnisse in der bisherigen Forschung sind die konsistenten Frauen-Männer-Unterschiede (auf der Einstellungs- und der Verhaltensebene) überraschend. Keinerlei Bestätigung findet die so genannte Schatten-These, nach der Kinder im Haushalt – im Sinne eines Hereinholens des Schattens der Zukunft in die Gegenwart – eine erhöhte ökologische Sensibilisierung bewirken. Zwischen Ost- und Westdeutschen liefert die differenzierte Umweltbewusstseinsskala keine signifikanten Unterschiede, und während sich die Westdeutschen im Einkaufs- und Konsumbereich häufiger umweltorientiert verhalten, bemühen sich die Ostdeutschen mehr um Energie- und Wassersparen, besitzen und nutzen (noch) seltener ein Auto und unternehmen weniger Flugreisen. Eindeutig positive Prädiktoren des Umweltbewusstseins und Umweltverhaltens sind die politische Linksorientierung und eine Parteipräferenz für Bündnis 90/Die Grünen.

Im Sinne von Anregungen für die künftige Forschung zur sozialen Basis des Umweltbewusstseins sei abschließend notiert: Mehr Beachtung verdienen die altersspezifischen Unterschiede unter dem Aspekt der Divergenzen auf der Einstellungs- und der Verhaltensebene. Gerade die jüngere Generation scheint sich auf einen Konsum- und Lebensstil eingestellt zu haben, der sich nur schwer mit dem deklarierten Umweltbewusstsein vereinbaren lässt. Weiterhin gibt es Indizien dafür, dass die Umweltthematik auf dem Weg ist, sich zu einem «Women's Issue» (Blocker und Eckberg 1989) zu entwickeln, sodass man hier die Entwicklung sorgfältig im Auge behalten sollte. Die geschlechtsspezifischen Unterschiede sind auch mit Blick auf die Rolle und den Stellenwert des Umweltwissens von Bedeutung, da das (wie erwähnt) geringere ökologische Faktenwissen der Frauen einem stärker umweltorientierten Verhalten offenbar nicht im Wege steht. Trotz der in Tabelle IV.1 ernüchternden Befunde dürften Detailstudien zu der Frage, inwieweit Kinder einen Einfluss auf das Umweltbewusstsein und Umweltverhalten ihrer Eltern haben, ein lohnendes Unterfangen sein. Schließlich sind weitere Analysen zur Einkommensabhängigkeit des Umweltverhaltens aus mindestens zwei Gründen bedeutsam: Geht man davon aus, dass auch in Zukunft das durchschnittliche Einkommensniveau weiter steigt, können sich Hinweise darauf ergeben, in welche Richtung die Trends vermutlich gehen werden. Zudem ist es zweifellos so, dass ein höheres Einkommen den Spielraum für umweltorientiertes Verhalten erhöht, wodurch die besser Verdienenden zu einer wichtigen Zielgruppe der Umweltpolitik und der Umweltbildung werden.

5. Diskrepanzen zwischen Umweltbewusstsein und Umweltverhalten

Eine der Haupttriebfedern für die Beschäftigung mit Umwelteinstellungen und dem Umweltbewusstsein der Bevölkerung war und ist noch immer die Hoffnung oder Erwartung, dass ein ausgeprägtes ökologisches Bewusstsein auch das Umweltverhalten beeinflusst und mehr oder weniger direkt ein umweltorientierteres Alltagshandeln nach sich zieht. Folgerichtig haben sich zahlreiche empirische Studien mit der Frage beschäftigt, wie es um die Stärke des Zusammenhangs von Umwelteinstellungen und Umweltverhalten bestellt ist (für Übersichten vgl. Hines et al. 1986/87; Six 1992; Eckes und Six 1994; de Haan und Kuckartz 1996; Preisendörfer und Franzen 1996). Die nahezu einstimmige Quintessenz dieser Forschung lautet, dass Umwelteinstellungen nur einen eingeschränkten und moderaten Einfluss auf das tatsächliche Umweltverhalten haben. In einer Metaanalyse von 128 amerikanischen Studien kommen Hines et al. (1986/87) zu einer durchschnittlichen Korrelation zwischen Umweltbewusstsein und Umweltverhalten in Höhe von 0,35, und auf der Basis von 17 Studien berichten Eckes und Six (1994) eine durchschnittliche Korrelation von 0,26. Korrelationen in dieser Größenordnung sind zwar nicht zu vernachlässigen (sie entsprechen z. B. der Korrelation, wie man sie üblicherweise zwischen der Bildung und dem Einkommen von Personen beobachtet), dennoch bedeuten sie, dass lediglich rund zehn Prozent der Varianz des Umweltverhaltens durch Umwelteinstellungen erklärt werden.

Um die Diskrepanzdiagnose inhaltlich zu veranschaulichen, sei auf einige Zahlenwerte aus unserer Bern/München-Studie (Diekmann und Preisendörfer 1992) verwiesen, in der die «Hochumweltbewussten» (oberes Drittel auf einer Skala des allgemeinen Umweltbewusstseins) u. a. folgende Auskünfte über ihr Verhalten gaben: 74 Prozent dieser Gruppe gingen mit dem Flugzeug bzw. mit dem Auto in die letzten Ferien, 54 Prozent waren Besitzer (= Hauptnutzer) eines Autos, 37 Prozent waren am letzten Wochenende mit dem Auto unterwegs, 30 Prozent haben im Verlauf der letzten Woche kein öffentliches Verkehrsmittel genutzt, 39 Prozent bemühen sich nicht um eine Einsparung von warmem Wasser, 38 Prozent drehen im Winter ihre Heizung nicht ab, wenn sie für längere Zeit die Wohnung verlassen, und 25 Prozent verwenden in ihrem Haushalt einen Wäschetrockner, der in Ratgebern zum privaten Ökoverhalten in der Regel als ein sehr stromintensives Gerät geächtet wird.

Vor allem in der öffentlichen Diskussion hat die Kunde von der mäßigen Verhaltenswirksamkeit umweltorientierter Einstellungen (und auch des

Umweltwissens) lebhafte Kontroversen ausgelöst. «Der lange Weg vom Kopf zur Hand», «das Umweltgewissen als sanftes Ruhekissen», «der Umweltschutz in der Verhaltensklemme» und «die Kluft zwischen Anspruch und Wirklichkeit» fungieren als Obertitel für Klagen darüber, dass das Umweltbewusstsein nicht die erhofften Verhaltenseffekte zeigt. Nicht selten schwingt dabei die Vorstellung mit, dass ein richtig verstandenes Umweltbewusstsein sich doch eigentlich auch in ein entsprechendes Verhalten umsetzen müsste. Maxeiner und Miersch (1996) z. B. enttarnen die «typischen Ökoheuchler» mit Hinweisen darauf, dass die Sympathisanten der Grünen weit häufiger um den Globus fliegen als der Rest der Bevölkerung, dass es in der westdeutschen Alternativszene mehr Porschefahrer gibt als in der Normalbevölkerung, dass das Energiesparhaus auf der grünen Wiese oft mit langen Pendelwegen zum Arbeitsplatz verbunden ist usw. So wichtig es sein mag, die Hürden vom Kopf zur Hand zu verdeutlichen, ist die gesamte, mit dem moralischen Zeigefinger arbeitende Diskussion doch mit der Gefahr verbunden, dass diejenigen, die sich (mit all ihren Schwächen) redlich bemühen, zusätzlich noch diskreditiert werden und umgekehrt diejenigen, die das Umweltschutzanliegen in ihrem Alltagshandeln ausblenden, in ihrem gewohnten Verhalten bestärkt werden.

Mit größerer Gelassenheit wurden die Unstimmigkeiten zwischen Umwelteinstellungen und Umwelthandeln in der genuin wissenschaftlichen Diskussion zur Kenntnis genommen (vgl. z. B. Weigel 1983; Spada 1990; Schahn 1993; Fuhrer 1995 a). Die Korrelationen zwischen Umweltbewusstsein und Umweltverhalten entsprechen mehr oder weniger den Zusammenhängen, wie man sie allgemein für Einstellungen und Verhalten auch in anderen Bereichen kennt. Die geringe Kongruenz von Umwelteinstellungen und Umweltverhalten sei damit im Grunde genommen nicht mehr als ein weiterer Anwendungs- bzw. Belegfall für die weithin bekannten (geringen) Einstellungs-Verhaltens-Relationen. Gänzlich analog zur allgemeinen Einstellungs-Verhaltens-Forschung waren auch die Reaktionen auf die «Lücke zwischen Umwelteinstellungen und Umweltverhalten». Zum einen wurden, worauf im Folgenden zuerst eingegangen wird, die vorliegenden empirischen Evidenzen unter methodischen Aspekten kritisiert. Zum anderen wurde unter inhaltlichen Gesichtspunkten betont, dass es darauf ankomme, zusätzliche Bedingungen zu identifizieren, unter denen sich Einstellungen verstärkt in ein entsprechendes Verhalten umsetzen. Eine solche Bedingung, nämlich die «Kostenträchtigkeit» des jeweiligen Verhaltens, soll im zweiten Schritt thematisiert werden.

Auf der methodischen Ebene konzentrieren sich die Kritikpunkte und Verbesserungsvorschläge auf die Reliabilität und Validität der jeweiligen Einstellungs- und Verhaltensmessungen und auf die so genannte Kompatibilitätsregel, die für die Einstellungs- und Verhaltensskalen einen vergleichbaren Spezifitätsgrad fordert.

Tatsächlich ist es so, dass zahlreiche Studien zum Zusammenhang zwischen Umwelteinstellungen und -verhalten sich auf sehr krude Messungen stützen, deren Reliabilität und Validität fraglich sind. Speziell und insbesondere auf der Verhaltensebene besteht das Manko, dass zumeist mit selbst berichtetem Verhalten und nicht mit Verhaltensbeobachtungen gearbeitet wird. Es steht zu befürchten, dass bei Rekurs auf beobachtetes Verhalten die Korrelationen noch niedriger ausfallen.

In einem kleinen Feldexperiment haben wir in unserer Bern/München-Studie (Diekmann und Preisendörfer 1992) – drei Monate nach dem Hauptteil, einer Befragung – an die Berner Teilnehmer/-innen den Prospekt einer fiktiven Drogerie «Sansal» verschickt. In dem Prospekt wurde der Ausverkauf von FCKW-haltigen Markenartikeln der Reinigungs- und Kosmetikbranche mit einer Preisreduktion bis zu 80 Prozent offeriert. Auf einer frankierten Antwortkarte konnten die angeschriebenen Personen einen Katalog anfordern oder aber ihre Ablehnung bekunden. Akzeptiert man die Katalogbestellung bzw. dessen Ablehnung als Umweltverhaltensbeobachtung, war die Korrelation zwischen dem in der Befragung ermittelten Umweltbewusstsein und der Ablehnung der Drogerie-Offerte positiv und mit einem Wert von 0,38 sogar höher als die Korrelation mit dem erfragten Umweltverhalten. (Gleichwohl erschüttert dieser «Kleinbefund» unsere Ausgangsbefürchtung kaum.)

Der hauptsächliche Einwand gegen die Diskrepanzdiagnose bezieht sich freilich auf die häufige Verletzung der Kompatibilitätsregel. Zur «Verbesserung» der Einstellungs-Verhaltens-Beziehung wird in der Sozialpsychologie spätestens seit den Arbeiten von Ajzen und Fishbein (1977, 1980) die Forderung erhoben, die jeweiligen Einstellungs- und Verhaltensmessungen sollten einen vergleichbaren Spezifitäts- bzw. Abstraktionsgrad haben. Diese auch als Korrespondenzpostulat bezeichnete Vorgabe beinhaltet im Wesentlichen zwei Forderungen, nämlich dass man erstens allgemeine Einstellungsmaße nur mit allgemeinen Verhaltensmaßen in Verbindung bringen sollte und dass man zweitens dann, wenn es um die Erklärung spezifischer Verhaltensweisen geht, auch mehr problem- bzw. gegenstandsspezifische Einstellungsmaße verwenden sollte. In einer Übersicht über die Forschung bis Anfang der 80er Jahre konnte Weigel (1983) zeigen, dass die meisten Arbeiten der Umweltbewusstseinsforschung allgemeine Einstellungsmaße mit spezifischen Verhaltensaspekten in Verbindung bringen und damit der Kompatibilitätsregel nicht gerecht werden. Gleichzeitig führt Weigel an einer Fülle von Einzelstudien vor, dass sich die Korrelationen erhöhen, wenn zur Vorhersage spezifischer Verhaltensaspekte auf spezifische Einstellungsmaße zurückgegriffen wird.

Empirisch lässt sich kaum bestreiten, dass die Einstellungs-Verhaltens-Korrelationen steigen, wenn man den Objektbereich der Einstellungs- und Verhaltensmaße genau aufeinander abstimmt. Dieses Vorgehen hat allerdings ein theoretisches bzw. forschungsstrategisches Problem. Im Extremfall reduziert sich die «Einstellungs-Verhaltens-Theorie» auf die Aussage, dass eine Einstellung zu einem bestimmten Verhalten ein guter Prädiktor für dieses Verhalten ist. Eine solche Aussage erscheint ziemlich trivial und verdeutlicht den entscheidenden Nachteil der «Spezifizierungsstrategie». Mit spezifischen Einstellungen zu spezifischen Verhaltensweisen in spezifischen Situationen mögen zwar gute Vorhersagen des jeweiligen Verhaltens gelingen, aber die Grundidee von Einstellungen im Sinne situationsübergreifender Orientierungsmuster geht unter der Hand verloren. Das Einstellungskonzept wird so weit verengt, dass es nahezu wertlos wird (ausführlicher dazu bereits Stapf 1982).

Die Low-Cost-These des Umweltverhaltens

Wichtiger als eine Fortführung der methodischen Diskussion erscheint die inhaltliche Frage, wie die Diskrepanzen zwischen Umweltbewusstsein und Umweltverhalten zustande kommen, unter welchen Bedingungen sie sich verstärken oder abschwächen und wo die hauptsächlichen Hemmnisse und Barrieren für die Verhaltenswirksamkeit von Umwelteinstellungen liegen. Mit dieser Frage kommen zum einen konkurrierende Einstellungen ins Spiel, zum anderen strukturelle und situative Gegebenheiten.

Abstellend auf strukturelle Gegebenheiten haben wir in einer Arbeit im Jahr 1992 die Low-Cost-Hypothese des Umweltverhaltens in die Diskussion eingebracht (Diekmann und Preisendörfer 1992). Diese These soll zunächst erläutert und dann beispielhaft an empirischen Daten verdeutlicht werden.

Der Grundgedanke der Low-Cost-Hypothese des Umweltverhaltens ist, dass Umwelteinstellungen das Umweltverhalten am ehesten und bevorzugt in Situationen beeinflussen, die mit geringen Kosten bzw. Verhaltensanforderungen verknüpft sind. Je geringer der Kostendruck in einer Situation, desto leichter fällt es den Akteuren, ihre Umwelteinstellungen auch in ein entsprechendes Verhalten umzusetzen. Umgekehrt sinkt die Bedeutung von Einstellungen, wenn eine Situation größere Verhaltenszumutungen in sich birgt. Technisch gesprochen bedeutet dies, dass höhere Korrelationen zwischen Umweltbewusstsein und Umweltverhalten für Situationen, Verhaltensweisen und Rahmenbedingungen erwartet werden, die Low-Cost-Charakter haben, wobei es sich bei der Kostencharakterisierung um eine graduelle Variable handelt und der Begriff der Kosten in einem weiten Sinn (also nicht nur im Sinne von finanziellen Kosten) verwendet wird. Wichtig ist, dass nicht nur ein additives Einwirken von Umwelteinstellungen und Kostenaspekten auf das Umwelthandeln vermutet wird, sondern ein Interaktionseffekt in der Form, dass die Verhaltenswirksamkeit von Einstellungen in Abhängigkeit von der «Kostenintensität der Situation» differiert. Graphisch kann man die These in Form von Abbildung IV.2 darstellen.

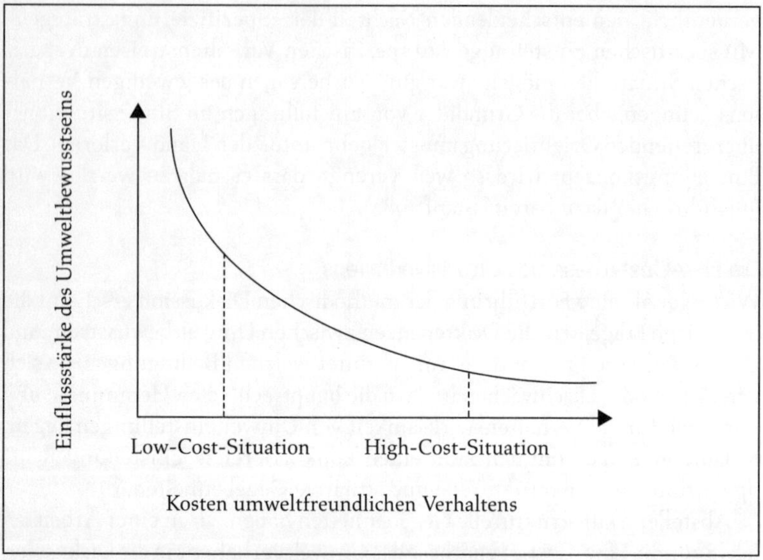

Abbildung IV.2: **Die Low-Cost-These des Umweltverhaltens**

Auf der y-Achse ist die vermutete Einflussstärke des Umweltbewusstseins auf das Umweltverhalten abgetragen. Auf der x-Achse stehen die Kosten umweltfreundlichen Verhaltens. Diese ergeben sich als Differenz aus dem Nettonutzen der nicht-umweltfreundlichen Verhaltensalternative und dem Nettonutzen der umweltfreundlichen Verhaltensalternative. Je größer diese Differenz, desto mehr hat das Verhalten High-Cost-Charakter.

Ist bei Verhalten A (z. B. verwende ich für die Fahrt zur Arbeit das Auto oder öffentliche Verkehrsmittel) die Differenz groß und bei Verhalten B (z. B. nehme ich zum Einkaufen eine Einkaufstasche mit oder nicht) klein, liegt A weiter rechts als B, und man würde bei A einen geringeren Effekt des Umweltbewusstseins erwarten als bei B.

Empirische Tests der Low-Cost-These haben wir u. a. auf der Grundlage der Daten der Bevölkerungsumfrage «Umweltbewusstsein in Deutschland 1996» vorgelegt (Diekmann und Preisendörfer 1998). Bei einer Testvariante wurden 16 Verhaltensweisen mit unterschiedlicher «Kostenträchtigkeit» betrachtet und die Effekte des Umweltbewusstseins auf die jeweili-

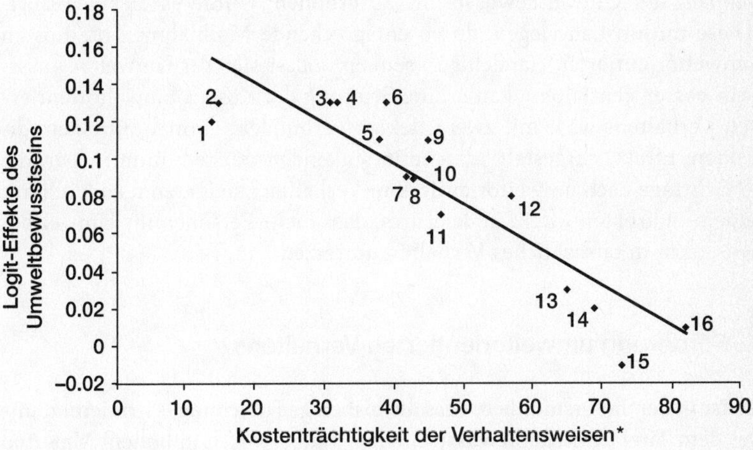

* Gemessen als Anteil derer, die das Verhalten nicht zeigen

1 = Papierrecycling
2 = Glasrecycling
3 = Plastikrecycling
4 = Verpackungsmaterial im Geschäft lassen
5 = Achten auf den Blauen Engel
6 = Kauf von Obst / Gemüse aus der Region
7 = Licht abschalten
8 = Pfandflaschen kaufen
9 = Biomülltrennung
10 = Energiesparlampen im Haushalt
11 = Wasserspareinrichtung im Haushalt
12 = Wasser beim Duschen sparen
13 = Einkaufen ohne Auto
14 = Wochenendausflüge ohne Auto
15 = Urlaub ohne Auto / Flugzeug
16 = Kein Auto im Haushalt

Abbildung IV.3: **Einflussstärke des Umweltbewusstseins auf 16 verschiedene Verhaltensweisen**

gen Verhaltensweisen miteinander verglichen. Mit der Brückenhypothese, dass ein Verhalten umso kostenträchtiger ist, je seltener es im Aggregat der Bevölkerung praktiziert wird, können Recyclingaktivitäten als typische Low- und Verhaltensroutinen im Verkehrsbereich als typische High-Cost-Verhaltensweisen eingestuft werden. Abbildung IV.3 zeigt, dass über die 16 Verhaltensweisen hinweg die Einflussstärke des Umweltbewusstseins mit zunehmenden Verhaltenskosten sinkt.

In der praktischen Anwendung enthält die Low-Cost-These eine klare Botschaft: Von einer Verhaltenswirksamkeit des Umweltbewusstseins können wir am ehesten dann ausgehen, wenn die Kosten und Barrieren umweltorientierten Verhaltens niedrig liegen. Um die Verhaltenswirksamkeit des Umweltbewusstseins zu erhöhen, würde es die Low-Cost-These mithin nahe legen, durch entsprechende Maßnahmen die Kosten umweltorientierten Handelns zu senken, sodass sich das Umweltbewusstsein besser «entfalten» kann. Eine Senkung der Kosten umweltorientierten Verhaltens wäre mit zwei Effekten verbunden: einmal mit einem direkten Effekt dergestalt, dass mit sinkenden Kosten unmittelbar die «Nachfrage nach umweltorientiertem Verhalten» steigt, zum anderen mit einem indirekten Effekt in der Form, dass mehr Personen ihr Umweltbewusstsein in tatsächliches Verhalten umsetzen.

6. Förderung umweltorientierten Verhaltens

Es ist in der Tat erstaunlich, dass die bisherige Forschung – firmierend unter dem Titel «Umweltbewusstseinsforschung» – sich in hohem Maß und sehr einseitig auf die Einstellungsebene konzentriert hat. Erst in den letzten Jahren ist eine Umorientierung dergestalt feststellbar, dass verstärkt die eigentliche Zielgröße, nämlich das Umweltverhalten, ins Blickfeld genommen wird. Will man das Umweltverhalten erklären und/oder fördern, sind Einstellungen, Wahrnehmungsmuster und sonstige individuelle Dispositionen offensichtlich nur eine Komponente. Die zweite wesentliche Komponente sind strukturelle und situative Faktoren, ökonomische Anreize und Verhaltenskosten in einem weiteren Sinn.

Ökonomie und/oder Moral?

Obwohl das Bild der empirischen Evidenzen im Einzelnen vielschichtig ist, erweist sich in der Regel, dass zumindest im ersten Zugriff ein Blick auf die Anreizstrukturen und die jeweiligen Rahmenbedingungen durchaus angebracht erscheint. Höhere Energiepreise stimulieren – speziell bei Wohnungseigentümern und finanziell besser gestellten Bevölkerungsgruppen – Investitionen, die den Energieverbrauch eines Haushalts senken (Black et al. 1985). Mieter, deren Heizkosten individuell abgerechnet werden, gehen sorgsamer mit Heizenergie um als Mieter mit einer kollektiven Heizkostenabrechnung (vgl. dazu bereits Kapitel III). Organisatorisch-technische Vorkehrungen, die eine direkte Rückmeldung des Energieverbrauchs geben und z. B. Billigtarifzeiten anzeigen, ermuntern zur Energieeinsparung bzw. zu einer Verschiebung des Verbrauchs (Wortmann 1994). Näher gelegene Recycling-Container werden häufiger genutzt (Luyben und Bailey 1979). Finanzielle oder andere Belohnungen für Altpapier steigern die in einem Wohnbezirk anfallende Menge des gesammelten Papiers (Jacobs und Bailey 1982). Und öffentliche Nahverkehrsmittel, die schnell, bequem und billig sind, werden durchaus angenommen.

Einstellungen und Wahrnehmungsmuster können zwar als die direkteren Verhaltensdeterminanten gesehen werden, aber sie bilden sich vor dem Hintergrund objektiver Anreizstrukturen und Rahmenbedingungen; und je stärker man geneigt ist, von der Annahme «intelligenter Akteure» auszugehen (intelligent in dem Sinn, dass die Akteure ihre Situationsumstände korrekt perzipieren), desto höher wird man das Gewicht der jeweiligen Gelegenheitsstrukturen veranschlagen.

Ein vorschneller Rückzug auf die viel beschworene integrative Position, die Einstellungen, Wahrnehmungen, Verhaltensangebote, ökonomische Anreize usw. mehr oder weniger gleichberechtigt nebeneinander stellt, dürfte in diesem Zusammenhang die Problemlage eher verdunkeln als aufklären. Wichtig erscheint vielmehr die Frage, in welchen Bereichen eher der ökonomische Weg oder eher der Weg über Einstellungsänderungen und Wissensvermittlung aussichtsreich ist. Im Bereich des privaten Energieverbrauchs etwa zeigt sich, dass größere Investitionen in Energiesparmaßnahmen offenbar stärker einer ökonomischen Kalkulation unterliegen als z. B. die Regulierung der Raumtemperatur (Black et al. 1985). Geld und andere Belohnungen für gesammeltes Altpapier sind zwar sehr effektiv, aber bei einer umfassenderen Nutzen-Kosten-Analyse erscheint der Aufwand in den meisten Fällen nicht vertretbar (Luyben und Bailey 1979). Im Bereich der Verkehrsmittelwahl ist bekannt, dass nicht der Preis, sondern der relative Zeitbedarf bei verschiedenen Verkehrsmitteln offensichtlich der entscheidende Faktor ist, aber auch, dass es vielen Autofahrern / -fahrerinnen schlicht an der Kompetenz im Umgang mit öffentlichen Verkehrsmitteln mangelt (Bamberg et al. 1995).

Bedeutsam für die Wirkung unterschiedlicher Maßnahmen sind zweifellos auch der jeweilige Kontext und das Niveau der ökologischen Sensibilisierung, von dem man in der Bevölkerung ausgehen kann. Die Kontextabhängigkeit lässt sich beispielhaft an den beiden «Eier-Experimenten» in Kasten IV.2 illustrieren. Was das Niveau des Umweltbewusstseins betrifft, besteht der Verdacht, dass der Weg der Umweltaufklärung in vielen Bereichen inzwischen «ausgereizt» ist, sodass sich das Gewicht eher auf die Anreizstrukturen verschieben müsste. Aufklärerische und erzieherische Maßnahmen, die nicht von entsprechenden strukturellen Setzungen begleitet werden, laufen in der aktuellen Situation leicht Gefahr, dass sie eine zynische Haltung bei den Betroffenen provozieren.

Kasten IV.2: **Die Kontextabhängigkeit der Wirkungen von Preisreduktion und moralischem Appell**

Führen eher eine Preisreduktion oder eher moralische Appelle dazu, dass vermehrt «Öko-Eier», d. h. Eier aus Freilandhaltung gekauft werden? Experimente in der Schweiz sind dieser Frage nachgegangen (siehe auch Diekmann 1996). Bei den Feldexperimenten in Einzelhandelsgeschäften wurden in einem ersten Schritt die Preise der Öko-Eier herabgesetzt. Im zweiten Schritt folgte eine Appellphase, in der (unter Beibehaltung der ursprünglichen Preisdifferenz) mit Plakaten vor den Regalen an das Umweltgewissen appelliert wurde. In einem großen, städtischen Supermarkt ergab sich, wie erwartet, ein deutlicher Preiseffekt. Der moralische Appell zeitigte dagegen, wenn überhaupt, nur eine äußerst geringe Wirkung. Anders verhielt es sich bei einem Experiment in einem kleinen Quartierladen mit Stammpublikum. Bei einem ohnehin schon sehr hohen Anteil verkaufter Freilandeier (von 62 %) führte der Preisabschlag zu einer Erhöhung des Anteils um 14 Prozentpunkte. Beim moralischen Appell (allerdings mit einem ansprechenderen Plakat als im Supermarkt) stieg der Absatz der Öko-Eier immerhin um 11 Prozentpunkte. Eine Interpretation der Ergebnisse, die aber noch durch weitere Untersuchungen zu überprüfen wäre, lautet wie folgt: Der Preiseffekt setzt sich generell durch, während Appelle an die Umweltmoral von einem Verstärkereffekt sozialer Bekräftigung abhängig sind. Demnach hätten Appelle an die Umweltmoral unter Bedingungen der Anonymität keine oder nur eine sehr geringe Wirkung auf das Umweltverhalten.

Schließlich ist die eigentlich zentrale Frage in vielen Fällen die nach dem konkreten Zusammenspiel von Einstellungen einerseits, Verhaltensangeboten und Handlungsanreizen andererseits. Im Normalfall wird man wohl annehmen können, dass es, wovon auch die Low-Cost-Hypothese ausgeht, ein positives (additives oder sogar interaktives) Zusammenwirken gibt, was eine wechselseitige Kopplung von persuasiven und strukturellen Maßnahmen nahe legt.

Die Gefahr von «Crowding out»-Effekten

Bei aller Euphorie für strukturelle Vorgaben und Anreizmechanismen, wie sie insbesondere von Ökonomen verbreitet wird, muss gelegentlich jedoch auch mit Wirkungen gerechnet werden, die auf eine «Untergrabung von Moral durch Ökonomie» hinauslaufen (ausführlicher dazu z. B. Frey 1992 a; Frey und Busenhart 1995). Es erscheint eine genuine Aufgabe soziologisch und sozialpsychologisch orientierter Analysen, mögliche «hidden costs of reward» (Deci und Ryan 1985) im Sinne nicht-intendierter Nebenfolgen im Auge zu behalten.

Wer im Rahmen von Recyclingprogrammen Kinder für das Sammeln von Altpapier mit Geld oder Geschenken belohnt, muss damit rechnen, dass die Sammelbereitschaft nach Wegfall der Belohnungen unter das Ausgangsniveau sinkt (Luyben und Bailey 1979; Diamond und Loewy 1991). Wer auf Campingplätzen ein finanzielles Entgelt für Müll anbietet, der bei der Verwaltung abgegeben wird, muss zur schmerzlichen Einsicht gelangen, dass erfahrene Camper/-innen Abfälle von zu Hause mitbringen, um die Belohnung zu erhalten (Schahn 1993: 39). Wer Verschmutzungszertifikate gewährt, baut ein verbrieftes Recht und einen legitimen Anspruch auf Verschmutzung auf (Frey 1992 a). Und wer Bürger/-innen, die durch Mülltrennung ihre Restmüllmenge reduzieren, gleichzeitig mit höheren Müllgebühren belegt, sodass die Kosten der Müllabfuhr steigen, kann kaum erwarten, dass dies die Motivation zur Mülltrennung positiv beeinflusst.

Für detailliertere Analysen des Zusammenspiels von intrinsischen und extrinsischen Anreizen bieten sich gerade im Bereich des Umweltverhaltens vielfältige inhaltliche Anwendungsmöglichkeiten, und die Ergebnisse einer solchen Forschung könnten durchaus auch für andere Politikbereiche und gesellschaftspolitische Handlungsfelder von Bedeutung sein.

V. Betriebliches Umwelthandeln

1. Umweltschutz im Betrieb als Domäne der Betriebswirtschaft

Ein Standardvorwurf an Soziologen, die Umwelteinstellungen und das Umweltverhalten in der Bevölkerung untersuchen, lautet, sie würden sich mehr oder weniger mit Marginalien beschäftigen, da das Ausmaß der Umweltwirkungen, das durch umweltbewusstes oder umweltignorantes Verhalten individueller Akteure kontrolliert werde, gering sei (so z. B. Huber 1998; Dahl 1999). Dem wurde zwar in Abschnitt IV.1 widersprochen, was aber nicht bedeutet, dass der Beitrag so genannter korporativer Akteure unterschätzt werden sollte. In erster Linie handelt es sich dabei um Betriebe, Unternehmen und Organisationen, die mit einem hohen Anteil an den Umweltbelastungen und -problemen beteiligt sind.

> Wenn sich z. B. Coca-Cola entschließt, einen neuen Verschluss für Einweggetränkedosen dergestalt einzuführen, dass vom Abreiß- zum Eindrück-Deckel übergegangen wird, liegen mit Sicherheit millionenfach weniger «Ring-Pulls» in der Gegend herum. Der «umweltfreundliche Öffnungsmechanismus» wurde von Cola mit hohem Werbeaufwand vermarktet und wird – neben der Großoffensive des Unternehmens im Bereich der PET-Flaschen – mitunter als ein wichtiger Beitrag zum Umweltschutz gewertet (ausführlicher zum Fall Coca-Cola vgl. Meffert und Kirchgeorg 1998:465–503).

Es ist wohl in erster Linie der wissenschaftlichen Arbeitsteilung geschuldet, dass betriebliches Umwelthandeln bzw. der Umweltschutz im Betrieb eine Domäne der Betriebswirtschaftslehre ist. Betriebswirtschaftliche Analysen haben jedoch ihre eigenen Schwächen, die z. B. Michael Stitzel (1994) in einem Beitrag mit dem Titel «Arglos in Utopia?» in folgenden Punkten zusammenfasst: (1) Die theoretische Basis, sofern vorhanden, sind zumeist rationalistische und managementorientierte Unternehmens- bzw. Organisationskonzeptionen. (2) Es mangelt an Inter- und Multidisziplinarität. (3) Empirie wird bevorzugt in der Form erfolgreicher Fallbeispiele betrieben. (4) Die Grundhaltung ist überwiegend die eines aktiven und zupackenden Optimismus, wobei (wie im obigen Cola-Fall) Bekundungen von Unternehmensvertretern und von Unternehmen bereitgestelltes Informationsmaterial oft kommentarlos übernommen werden.

Wenn Stitzels Einschätzung der Literatur zur «ökologisch orientierten Betriebswirtschaftsehre» richtig ist, erscheinen – sei es in Form einer kritischen Reflexion und Sichtung betriebswirtschaftlicher Arbeiten oder in der Form eigenständiger Beiträge – Inputs aus anderen wissenschaftlichen Disziplinen angebracht. Zu diesen anderen Disziplinen gehört auch die Soziologie.

2. Motive und Auslöser betrieblichen Umwelthandelns

Die Frage, was Betriebe veranlasst, im Umweltschutz aktiv zu werden, könnte man theoretisch zunächst einfach dergestalt beantworten, dass sie es tun, wenn sie sich davon einen Gewinn versprechen. Diese Anwort ist jedoch aus mehreren Gründen unbefriedigend: Bei der Gewinnmaximierung kann man bekanntlich zwischen kurz- und langfristiger Perspektive unterscheiden. Selbst wenn kurz- oder langfristige Gewinnmaximierung das oberste Ziel von Unternehmen ist, müssen Zwischen- und Unterziele formuliert werden, die in Richtung Gewinnmaximierung führen. Diese Zwischen- und Unterziele können mitunter gleichrangig neben die Gewinnmaximierung treten oder im operativen Alltagsgeschäft sogar dominieren. Schließlich handelt es sich stets um Gewinnmaximierung unter Nebenbedingungen bzw. Restriktionen, wobei diese Restriktionen in der Praxis oft bedeutsamer sind als die eigentlichen Zielsetzungen.

Ebenfalls unbefriedigend ist das Vorgehen, sich auf Äußerungen namhafter Unternehmensvertreter zu verlassen, wenn man etwas über die Motive und Auslöser betrieblichen Umweltengagements erfahren will. Es ist sicher richtig, dass es eine Reihe von Pionierunternehmern gibt, die sich aus eigenem Antrieb und aufgrund intrinsischer Motivation dem Umweltschutz verschrieben haben; fraglich aber ist, in welchem Ausmaß diese Gruppe quantitativ von Bedeutung ist. Bei Selbstbekundungen speziell von Topmanagern besteht die Tendenz, die eigene Rolle zu überhöhen und sich positiv ins Licht zu setzen. Nehmen wir z. B. folgende Äußerung von Edzard Reuter, dem ehemaligen Vorstandsvorsitzenden der Daimler-Benz AG: «Moderne Unternehmensführung ist (...) nur noch denkbar, wenn wir uns gleichrangig gegenüber den Kapitalgebern, gegenüber der Belegschaft und gegenüber der Umwelt verantwortlich fühlen und danach handeln» (zitiert bei Fritz 1995: 348). Trotz der angeblichen Gleichrangigkeit ist die Reihenfolge der Nennungen durchaus bemerkenswert und vermutlich bewusst gewählt. Dass der Umweltschutz heute eine mehr oder weniger eigenständige Größe im Zielkatalog von Unternehmen ist, gehört sozusagen zur Folklore der Selbstdarstellung von Managern.

In der einschlägigen empirischen Forschung werden Repräsentanten von Unternehmen zumeist nicht direkt nach Motiven für betriebliches Umweltengagement gefragt, vielmehr wird auf dem Weg über das Konzept betrieblicher Anspruchsgruppen versucht, sich der Sache anzunähern. Meffert und Kirchgeorg (1998: 94 ff.) unterscheiden zwischen unternehmensinternen Anspruchsgruppen (Unternehmensführung, Mitarbeiter, Eigenkapitalgeber) und unternehmensexternen Anspruchsgruppen, wobei diese wiederum differenziert werden in marktbezogene (Kunden, Lieferanten, Fremdkapitalgeber) und nicht-marktbezogene (Staat, allgemeine Öffentlichkeit, Anlieger). Die Forschung, die von dieser oder einer ähnlichen Untergliederung ausgeht, bringt relativ übereinstimmend das Ergebnis, dass bei der großen Mehrheit der Betriebe die Umweltschutzgesetzgebung die Haupttriebfeder für Umweltaktivitäten ist (vgl. z. B. Coenenberg et al. 1994; Schwaderlapp 1995; Meffert und Kirchgeorg 1998; Freimann 1999). Dies bedeutet, dass die meisten Betriebe Umweltschutzanstrengungen nicht deshalb unternehmen, weil sie sich dadurch höhere Gewinne, Kostensenkungen oder Wettbewerbsvorteile versprechen. Ausschlaggebend sind vielmehr bestehende Gesetze und Verordnungen und/oder erwartete Veränderungen der Gesetzeslage. Überblickt man verschiedene Studien, steht an zweiter Stelle zumeist der eher allgemeine Faktor einer Imageverbesserung in der Öffentlichkeit. Eine gewisse Rolle spielen weiterhin das Eingehen auf Kundenwünsche und die Motivation der Mitarbeiter. Die in der öffentlichen Diskussion oft hervorgehobenen Aspekte der Kosteneinsparung und von Wettbewerbsvorteilen stehen nicht im Vordergrund.

Insgesamt ist offenbar der Ökologie-Push aufgrund staatlicher Vorgaben wichtiger als der Ökologie-Pull aufgrund positiver Anreize. Auf der Basis einer Trendstudie, in der die Ergebnisse von Befragungen der Jahre 1988 und 1994 miteinander verglichen werden, gelangen Meffert und Kirchgeorg (1998: 259 ff.) immerhin zu der Schlussfolgerung, dass der Ökologie-Pull aufgrund von Wettbewerbsvorteilen, Kundenwünschen und Kostensenkungspotenzialen an Bedeutung gewonnen hat. Zieht man diverse andere Studien hinzu, erscheint folgende Trendbeschreibung angebracht: Bis Ende der 80er Jahre haben die Unternehmen überwiegend und in erster Linie auf staatliche Vorgaben im Bereich des Umweltschutzes reagiert. In der ersten Hälfte der 90er Jahre war dann (begleitet von einem entsprechenden Boom in der Managementliteratur) der betriebliche Umweltschutz mit großen Erwartungen und Hoffnungen verknüpft, sodass es tatsächlich partiell eine Verstärkung des «Ökologie-Pulls» gegeben hat. Inzwischen ist jedoch zum einen eine gewisse Routinisierung betrieblichen Umwelthandelns eingetreten, zum anderen auch eine gewisse Desillusionisierung, da sich die hochgesteckten Erwartungen nicht bzw. nicht im erhofften Ausmaß erfüllt haben.

Die angesprochene Desillusionierung lässt sich beispielhaft an den Ergebnissen einer Studie von Steven (1997) verdeutlichen. In der Ende 1995/Anfang 1996 durchgeführten Studie wurden 70 «Vorzeigeunternehmen» aus Deutschland, Österreich und der Schweiz befragt, die ein System der betrieblichen Umweltberichterstattung etabliert hatten und regelmäßig Umweltberichte publizierten. Was den externen Ertrag der Umweltberichte anbelangt (positive Imageeffekte, höhere Nachfrage, strategische Wettbewerbsvorteile usw.), konnten laut Steven «die ursprünglichen Nutzenerwartungen bei den meisten Kategorien nicht voll erfüllt werden» (S. 99). Und mit Blick auf den internen Ertrag (Kostensenkungen in verschiedenen Bereichen) «zeigt sich, daß der interne Nutzen von den Unternehmen generell niedriger bewertet wird als der externe Nutzen. Keine einzige interne Nutzenkategorie wird von den Unternehmen als ‹hoch› bzw. ‹sehr hoch› angesehen. Weiterhin ist der tatsächliche interne Nutzen in der Gesamtbetrachtung jedesmal niedriger als erwartet» (S. 100).

Wenn die obige Trendbeschreibung zutrifft, dann folgt der Stellenwert, den die Betriebe dem Umweltschutz einräumen, mit einer gewissen zeitlichen Verzögerung dem Ablaufmuster, wie es sich auch an dem Stellenwert des Umweltschutzes in der allgemeinen Bevölkerung gezeigt hat (vgl. Abschnitt IV.2).

3. Umfang, Ausmaß und Ausgestaltung betrieblichen Umweltengagements

An empirischen Studien, die sich mit dem Umfang, dem Ausmaß und der Ausgestaltung betrieblichen Umwelthandelns befassen, besteht inzwischen kaum mehr ein Mangel. Trotzdem ist es nicht einfach, auf der Grundlage dieser Studien ein realistisches Bild vom Niveau betrieblicher Umweltschutzaktivitäten zu gewinnen. Die reichlich vorhandenen Fallstudien helfen hier nicht weiter, weil sich dabei stets ein Problem der Verallgemeinerbarkeit stellt. Aber auch diejenigen Studien, die mit größeren

Stichproben und standardisierten Fragebögen arbeiten, haben in den meisten Fällen methodische Beschränkungen und Unzulänglichkeiten: Bevorzugt werden größere bzw. Großbetriebe untersucht, die Studien konzentrieren sich auf die Industrie und das verarbeitende Gewerbe, oft handelt es sich um regional begrenzte Stichproben, zahlreiche Erhebungen beziehen sich von Anfang an nur auf ökologisch überdurchschnittlich aktive Betriebe, und Unternehmensbefragungen leiden bekanntlich unter chronisch niedrigen Rücklaufquoten. Zumeist wirken diese Beschränkungen und Verzerrungen in die Richtung, dass ein zu optimistisches Bild vom Ausmaß betrieblichen Umweltengagements gezeichnet wird.

In der Zusammenschau verschiedener Studien ergeben sich gleichwohl eine Reihe von relativ stabilen Befunden, und es ist das Anliegen dieses Abschnitts, diese Befunde zusammenfassend darzustellen und zu kommentieren.

Umweltschutz als Unternehmensziel: Was die Bedeutung des Umweltschutzes im Zielsystem von Unternehmen anbelangt, rangiert der Umweltschutz im unteren Drittel einer Rangordnung von Unternehmenszielen. Speziell in betriebswirtschaftlichen Studien ist es eine beliebte Übung, den Befragten eine mehr oder weniger umfangreiche Liste von Unternehmenszielen vorzulegen, wobei dann diese Ziele in eine Rangordnung gebracht bzw. nach ihrer Wichtigkeit eingestuft werden sollen. In einer Erhebung von Meffert und Kirchgeorg (1998: 47) erreicht z. B. der Umweltschutz bei zwölf Zielvorgaben die Rangposition 8, und in einer Erhebung von Fritz (1995: 349) bei 24 Zielvorgaben die Rangposition 19. Geht man von der Situation Anfang der 80er Jahre aus, deutet die «empirische Zielforschung» der Betriebswirte zwar auf eine gewisse Aufwertung des Umweltschutzes hin, aber ein dominierendes und/oder mit ökonomischen Zielen gleichrangiges Unternehmensziel ist der Umweltschutz bei der großen Mehrheit der Betriebe mit Sicherheit nicht.

Die untergeordnete Bedeutung des Umweltschutzes als Unternehmensziel verhindert nicht, dass ein hoher Anteil der Betriebe das eigene Umweltengagement in einem positiven Licht sieht. Im Hannoveraner Firmenpanel z. B., dessen Konzeption und Anlage in Kasten V.1 dargestellt ist, stuften in den Jahren 1994 und 1995 jeweils mehr als 40 Prozent der Betriebe das eigene Verhalten im Bereich des Umweltschutzes als «eher innovativ» ein (Steinle und Thiem 1998). Konfrontiert mit dem, was die Betriebe im Umweltschutz tatsächlich tun, diagnostizieren Steinle und Thiem eine «Umweltlücke», die durchaus ähnlich zu den Diskrepanzen zwischen Umweltbewusstsein und Umweltverhalten in der allgemeinen Bevölkerung ist: «Diese ‹Umweltlücke›, die sich schon grundlegend in der nachrangigen Bedeutung des Umweltschutzes im unternehmerischen Zielsystem zeigt, spiegelt sich dann auch folgelogisch im Instrumenteneinsatz, bei der organisatorischen Umsetzung des Umweltschutzes und der Relevanz des Umweltschutzes in den Funktionsbereichen wider» (S. 96).

Kasten V.1: **Konzeption und Anlage des Hannoveraner Firmenpanels**

Im Zeitraum von 1994 bis 1997 wurden im Hannoveraner Firmenpanel rund 1000 Betriebe des produzierenden Gewerbes in Niedersachsen (Industrie und Handwerk) jährlich befragt. Die Studie hatte den Titel «Erfolgreich Produzieren in Niedersachsen», beschränkte sich auf Betriebe mit mindestens fünf Beschäftigten, stützte sich auf mündliche Interviews und erstreckte sich inhaltlich auf eine Reihe unterschiedlicher Themenbereiche (Entlohnung, Arbeitsorganisation, Mitarbeitermotivation, Produktinnovationen, internationale Zusammenarbeit usw.). Die Thematik des betrieblichen Umweltschutzes war nur ein Thema neben anderen, was gegenüber reinen Umwelterhebungen den wesentlichen Vorteil bringt, dass eine «umweltaktive Verzerrung» der Teilnahme wohl ausgeschlossen ist.
Trotz der Einschränkungen (Niedersachsen, produzierendes Gewerbe, mindestens fünf Beschäftigte) ist das Hannoveraner Firmenpanel im deutschen Sprachraum die noch immer ergiebigste Quelle, wenn man etwas über betriebliche Umweltaktivitäten erfahren will. Die einschlägigen Ergebnisse wurden und werden von der Forschungsgruppe um Steinle publiziert (vgl. z. B. Steinle et al. 1997; Steinle und Thiem 1998; Steinle et al. 1998), und auf diese Ergebnisse wird im vorliegenden Kapitel wiederholt und überwiegend zurückgegriffen.
Die zweite große, in Deutschland derzeit laufende Firmenpanelstudie, nämlich das Betriebspanel des Nürnberger Instituts für Arbeitsmarkt- und Berufsforschung, hat betriebliche Umweltaktivitäten bislang in ihrem Fragenprogramm nicht bzw. nur äußerst rudimentär berücksichtigt.

Instrumente betrieblichen Umwelthandelns: In der theoretischen Diskussion wird inzwischen eine verwirrende Vielfalt von Instrumenten betrieblichen Umwelthandelns angeboten. Das Spektrum reicht von Umweltkennzahlen und einer systematischen Umweltberichterstattung über Öko-Bilanzen, Produktlinienanalysen, Öko-Controlling und Öko-Sponsering bis hin zu umfassenden Umweltmanagementsystemen. Die Vielzahl der möglichen Instrumente macht es für breit angelegte Erhebungen schwierig, eine angemessene Auswahl zu treffen. Doch wie auch immer man die Auswahl trifft, die Zahl der Betriebe, die die jeweils vorgegebenen Instrumente angeblich einsetzen, bleibt relativ gering. Selbst in einer Studie, in der im Jahr 1997 die 270 umsatzstärksten Schweizer Wirtschaftsunternehmen mit einem schriftlichen Fragebogen angegangen wurden (Franzen 1999), bleiben die Nennungen für den Einsatz der vorgegebenen Instrumente (Öko-Audit, Öko-Controlling usw.) stets unter 50 Prozent. Und: 34 Prozent der rund 100 Betriebe, die geantwortet haben, geben an, dass sie keine Mehrausgaben für den Umweltschutz tätigen, d. h. Ausgaben, die nicht durch gesetzliche Vorgaben bedingt sind. Im Hannoveraner Firmenpanel bewegt sich die Zahl der Firmen, die die fünf Instrumente «Öko-Checklisten», «Produktlinienanalysen», «Umwelt-Rechnungswesen», «Öko-Audits» und «Öko-Bilanzen» anwenden, in der Gesamtstichprobe jeweils bei plus / minus zehn Prozent, nur von Öko-Checklisten wird offenbar etwas häufiger Gebrauch gemacht. Von den Kleinbetrieben mit 5 bis 19 Beschäftigten nutzen mehr als 50 Prozent keines der genannten Instrumente (Steinle und Thiem 1998).

Als neues und erfolgversprechendes Instrument der betrieblichen Umweltpolitik wird in jüngster Zeit vor allem die EG-Öko-Audit-Verordnung propagiert (für eine informative Übersicht vgl. Steinle und Baumast 1997). Diese auch als EMAS-Verordnung (Environmental Management and Audit Scheme) bezeichnete Regelung ist in Deutschland seit April 1995 in Kraft und bietet Betriebsstandorten auf freiwilliger Basis die Möglichkeit, sich als «Öko-Betrieb» zertifizieren zu lassen. Voraussetzung ist, dass die Betriebe ein Umweltmanagementsystem einrichten, das in einer öffentlich zugänglichen Umwelterklärung dokumentiert und von einem unabhängigen Umweltgutachter geprüft wird. Ein wesentlicher Bestandteil der Umwelterklärung ist auch, dass sich die Betriebe zu einer kontinuierlichen Verbesserung des betrieblichen Umweltschutzes verpflichten. Bis Mitte Dezember 1998 haben, was man jederzeit im Internet (Homepage des Deutschen Industrie- und Handelstages) abfragen kann, 1835 deutsche Betriebsstandorte das Zertifikat erworben, monatlich kommen rund 40 neue Standorte dazu, und rund 75 Prozent aller EU-weit zertifizierten Betriebe stammen aus Deutschland. Bei einem Potenzial von rund 300 000 registrierfähigen Standorten in Deutschland lassen sich diese Zahlen nur schwer als eine Erfolgsgeschichte werten. Während die EMAS-Verordnung bis 1998 nur für Betriebe im verarbeitenden Gewerbe galt, wurde sie seitdem auch für Dienstleistungsbetriebe, den Handel und kommunale Verwaltungen geöffnet, sodass die Zahl der zertifizierten Betriebe sicher weiter steigen wird und entsprechende Erfolgsmeldungen verbreitet werden können.[1]

Organisatorische Einbindung des Umweltschutzes: Den Umweltschutz als «Chefsache» zu deklarieren sagt wenig über die konkrete Art und Weise, wie der Umweltschutz in einem Betrieb organisatorisch verankert ist. In größeren Betrieben werden Umweltanliegen bevorzugt dergestalt bearbeitet, dass spezielle Umweltschutzeinheiten eingerichtet werden, die als Stabsfunktion von den bestehenden Linieneinheiten getrennt und bevorzugt den technischen Betriebsbereichen zugeordnet sind (Dyckhoff und Jacobs 1994; Antes 1995). Den Schwerpunkt der institutionellen Verankerung bilden dabei Betriebsbeauftragte für den Umweltschutz bzw. Umweltbeauftragte, die vielen Betrieben gesetzlich vorgeschrieben sind. Folgt man dem Hannoveraner Firmenpanel, verfügen rund ein Drittel der Industriebetriebe (mit mindestens fünf Beschäftigten) über einen gesetzlich vorgeschriebenen Betriebsbeauftragten für den Umweltschutz, relativ selten installieren Betriebe freiwillig einen Umweltschutzbeauftragten, und nur rund fünf Prozent der Betriebe arbeiten mit flexiblen Organisationsformen wie Umweltprojektteams oder Umweltausschüssen (Steinle und Thiem 1998). Organisatorisch ist der Umweltschutz oft verkoppelt mit dem betrieblichen Arbeitsschutz, gelegentlich auch mit der Qualitätssicherung.

Aktionsfelder des betrieblichen Umweltschutzes: Betrachtet man die Bereiche, in denen der Umweltschutz im Betrieb eine wichtige Rolle spielt, steht in praktisch allen Studien die Entsorgung und das Recycling an der Spitze der Nennungen. Dies gilt für Industriebetriebe genauso wie für Dienstleistungs- und Handelsbetriebe. Mithin besteht eine Fixierung des Umweltschutzes auf Abfall und Recycling nicht nur in der allgemeinen Bevölkerung, sondern auch im betrieblichen Umweltschutz. Dyckhoff und Jacobs (1994: 731) sprechen von einer «vorherrschend vernichtungs- und verwertungsorientierten strategischen Ausrichtung». Beschränkt auf Industriebetriebe, geben im Hannoveraner Firmenpanel (Steinle und Thiem 1998) nur jeweils rund 15 Prozent der Betriebe an, dass der Umweltschutz in den beiden Funktionsbereichen «Forschung & Entwicklung» und «Absatz» eine wichtige Rolle spielt. Mit Bezug auf den Personalbereich bejahen immerhin ein Drittel der Betriebe, dass sie Mitarbeiterschulungen für

1 Dierkes (1994) macht darauf aufmerksam, dass die Diskussion um Umweltberichterstattung, betriebliche Öko-Bilanzen usw. starke Parallelen zu einer langen Debatte in den 70er Jahren aufweist, bei der es um die Entwicklung von Sozialbilanzen und um die soziale Verantwortlichkeit von Unternehmen ging.

umweltbewusstes Verhalten durchführen. Allerdings werden in Stellenbeschreibungen sehr selten explizit Umweltschutzaufgaben angesprochen. Solche und ähnliche Befunde aus anderen Studien bedeuten: «Von einer Durchdringung der Unternehmensorganisation mit einer Umweltorientierung kann (...) beim Gros der Unternehmen nicht gesprochen werden» (Antes 1995: 35).[2]

End-of-Pipe-versus integrierte Umwelt-Technologien: Mit der vernichtungs- und verwertungsorientierten Ausrichtung hängt zusammen, dass nachgeschaltete, additive bzw. so genannte End-of-Pipe-Technologien sehr viel häufiger eingesetzt werden als so genannte integrierte Umwelttechnologien. End-of-Pipe-Technologien werden dem eigentlichen Produktionsprozess nachgeschaltet, ohne ihn technologisch zu verändern. Sie sind additiv in dem Sinn, dass die vorhandenen Technologien um eine Komponente ergänzt werden, deren Zweck die Minderung von bereits entstandenen Umweltbelastungen ist. Beispiele dafür sind Filter- und Kläranlagen, Deponierungsverfahren und auch Recyclingtechnologien. Als integrierte Umwelttechnologien werden demgegenüber Problemlösungen bezeichnet, die Umweltbelastungen erst gar nicht oder in geringerem Ausmaß entstehen lassen. Sie zielen auf vorbeugende Vermeidung von Umweltbelastungen, sei es in der Form von «cleaner production» oder auch «cleaner products». Greifen wir an dieser Stelle noch einmal auf das Hannoveraner Firmenpanel zurück, verdienen folgende Befunde Erwähnung: Für das Jahr 1994 geben die befragten Betriebe durchschnittliche Ausgaben für Umweltschutzmaßnahmen in Höhe von rund 3000 DM pro Mitarbeiter an. Rund die Hälfte der Betriebe hat im Jahr 1994 konkrete Investitionen zur Minderung betriebsbedingter Umweltbelastungen getätigt. Dabei wurde von zwei Dritteln dieser Betriebe in nachgeschaltete Technologien investiert, aber auch noch knapp die Hälfte verweisen auf Investitionen in integrierte Technologien (Steinle und Thiem 1998). Man kann vermuten, dass es einen Trend hin zu integrierten Umwelttechnologien gibt, was aber nichts daran ändert, dass End-of-Pipe-Technologien nach wie vor quantitativ überwiegen.

2 Antes (1995) stützt diese Schlussfolgerung auf die Ergebnisse einer vom Umweltbundesamt finanzierten Studie, bei der in den Jahren 1989/90 mündliche Interviews mit 592 Mitgliedern aus der Geschäftsleitung bundesdeutscher Unternehmen durchgeführt wurden.

4. Bestimmungsfaktoren betrieblichen Umweltengagements

Der voranstehende Abschnitt hat sich mit dem Umweltengagement im Aggregat der Betriebe befasst. Unberücksichtigt blieb, dass es zum Teil beträchtliche Unterschiede in Abhängigkeit von der Art der Betriebe gibt. Die drei Merkmale, die dabei in der bisherigen Forschung am meisten Aufmerksamkeit gefunden haben, sind die Betriebs- bzw. Unternehmensgröße, die Branche und die Abhängigkeit des Umweltengagements vom jeweiligen «Erfolg» eines Betriebs.

Größen- und branchenspezifische Unterschiede

Größere Betriebe stehen stärker im Blickpunkt des öffentlichen Interesses, sie werden von den Medien und von den Behörden genauer beobachtet, sie haben einen höheren Legitimationsbedarf gegenüber diversen Anspruchsgruppen, sind funktional stärker differenziert und in der Regel auch finanzkräftiger. Aus diesen und ähnlichen Gründen scheint es nahe liegend, dass mit zunehmender Betriebsgröße das Umweltengagement steigt.

Tatsächlich zeigen empirische Studien, die verschiedene Umweltaktivitäten bivariat nach der Betriebs- oder Unternehmensgröße aufgliedern, zumeist deutliche Unterschiede: In größeren Betrieben wird der Umweltschutz häufiger als eine eigenständige Zielgröße deklariert. Viele Instrumente des betrieblichen Umwelthandelns (z. B. Öko-Audit oder Öko-Controlling) machen von Anfang an eigentlich nur für Betriebe ab einer gewissen Größenordnung einen Sinn. Betriebsstandorte, die sich bislang am EG-Öko-Audit beteiligen, gehören überdurchschnittlich oft größeren Unternehmen an. Größere Betriebe haben häufiger einen oder mehrere Umweltschutzbeauftragte und eigenständige Umweltabteilungen. Und auch die Umweltausgaben pro Beschäftigten sind in größeren Betrieben höher (zu den genannten Befunden vgl. Dyckhoff und Jacobs 1994; Steinle und Thiem 1998; Franzen 1999).

In multivariaten Analysen, die zusätzlich für weitere Betriebsmerkmale kontrollieren, vermindern sich zwar in der Regel die größenspezifischen Differenzen, aber im Endergebnis kann man wohl davon ausgehen, dass sich größere Betriebe im Umweltschutz überdurchschnittlich stark engagieren.

In der Branchenbetrachtung ist die chemische Industrie der Wirtschaftszweig, der in den letzten zwei Jahrzehnten am meisten in den Umweltschutz investiert hat und in dem die Umweltausgaben pro Mitarbeiter offenbar am höchsten liegen.[3] Ansonsten sind – in Abhängigkeit von der jeweiligen Tiefe der Branchenuntergliederung – die Ergebnisse empirischer Studien recht disparat, dies jedoch mit den beiden Tendenzen, dass zum einen Branchen, die sich im Bereich «umweltsensibler Produkte» bewegen, zum anderen Branchen mit einer geringen Distanz zum Endverbraucher dem Umweltschutz ein höheres Gewicht einräumen. Die genaue Eingrenzung «umweltsensibler Produkte» erweist sich in empirischen Umsetzungen in der Regel als schwierig (vgl. dazu z. B. Wenke 1993). Beim Faktor der Distanz zum Endverbraucher dürfte gelten, dass Branchen mit direktem Kundenkontakt den Druck umweltbewusster Konsumenten stärker zu spüren bekommen, während z. B. Zulieferbranchen sich dem entziehen können (vgl. dazu z. B. Franzen 1999).

Da grobe Branchenuntergliederungen oft wenig aussagekräftige und schwer interpretierbare Ergebnisse bringen, schlagen Meffert und Kirchgeorg (1998: 259 ff.) vor, sich stets auf die Ebene einzelner Betriebe zu konzentrieren. Dort sei die «ökologische Betroffenheit» die Schlüsselvariable für ökologieorientiertes Unternehmensverhalten. Im Sinne einer objektiven Größe wird ökologische Betroffenheit definiert als «das Ausmaß der durch Sanktionspotentiale der Anspruchsgruppen verursachten Beeinträchtigung der vom Unternehmen angestrebten Ziele, die Anzahl der ökologischen Anspruchsgruppen und die Intensität der Umweltschutzforderungen in bezug auf den Umfang der zu internalisierenden Umweltkosten» (S. 259). Dies ist ein in der Tat und mit Sicherheit nicht einfach zu operationalisierendes Konzept. Immerhin steigt die Zahl der Anspruchsgruppen wohl mit der Betriebsgröße, und die Intensität der Umweltschutzforderungen liegt in der chemischen Industrie vermutlich überdurchschnittlich hoch, sodass die «ökologische Betroffenheit» sowohl Größen- als auch Brancheneffekte gleichsam auf einer höheren Abstraktionsebene einfängt.

3 Auch in der einschlägigen Umweltdiskussion hat die chemische Industrie die größte Aufmerksamkeit auf sich gezogen. So unterzieht z. B. das Hamburger Umweltinstitut in Zusammenarbeit mit dem Manager Magazin seit Anfang der 90er Jahre die 50 weltweit größten Chemie- und Pharmaunternehmen regelmäßig einem Umweltverträglichkeits-Ranking. Mit 398 von 500 möglichen Punkten erreichte Henkel (D) im Ranking des Jahres 1999 den ersten Rang, gefolgt von 3 M (USA), Johnson & Johnson (USA), Bristol-Myers Squibb (USA), Beiersdorf (D) und Unilever (NL). Die drei großen deutschen Chemieunternehmen Bayer, BASF und Hoechst sind nicht in der Spitzengruppe der als «proaktiv» eingestuften Unternehmen. Während Bayer im Jahr 1999 Platz 13 und BASF Platz 18 belegte, endete Hoechst mit Platz 24 in der Gruppe der «reaktiven» Unternehmen. Die Schlusslichter im Ranking von 1999 sind Montedison (I), Colgate-Palmolive (USA), PPG Industries (USA), BOC Group (GB) und Mobil (USA) (ausführlicher Palass 1999).

Umweltschutz und Unternehmenserfolg

Dass der jeweilige Erfolg eines Betriebs das Ausmaß des Umweltengagements bestimmt, kommt in der Wendung vom «betrieblichen Umweltschutz als Schönwetterthema» zum Ausdruck. Vielfach wird – und das speziell in der Umweltmanagementliteratur – der Umweltschutz aber auch als «strategischer Erfolgsfaktor» propagiert. Die Schönwetterthese geht davon aus, dass Umweltaktivitäten in der Regel mit Ausgaben verbunden sind und die erfolgreichen Betriebe sich solche Ausgaben eher leisten können. Die Erfolgsthese hingegen verweist auf Möglichkeiten und Chancen, die sich für Betriebe durch das Angebot von umweltfreundlich(er)en Produkten eröffnen, auf positive Reputationseffekte, Innovationsimpulse und vor allem auch auf Kostensenkungspotenziale durch den Umweltschutz (Umweltschutz hilft Kosten sparen). Während mithin die Schönwetterthese die Kausalrichtung in der Form «Erfolg → Umweltengagement» spezifiziert, argumentiert die Erfolgsthese umgekehrt in die Richtung «Umweltengagement → Erfolg».

In der Realität kann man problemlos Beispiele für beide Fälle finden. Betriebe, denen es gut geht, leisten sich Ferienheime für ihre Mitarbeiter, spenden Geld für alle möglichen Zwecke, und warum sollten sie, wenn es denn ein Bedürfnis gibt, nicht auch zusätzliche Ausgaben für den betrieblichen Umweltschutz tätigen? Wenn umgekehrt ein Betrieb sich um Energieeinsparung bemüht, sinken die Kosten, und das Betriebsergebnis verbessert sich. Und ohne Zweifel haben sich zahlreiche Betriebe speziell durch «Öko-Produkte» am Markt profiliert. Trotzdem bleibt die Frage, wie stark der Zusammenhang zwischen Umweltengagement und Unternehmenserfolg ist und welche der beiden Wirkungsrichtungen überwiegt.

Die diesbezügliche Forschung versucht im Wesentlichen auf zwei Wegen, den Zusammenhang etwas genauer zu entschlüsseln. Beim ersten Weg wird der Erreichungsgrad unterschiedlicher Unternehmensziele (inklusive Umweltschutz) erhoben, und die Beziehungen der Ziele untereinander werden korrelativ untersucht. Beim zweiten Weg werden die Umweltaktivitäten der Betriebe erfasst, der betriebliche Erfolg wird über verschiedene Indikatoren gemessen, und sodann wird die Beziehung zwischen Umweltaktivitäten und Erfolg analysiert.

Beispielhaft für den erstgenannten Untersuchungstyp kann eine Arbeit von Fritz (1995) stehen. In einer Erhebung westdeutscher Industriebetriebe wurde gefragt, in welchem Ausmaß es den Unternehmen in den letzten drei Jahren gelungen ist, verschiedene Ziele tatsächlich zu erreichen. Für sechs ausgewählte Ziele bzw. deren Erreichung berechnet Fritz ein Kausalmodell in der Form eines mehrstufigen Pfaddiagramms (LIS-REL-Modell), das im Kern folgende Aussage bringt: Die Zielerreichung beim Umweltschutz hat in direkter Wirkung einen negativen Einfluss auf die kurzfristige Gewinnerzielung, aber dieser negative direkte Effekt wird weitgehend durch zwei positive indirekte Effekte kompensiert. Dies in der Form, dass der Umweltschutz die Zielerreichung auf den beiden Dimensionen Wachstum/Umsatzsteigerung und Produktivitätssteigerung/Kosteneinsparung erhöht. Fritz schlussfolgert, der Umweltschutz sei mit den meisten ökonomischen Unternehmenszielen komplementär und Konflikte zwischen Ökologie und Ökonomie würden nur in geringem Maß auftreten.

Weniger technisch und gestützt auf bivariate Korrelationen präsentieren Meffert und Kirchgeorg (1998: 44 ff.) die Zielbeziehungen in einer ihrer Studien in der Form der nachstehenden Abbildung V.1. Die Abfolge der Ziele gibt deren deklarierte Wichtigkeit an. Die Richtung und Stärke der Korrelationen wird mit + und – angezeigt.

In Übereinstimmung mit Fritz ist die Beziehung zwischen der Erreichung des Umweltschutzziels und der kurzfristigen Gewinnerzielung negativ. Dem stehen jedoch deutlich positive Beziehungen des Umweltschutzes mit dem Ziel der Imageverbesserung und bei der Mitarbeitermotivation gegenüber. Umweltschutz und Kosteneinsparung korrelieren negativ, was gegenläufig zu dem Ergebnis bei Fritz ist.

Da nicht ganz klar ist, was die Befragten meinen, wenn sie ein Ziel als mehr oder weniger erreicht deklarieren, und zudem der Umweltschutz vielfach nicht den Charakter eines eigenständigen Unternehmensziels hat, ist der oben genannte zweite Weg die wohl angemessenere Herangehensweise. Die meisten Studien, die den Zusammenhang zwischen dem Niveau betrieblicher Umweltaktivitäten und verschiedenen Erfolgskennziffern (Gewinn, Umsatzrendite u. Ä.) untersuchen, spezifizieren die Kausalrichtung wie selbstverständlich vom Erfolg auf das Umweltengagement. Und tatsächlich ergeben sich in der Regel positive Korrelationen. In einem multivariaten Modell, das Franzen (1999) für Schweizer Großbetriebe spezifiziert, ist der Gewinn (in Prozent vom Umsatz) der einzige signifikante Einflussfaktor auf den Grad des betrieblichen Umweltengagements. Aus einer Studie im Jahr 1996, bei der rund 600 Betriebe des verarbeitenden Gewerbes in Ost- und Westdeutschland befragt wurden, berichten Steinle und Baumast (1997), dass die Betriebe mit einer im Branchendurchschnitt überdurchschnittlichen Umsatzrendite dem Umweltschutz ein höheres Gewicht einräumen und verschiedene Umweltinstrumente (Öko-Controlling, Umwelt-/Ökobilanzen usw.) häufiger einsetzen.

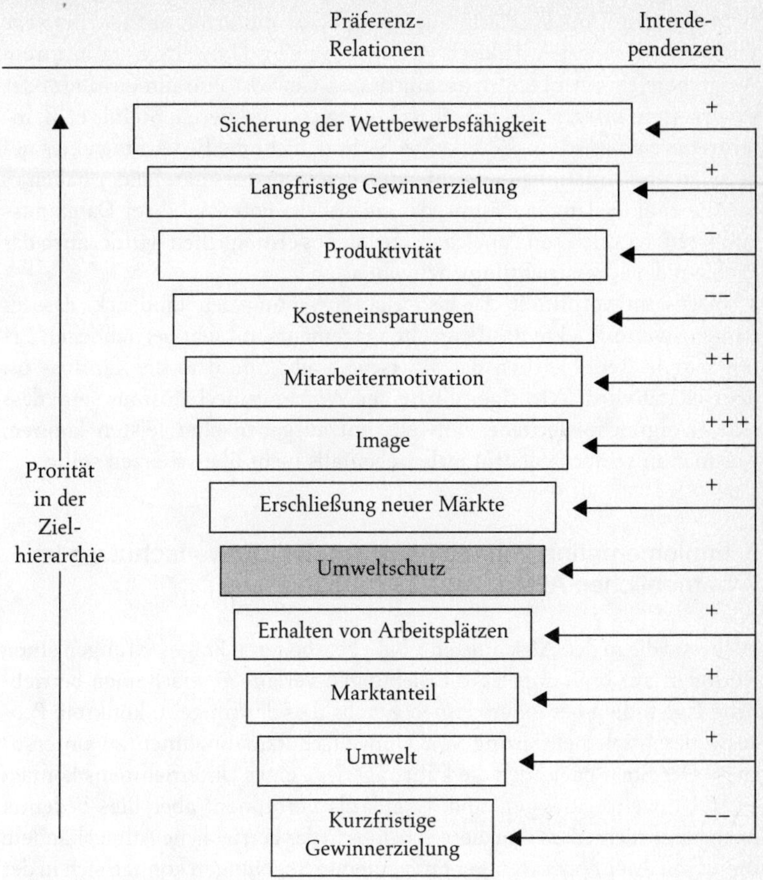

Abbildung V.1: **Rangordnung von Unternehmenszielen und Beziehungen bei der Erreichung dieser Ziele**

Quelle: Meffert und Kirchgeorg (1998: 47)

Eine gewisse Relativierung erfährt dieses Bild jedoch durch Analysen auf der Grundlage des Hannoveraner Firmenpanels (vgl. dazu Steinle et al. 1998): Zwar zeigen sich auch hier insgesamt positive Korrelationen – z. B. in der Form, dass Betriebe, die ihre Ertragslage als gut einschätzen, mehr

Geld für den Umweltschutz ausgeben. Aber die erfolgreichen Betriebe zeichnen sich speziell dadurch aus, dass sie dem Umweltschutz in ihrem Absatzbereich ein überdurchschnittliches Gewicht einräumen und/oder bevorzugt in integrierte Umwelttechnologien investieren. Steinle et al. interpretieren dies so, dass der Umweltschutz nicht die Bedeutung eines generellen und situationsübergreifenden Erfolgsfaktors hat. Leider haben es Steinle et al. bislang versäumt, das eigentliche Potenzial ihrer Daten auszunutzen, nämlich den Panelcharakter, der es ermöglichen würde, auch das Problem der Kausalrichtung anzugehen.

Insgesamt vermittelt die bisherige Forschung den Eindruck, dass es nennenswerte Effekte des Umweltengagements auf den betrieblichen Erfolg nur in Teilbereichen der Wirtschaft gibt und dass der Einfluss oft überschätzt wird. Wichtiger dürfte der Wirkungsmechanismus sein, dass sich erfolgreiche Betriebe Umweltschutzausgaben eher leisten können, was man in seiner Bedeutung aber ebenfalls nicht überschätzen sollte.

5. Implementation von Maßnahmen des Umweltschutzes im betrieblichen Alltag

Während die in den Abschnitten 2 bis 4 bearbeiteten Fragestellungen einen Rückgriff auf breit angelegte Erhebungen verlangen, erscheinen betriebliche Fallstudien besonders ergiebig, sobald es darum geht, konkrete Prozesse der Implementierung von Umweltschutzmaßnahmen zu untersuchen. Der Staat oder auch die Führungsriege eines Unternehmens können zwar Umweltregelungen und -standards verordnen, aber dies bedeutet noch lange nicht, dass sich diese bruchlos in das betriebliche Alltagshandeln umsetzen. Mehr oder weniger gut gemeinte Regelungen können sich in der Phase der Umsetzung verändern, das vorgedachte und das tatsächliche betriebliche Geschehen stimmen oft nicht überein, und die formelle Struktur eines Betriebs (gern dargestellt in Form von Organigrammen) weicht häufig von der informellen Struktur ab.

Speziell betriebswirtschaftlichen Analysen kann und muss man hier den Vorwurf machen, dass sie Organisationen bevorzugt im Sinne von managementgesteuerten «rationalen Systemen» konzipieren (vgl. dazu bereits die Stitzel-Diagnose in Abschnitt V.1). Mit dieser Konzeption konkurrieren ein Verständnis von Organisationen als «offene Systeme» und die Vorstellung von «mikropolitischen Systemen» (Scott 1987). Die betriebs- und industriesoziologische Forschung hat eine starke Affinität zur mikropolitischen Sichtweise, und sie hat damit gute Erfahrungen gemacht. Dies z. B. in zahlreichen Forschungsprojekten zur Humanisierung der Arbeit oder zur Einführung neuer Technologien in Industrie- und Verwaltungsbetrieben.

Für Implementationsstudien im Bereich des Umweltschutzes bieten sich eine Reihe von möglichen Problemstellungen (vgl. z. B. den Überblick bei Schwaderlapp 1995), sodass hier eine Beschränkung notwendig ist. Im ersten Schritt soll der Frage nachgegangen werden, warum End-of-Pipe-Technologien häufiger eingesetzt werden als integrierte Umwelttechnologien. Im zweiten Schritt wird die Rolle des Umweltschutzbeauftragten etwas näher beleuchtet.

Warum dominieren End-of-Pipe-Technologien?

End-of-Pipe-Technologien werden dem Produktionsprozess additiv nachgeschaltet und kosten einen Betrieb auf jeden Fall zusätzliches Geld. Integrierte Umwelttechnologien sind zwar auch nicht kostenlos zu haben; aber da sie mit einer Veränderung des Produktionsprozesses verbunden sind, besteht zumindest die Chance, dass die Kosten im Zuge der Reorganisation wieder hereingeholt werden können. Insofern ist die klare Dominanz additiver Techniken zunächst einmal überraschend.

Ein Teil der Erklärung ist sicher, dass der Staat durch die Vorgabe von Grenzwerten solche Techniken oft mehr oder weniger zwingend vorschreibt. Von Bedeutung dürfte aber auch sein, dass sich additive Techniken problemloser in das betriebliche Geschehen einbauen lassen. Die beim Einsatz integrierter Technologien erforderlichen Reorganisationsprozesse sind mit internen «Reibungsverlusten» verbunden, an mehr oder weniger tradierten und fest gefügten Besitzständen wird gerührt, und häufig besteht der Verdacht, dass mit dem Umweltschutzargument unter der Hand Rationalisierungsmaßnahmen durchgesetzt werden sollen, die den Interessen der Beschäftigten zuwiderlaufen.

In welcher Weise der betriebliche Umweltschutz mitunter als «Rationalisierungsvehikel» verwendet wird, beschreibt z. B. Burschel (1996) in einer Fallstudie eines mittelständischen Betriebes der Metallindustrie. Die Unternehmensleitung plante den Bau einer zentralen Lackierhalle, die die dezentralen Lackierstationen ersetzen sollte. Trotz der unbestrittenen Umwelt- und Gesundheitsvorteile des Projekts reagierte ein Teil der Belegschaft mit Widerstand, weil eine Intensivierung der Arbeitskontrolle und ein weiterer Abbau von Arbeitsplätzen befürchtet wurde. Diese Befürchtungen basierten offenbar auf Erfahrungen aus der Vergangenheit. Direkt gefragt «Hat sich bei der Durchführung Ihrer Arbeitsaufgabe durch den betrieblichen Umweltschutz etwas geändert?», antworteten von den 237 Beschäftigten, die in eine Befragung einbezogen wurden, 32 Prozent, der Umweltschutz habe ihnen mehr Arbeit ohne höhere Bezahlung gebracht, und weitere 18 Prozent, die Arbeitsabläufe seien komplizierter geworden. Auf wenig Resonanz sind z. B. bei den Schweißern die neuen Absauganlagen an den Schweißgeräten gestoßen. Ihre Arbeit hat sich dergestalt geändert, dass die üblichen und noch geltenden Akkordsätze nicht mehr im gleichen Umfang erreicht werden konnten.

Basierend auf Erfahrungen aus zahlreichen amerikanischen Fallstudien formuliert Cebon (1996) die allgemeine These, dass sich Umwelttechnologien (und Technologien allgemein) umso schwieriger einführen lassen, je stärker sie «eingebettet» sind. Die Einbettung fasst er als ein Kontinuum, je nach Nähe zum eigentlichen Produktionsprozess. Je näher eine technische Veränderung am Produktionsprozess, desto mehr innerbetriebliche Interessen werden berührt. Für eine erfolgreiche Implementierung eingebetteter Technologien werden mehr Informationen benötigt (neben technischen Informationen insbesondere auch Organisations- und Kontextinformationen), und die Verhandlungs- bzw. Transaktionskosten steigen. Dies bewirkt, so eine weitere These von Cebon, dass Investitionen in additive Umwelttechnologien stärker einem «sachlogisch-rationalen Kalkül» folgen als Investitionen in integrierte Technologien. Und insgesamt ergibt sich: «Nicht eingebettete Lösungen (...) lassen sich viel einfacher realisieren, sie werden also gegenüber eingebetteten Lösungen bevorzugt implementiert, auch wenn jene ökonomisch und sozial erwünschter wären» (S. 454).

Die Rolle des Umweltschutzbeauftragten

Mit der Rolle des Umweltschutzbeauftragten haben sich inzwischen schon mehrere Studien befasst (vgl. u. a. Ullmann 1981; Theißen 1990; Föste 1994; Burschel 1996), und dies mit im Endergebnis zumeist kritischen Schlussfolgerungen. Ein erstes Problem ist offenbar, dass mit der Bestellung eines Umweltbeauftragten eine Tendenz zum «Wegdelegieren» des betrieblichen Umweltschutzes verbunden ist. Wie für Frauenfragen die Frauenbeauftragte, so ist für den Umweltschutz der Umweltbeauftragte zuständig, und ansonsten kümmert sich niemand darum. Insbesondere dann, wenn der Umweltbeauftragte staatlich verordnet wurde, was ja zumeist der Fall ist, wird das Ganze als eine weitere staatliche Reglementierung gesehen, und die Unternehmen fügen sich mehr oder weniger widerwillig.

Die organisatorische «Lösung» in Form einer Stabsfunktion ist genau die Reaktion, die man auf der Grundlage organisationstheoretischer Ansätze (z. B. der Kontingenztheorie) erwarten würde. Größere Betriebe sind in einen Kernbereich und die Peripherie gegliedert, und der Umweltbeauftragte oder die Umweltabteilung liegen an der Peripherie. Insofern bestehen durchaus Ähnlichkeiten zu den additiven Technologien. Eine neue Stabsstelle oder -abteilung für den Umweltschutz wird hinzugefügt, was sich vergleichsweise leicht bewerkstelligen lässt und am eingespielten betrieblichen Geschehen zunächst wenig ändert.

Als Stabsfunktion hat der Umweltbeauftragte in der Regel keine direkten Weisungsbefugnisse, sodass seine Wirkungsmöglichkeiten von vorneherein beschränkt sind. Folgt man den Ergebnissen empirischer Studien, erfüllen die Umweltbeauftragten am ehesten die ihnen gesetzlich (z. B. im Bundesimmissionsschutzgesetz) zugewiesenen Kontroll- und Aufklärungsfunktionen, weniger jedoch die im Gesetz ebenfalls angesprochenen Initiativ- und Innovationsfunktionen. Die wesentliche Stütze und Legitimationsgrundlage der Umweltbeauftragten sind gesetzliche Vorgaben, und mithin werden sie in den Betrieben oft als verlängerter Arm der Behörden gesehen.

Die Rollenkonflikte und Strategien des Umweltschutzbeauftragten werden sehr anschaulich in der schon oben zitierten Burschel-Studie (1996) beschrieben: In dem von Burschel untersuchten mittelständischen Industriebetrieb wurde eine eigenständige Umweltabteilung vor allem wegen der zu erfüllenden verwaltungstechnischen Anforderungen seitens des Umweltrechts eingerichtet. Der Leiter der Umweltabteilung war ein Dipl.-Ingenieur, der nach außen gleichzeitig als Beauftragter für den Umweltschutz fungierte. Die Schaffung einer neuen Abteilung wurde von anderen Abteilungen, insbesondere von der Abteilung für Arbeitssicherheit, kritisch gesehen, da diese eine Schwächung ihrer Position und einen Abfluss von Ressourcen befürchteten. Der Umweltbeauftragte und die Umweltabteilung versuchten, ihre Stellung im Wesentlichen durch eine «innerbetriebliche Verdichtung und Vertiefung der rechtlichen Vorgaben» zu legitimieren. Damit ist gemeint, dass die ohnehin schon relativ detaillierten staatlichen Vorgaben weiter verfeinert und ergänzt und in eine innerbetriebliche Umweltbürokratie umgesetzt wurden. Burschel beschreibt dies ausführlich an den zwei Beispielen der Entsorgungsnachweise und der Abfallbegleitscheine, die dem Umweltbeauftragten bei den Beschäftigten den Ruf eines bürokratischen Abfallverwalters einbrachten. Angesichts der Konzentration auf rechtliche Dinge und juristische Absicherungen blieb für die Umweltabteilung und den Umweltbeauftragten kaum Zeit zur Initiierung oder auch nur zur Mitwirkung an umweltschutzrelevanten Investitionsprojekten. So war die Umweltabteilung am Prozess der Planung und Errichtung einer neuen Lackierzentrale überhaupt nicht beteiligt.

Trotz durchaus ernüchternder Bilanzen zum Umweltbeauftragten als der angeblich «zentralen Institution des betrieblichen Umweltschutzes» (Schwaderlapp 1995: 42) wird man im Endergebnis wohl nicht für eine Abschaffung dieser Position plädieren wollen. Für eine Stärkung des betrieblichen Umweltschutzes erscheint eine institutionelle Verankerung unverzichtbar. Der gesetzlich vorgeschriebene Umweltbeauftragte ist jedoch nur ein erster Schritt, der nur dann Erfolg verspricht, wenn der Umweltschutz als eine eigenständige betriebliche Aufgabe von den Betroffenen gesehen und akzeptiert wird. Betriebliche Stabsfunktionen haben zudem in der Regel die Eigenschaft, dass ihre faktische Wirkung auch in hohem Maß von denjenigen abhängt, die diese Funktionen jeweils ausfüllen.

6. Die Bedeutung des Umweltschutzes als Wirtschaftsbranche

Betriebliches Umwelthandeln manifestiert sich nicht nur in Umweltaktivitäten von mehr oder weniger «normalen» Betrieben, sondern auch dergestalt, dass bestimmte Betriebe direkt und überwiegend im Umweltschutz ihr Geld verdienen. Im Verlauf der Jahre hat sich der Umweltschutz zu einer eigenständigen Wirtschaftsbranche entwickelt, und zwar zu einer Branche, auf die sich mit Blick auf die Schaffung neuer Arbeitsplätze große Hoffnungen und Erwartungen richten. Beim Export von Umwelttechnik z. B. nimmt Deutschland mit einem Welthandelsanteil von knapp 19 Prozent eine Führungsposition ein und liegt noch vor den USA und Japan; Statistiken zählen in West- und Ostdeutschland mehr als 5000 Anbieter von Umweltschutztechnik, Umweltschutzdienstleistungen und umweltfreundlichen Produkten; und allein die Entsorgungsbranche weist einen Umsatz von rund 80 Milliarden DM sowie ein Beschäftigungsvolumen von rund 240000 Arbeitskräften aus (zu diesen Zahlen vgl. Süddeutsche Zeitung vom 19. 2. 98).

Im ersten Schritt soll im Folgenden auf die Zahl der Arbeitsplätze im Umweltschutz und auf das Potenzial in der Zukunft eingegangen werden. Im zweiten Schritt wird ein weithin vernachlässigter Aspekt angesprochen, nämlich die Qualität der Arbeitsplätze im Umweltschutzsektor.

Zahl der Arbeitsplätze im Umweltschutz

Eine im Jahr 1996 von vier führenden Wirtschaftsforschungsinstituten veröffentlichte Gemeinschaftsstudie kommt zu dem Ergebnis, dass 1994 in Deutschland 956000 Beschäftigte direkt oder indirekt für den Umweltschutz tätig waren (Deutsches Institut für Wirtschaftsforschung et al. 1996). Seitdem beherrscht die magische Zahl von einer Million die Diskussion um die Arbeitsmarkteffekte des Umweltschutzes. 956 000 Beschäftigte machen rund 2,7 Prozent aller Erwerbstätigen aus und entsprechen in etwa der Beschäftigtenzahl im Straßenfahrzeugbau. Laut Gemeinschaftsstudie wurden zwischen 1990 und 1994 im Umweltschutz jährlich 35 000 neue Arbeitsplätze geschaffen, und damit hat die Beschäftigung im Umweltsektor stärker zugenommen als in anderen Branchen, die vielfach sogar Arbeitsplätze abgebaut haben. 44 Prozent der Umweltarbeitsplätze rechnen die Wirtschaftsforschungsinstitute dem produzierenden Gewerbe zu, 28 Prozent dem privaten Dienstleistungsgewerbe, 27 Prozent den Gebietskörperschaften oder Sozialversicherungen und weniger als ein Prozent der Land- und Forstwirtschaft. Nach Ausgabenarten betrachtet waren 53 Prozent mit unmittelbaren Umweltschutzaufgaben betraut, 27 Prozent waren direkt mit der Herstellung von Umweltschutzgütern beschäftigt und 20 Prozent mit der Herstellung von Vorleistungen für solche Güter.

Aus mehreren Gründen ist jedoch gegenüber der Schätzung von einer Million Arbeitsplätzen im Umweltschutz Vorsicht angebracht: Zunächst einmal gilt, dass es sich bei vielen dieser Arbeitsplätze keineswegs um neue Arbeitsplätze handelt, sondern um solche, die es an sich schon lange gibt und die jetzt nur unter die neu geschaffene Kategorie des Umweltsektors subsumiert werden. Die Zuordnung bzw. Nichtzuordnung von Arbeitsplätzen oder Arbeitskräften zum Umweltsektor ist in hohem Maß problematisch und stark von definitorischen Setzungen abhängig. So werden z. B. die rund 10 000 Personen, die in Deutschland im Öko-Landbau arbeiten, nicht dem Umweltsektor zugeordnet. Bei entsprechenden begrifflichen Anstrengungen ließen sich weite Teile des Handwerks dem Umweltsektor zurechnen. Und auch Beschäftigte im Bereich erneuerbarer Energien und im Energiesparbereich könnte man als Umweltarbeitskräfte einstufen. Wie groß der Spielraum ist, verdeutlicht beispielhaft eine gemeinsame Studie der Gewerkschaft ÖTV und des Bundes für Umwelt und Naturschutz Deutschland (Klopfleisch und Löser 1998; Frankfurter Rundschau vom 10. 6. 98): In der Studie wird die offizielle Zahl von knapp einer Million Arbeitskräften im Umweltschutz zurückgewiesen, und anstelle dessen werden 2,5 Millionen Umweltarbeitsplätze gezählt. Die Diskrepanz kommt vor allem dadurch zustande, dass rund eine Million Arbeitsplätze im Handwerk zusätzlich dem Umweltsektor zugerechnet werden. Dies entspricht Angaben des Zentralverbands des deutschen Handwerks, der sich seit langem bemüht, Teile des Handwerks als Umweltschutzanstrengungen zu propagieren. Weiterhin werden in der ÖTV/BUND-Studie Umweltarbeitskräfte im «zweiten Arbeitsmarkt» mit berücksichtigt. Bei den ABM-Kräften kann man z. B. davon ausgehen, dass etwa 40 Prozent im Umweltbereich tätig sind (Umweltbundesamt 1997: 48).

Noch schwieriger als eine Beschreibung des Ist-Zustandes sind Prognosen zur Entwicklung der Zahl der Arbeitsplätze im Umweltschutz. Vertraut man der oben angesprochenen Berechnung, dass in den Jahren 1990 bis 1994 im Umweltbereich jährlich 35 000 Arbeitsplätze neu geschaffen wurden, kann man wohl davon ausgehen, dass sich der Trend deutlich abgeschwächt hat. Unter anderem bedingt durch die massiven Umweltprobleme in den neuen Bundesländern, waren 1990 bis 1994 Boomjahre für Umweltschutzanstrengungen. Zahlreiche Projekte zur Umweltsanierung in den neuen Bundesländern sind freilich inzwischen abgeschlossen, sodass man – vor allem in Ostdeutschland – eher mit einem Rückgang der Beschäftigung im Umweltbereich rechnen muss. In die Zeit von 1990 bis 1994 fiel auch die Etablierung des Dualen Systems mit dem grünen Punkt, die einen Investitionsschub in der Entsorgungsbranche auslöste. Speziell dort ist mittlerweile aber eine gewisse Ernüchterung eingetreten (vgl. Stehr 1998): Weit entfernt von den rund 600 000 Arbeitsplätzen, die Experten im «Müllrausch» der frühen 90er Jahre bis zum Jahr 2000 hochgerechnet hatten, hat sich die Branche bei rund 240 000 Beschäftigten stabilisiert. Die Abfall- und Recyclingmärkte sind inzwischen weitgehend verteilt, der Wettbewerb ist härter geworden, und die Branche denkt mehr über den Ab- als den Aufbau von Beschäftigung nach.

Am ehesten noch ein Potenzial zur Schaffung neuer Umweltarbeitsplätze gibt es im Energiesektor (vgl. dazu z. B. Umweltbundesamt 1997: Kap. 5): Zum einen haben die regenerativen Energien im Verlauf der 90er Jahre einen deutlichen Aufschwung erlebt, zum anderen sind die Möglichkeiten in Richtung Energieeinsparung und einer rationelleren Energieverwendung offenbar noch immer beträchtlich. Allein im Bereich der Windenergie sind in Deutschland derzeit mehr als 10 000 Menschen beschäftigt, und diese Beschäftigung hat sich überwiegend in den 90er Jahren aufgebaut. Durch politische Vorgaben und/oder finanzielle Anreize zur Sanierung von Gebäuden, zur Installation effizienterer Heizungssysteme usw. könnten zweifellos zahlreiche Arbeitsplätze im Baugewerbe und anderen Handwerkssparten geschaffen werden. Schätzungen gehen dahin, dass – im Fall einer konsequenten Umsteuerung im Energiebereich – bis zum Jahr 2010 im Energiebereich netto mehr als 100 000 neue Arbeitsplätze entstehen könnten. Der Haken an solchen Schätzungen freilich ist, dass die unterstellte konsequente Umsteuerung im Energiebereich bislang nicht in Sicht ist.

Dass es sich bei Arbeitsplatzschätzungen oft eher um Zahlenspielereien als um halbwegs realistische Entwicklungstrends handelt, belegt beispielhaft die MOVE-Studie des Freiburger Öko-Instituts (vgl. dazu Wille 1998): Die Freiburger Öko-Forscher behaupten, durch eine ihrer Ansicht nach «moderate Verkehrswende» könnten bis zum Jahr 2010 im Verkehrsbereich 208 000 neue Stellen geschaffen und der verkehrsbedingte CO_2-Ausstoß um 30 Prozent verringert werden. Durch den Umbau im Verkehrswesen – d. h. durch Investitionen in neue Busse und Bahnen, Bau von Radwegen, Fortschritte in der Fahrzeugtechnik, Förderung gemeinschaftlicher Autonutzung u. Ä. – würden 338 000 neue Arbeitsplätze entstehen und 130 000 in anderen Bereichen (vor allem im Autobau und in der Metallverarbeitung) wegfallen, sodass unter dem Strich ein Plus von 208 000 Stellen verbliebe. Die moderate Verkehrswende müsste u. a. durch eine schrittweise Erhöhung der Mineralölsteuer finanziert werden, zuerst jährlich um 20 Pfennig und später dann um 30 Pfennig. Zwar schränken die Freiburger Öko-Forscher ein, dass sie nur aufzeigen möchten, was grundsätzlich möglich wäre; aber dass man die grundsätzlichen Möglichkeiten so genau berechnen kann, erscheint doch recht zweifelhaft.

Insgesamt drängt sich der Eindruck auf, dass das «grüne Job-Wunder» aufgrund von Wunschdenken offenbar gern überzeichnet wird. Während es in der ersten Hälfte der 90er Jahre einen Zuwachs an Umweltarbeitsplätzen gab, hat sich der Trend mittlerweile abgeschwächt.[4] Immerhin bemerkenswert ist, dass der Umweltschutz in der gesamten Diskussion kaum mehr als «Job-Killer» und «Wachstums-Bremse» gesehen wird. Es dominiert die Sichtweise positiver Arbeitsmarkteffekte. Solche positiven Effekte lassen sich in einigen Bereichen – z. B. im Öko-Landbau gegenüber der konventionellen Landwirtschaft – eindeutig nachweisen, zumeist jedoch gestalten sich verlässliche Analysen als schwierig. Vor allem Hochrechnungen und Szenarien, die hypothetisch von bestimmten politischen Maßnahmen oder sonstigen Veränderungen ausgehen und dann einen Saldo von Arbeitsmarkteffekten ausweisen, sind in hohem Maß skeptisch zu beurteilen. Wenn z. B. Haushalten eine Einsparung von Energie gelingt, wird Geld für Nachfrage in anderen Bereichen frei, und dies kann zusätzliche Arbeitsplätze schaffen. Umgekehrt entzieht z. B. eine höhere Mi-

4 In der Broschüre «Umweltschutz und Beschäftigung» formuliert z. B. das Umweltbundesamt (1997 : 52–55) die Position, dass in den nächsten Jahren nicht mehr von einer Ausweitung der dem Umweltschutz eindeutig zurechenbaren Beschäftigungswirkungen ausgegangen werden kann. Für die alten Bundesländer wird eine Stabilisierung auf dem erreichten Niveau erwartet und für die neuen Bundesländer mittelfristig mit einem Rückgang der umweltinduzierten Beschäftigung gerechnet.

neralölsteuer den Haushalten Kaufkraft, was durchaus Arbeitsplätze in anderen Bereichen gefährden kann. In einem Literaturbericht über Studien zu Beschäftigungswirkungen des Umweltschutzes fasst Peemüller (1999) die vorliegenden empirischen Evidenzen in dem Satz zusammen: «Umweltschutz ist weder ein Jobkiller noch ein Jobknüller» (S. 334).

Langfristig kann sich die Beschäftigung im Umweltbereich aber auch ganz anders entwickeln. Wie gesagt können technische Innovationen und Änderungen der politischen Rahmenbedingungen zu ganz neuen Szenarios führen. Beispielsweise wird in wenigen Jahrzehnten die fossile Energiequelle «Mineralöl» zur Neige gehen. Zwangsläufig ist dann mit einem drastischen Anstieg der Mineralölpreise zu rechnen, sodass regenerative Energien noch weitaus größere Chancen haben werden als heute. Wer bei diesen Techniken als Pionier vorangeht, wird vermutlich erheblich von den Beschäftigungswirkungen im Bereich neuer Umwelttechniken profitieren. Wie sehr man sich bei Prognosen irren kann, wenn man die bisherigen Strukturen fortschreibt, demonstriert eine lehrreiche Fehlprognose des Weltautomobilmarkts. Um 1900 prognostizierten die Daimler-Werke, dass der Weltmarkt für Automobile die Grenze von einer Million Automobile «nie überschreiten (werde), da nur ein kleiner Prozentsatz der Arbeiter zum Chauffeur ausgebildet werden könne» (Wüst 1999). Entsprechend pessimistisch wären damals auch die Beschäftigungswirkungen der Automobilindustrie ausgefallen, von den Umweltproblemen der individuellen Motorisierung ganz zu schweigen.

Qualität der Arbeitsplätze im Umweltschutz

Wenig Aufmerksamkeit hat in der bisherigen Diskussion um Arbeitsmarktwirkungen des Umweltschutzes die Frage gefunden, wie es denn um die Qualität der Arbeitsplätze in diesem Bereich bestellt ist. Wenn z. B. der Bundesverband «Sekundärrohstoffe und Entsorgung» in einer Befragung seiner Mitgliedsunternehmen feststellt, dass 35 Prozent der Beschäftigten in diesem Bereich keine abgeschlossene Berufsausbildung haben (Frankfurter Allgemeine Zeitung vom 7. 3. 98), deutet dies nicht gerade auf hochwertige Arbeitsverhältnisse hin. In eine ähnliche Richtung verweisen Ergebnisse einer österreichischen Studie (Fritz et al. 1997; Ritt 1998): Auf der Basis einer Befragung von Arbeitskräften im Umweltsektor ergibt sich, dass insgesamt die Bezahlung unterdurchschnittlich ist und dass aufgrund geringer Betriebsgrößen zumeist keine Aufstiegschancen bestehen. Die gesundheitlichen Belastungen und Unfallrisiken sind zum Teil beträchtlich und treten vor allem bei der Sortierung, Sammlung und Verwertung von

Abfällen klar zutage. Speziell in der Entsorgungswirtschaft ist Schichtarbeit offenbar weit verbreitet. Rund zwei Drittel der Beschäftigten im Umweltbereich verfügen nur über einen Pflichtschul- oder Lehrabschluss. Auffallend ist dabei ein deutlicher Unterschied zwischen öffentlichen und privaten Unternehmen, wobei letztere eindeutig schlechtere Arbeitsbedingungen bieten. Die Autoren der Studie schlussfolgern, dass in Österreich ein Drittel der Arbeitsplätze im Umweltbereich auf jeden Fall von «schlechter Qualität» sei.

Die beiden genannten Studien decken das breite Spektrum der Umweltarbeitsplätze nicht vollständig ab, sodass kein Anspruch auf Repräsentativität erhoben werden kann (für Hinweise zur Qualität der Umweltarbeitsplätze mit einer bemüht positiven Darstellung vgl. auch Umweltbundesamt 1997: 48 ff.; zudem Peemüller 1999). Gleichwohl können sie als eine Art Warnschild gegenüber dem Klischee dienen, dass es sich bei Umweltarbeitsplätzen per se um «gute und saubere Jobs» handelt, nur weil sie im Bereich des Umweltschutzes angesiedelt sind. An weiteren Studien zur Frage der Qualität der Arbeitsplätze im Umweltbereich besteht ein dringender Bedarf.

VI. Umweltbewegung und Umweltorganisationen

1. Moderne Gesellschaften als «Bewegungsgesellschaft»?

Die Möglichkeiten, Veränderungen durch individuelles Handeln zu erzielen, werden oftmals als gering eingeschätzt. Anstelle dessen richtet sich die Hoffnung auf institutionell-organisatorische Strukturen und kollektive Handlungsstrategien. Angewandt auf den Umweltschutz bedeutet dies, dass nicht in erster Linie Verhaltensänderungen des Einzelnen angemahnt und eingefordert werden, sondern strukturelle Veränderungen, die am ehesten durch mehr oder weniger gut organisierte Umweltgruppen und -verbände hervorgebracht werden könnten (so z. B. Schnaiberg und Gould 1994). Die Umwelt- bzw. Ökologiebewegung wird aus dieser Sicht zu einem wichtigen Motor, der gesellschaftliche Veränderungen in Richtung ökologische Modernisierung in Gang setzen kann.

In pointierter Form vertritt der französische Soziologe Alain Touraine (1983) die Position, soziale Bewegungen und hier speziell die so genannten neuen sozialen Bewegungen (Frauen-, Friedens-, Umweltbewegung usw.) seien ein Schlüsselphänomen moderner Gesellschaften. Nachdem die organisierte Arbeiterschaft ihre wichtige Rolle bei der Umgestaltung der Gesellschaft verloren habe, sucht Touraine nach neuen zentralen Akteuren und Triebkräften für gesellschaftliche Veränderungsprozesse, und er glaubt sie in den neuen sozialen Bewegungen gefunden zu haben. Touraines Aufforderung an die Soziologie lautete, die sozialen Bewegungen in das Zentrum soziologischer Analysen zu rücken.

Dieser Aufforderung sind bislang freilich nur relativ wenige Soziologen gefolgt, und lediglich in der politischen Soziologie hat sich eine Gruppe von «Bewegungsforschern» fest etabliert.[1] Deren Leitbild ist das Konzept der «Bewegungsgesellschaft» (Neidhardt und Rucht 1993; Rucht 1999), dem als Gegenpol das Konzept der «Steuerungsgesellschaft» gegenübergestellt wird. Neidhardt und Rucht sehen es als ein spezifisches Kennzeichen

1 Ihr wichtigstes Publikationsmedium im deutschen Sprachraum ist das «Forschungsjournal Neue Soziale Bewegungen», das es seit 1988 gibt.

postliberaler und postkorporatistischer Demokratien, dass sich soziale Bewegungen verstärkt in die institutionalisierte Politik einmischen und diese außerhalb vorgegebener Kanäle beeinflussen. Zudem gehen sie davon aus, dass sich in modernen westlichen Gesellschaften zunehmend günstige Ausgangsbedingungen für die Entstehung und Stabilisierung sozialer Bewegungen bieten. Im allgemeinen Trend der Individualisierung, Pluralisierung und funktionalen Differenzierung fänden die konventionellen politischen Beteiligungsformen, vor allem die Mitarbeit in etablierten politischen Parteien, immer weniger Anklang; vielmehr entstünden im intermediären Bereich neuartige unkonventionelle Politikmuster, die zum Teil sporadischen Charakter hätten, weniger weltbildgebunden seien und dem so genannten Bottom-up-Ansatz folgten. Mit dem Begriff der Bewegungsgesellschaft verbinden Neidhardt und Rucht vor allem die Vorstellung, «dass eine Pluralität von Bewegungen zu einer Dauererscheinung des gesellschaftlichen Lebens wird» (S. 321).

Unabhängig davon, ob man nun moderne Gesellschaften eher als Bewegungs- oder Steuerungsgesellschaften begreift, ist die Umweltbewegung im Spektrum der neuen sozialen Bewegungen die quantitativ bedeutsamste Einzelbewegung, und man kann davon ausgehen, dass sie einen wesentlichen Beitrag zur gesellschaftlichen Profilierung der Umweltthematik geleistet hat. Mitunter wird die Ökologiebewegung als ein Paradebeispiel für neue soziale Bewegungen gesehen, an der sich angebliche Regelhaftigkeiten im Aufstieg und Niedergang hinsichtlich der Rekrutierung der Mitgliedschaft und bezüglich neuer Politikformen solcher Bewegungen demonstrieren lassen. Eine sowohl theoretische wie auch empirische Auseinandersetzung mit der Ökologiebewegung erscheint deshalb für die Umweltsoziologie unverzichtbar.

Im Folgenden soll zuerst auf den Stand und die Entwicklung der Umweltbewegung eingegangen werden, wobei sich die Darstellung auf die Situation und Verhältnisse in Deutschland beschränkt. Im zweiten Schritt wird versucht, einen Einblick in die Theorien der «Bewegungsforschung» zu vermitteln, die sich um eine Erklärung für die Entstehung und Konsolidierung sozialer Bewegungen bemühen. Die Schwierigkeiten einer Wirkungsbilanz der Umweltbewegung werden das Thema des letzten Abschnitts sein.

2. Entwicklung, Stand und Perspektiven der Umweltbewegung

Zahlreiche Arbeiten zur Umweltbewegung beschränken sich darauf, eine mehr oder weniger gelungene Beschreibung ihrer Entwicklung und ihres aktuellen Zustandes zu geben. Die bislang noch immer ausführlichste Darstellung stammt von Rucht (1994: Kap. 6), auf die wir hier in weiten Teilen zurückgreifen (vgl. zudem Brand 1999).

Skizze der Entwicklung der Umweltbewegung: Die Formationsphase der Ökologiebewegung in Deutschland fällt in die Zeit Ende der 60er/Anfang der 70er Jahre. Zunächst dominierten thematisch relativ eng begrenzte, meist lokale Initiativen, die untereinander kaum in Verbindung standen. Eine Verknüpfung wurde erst durch den Bundesverband Bürgerinitiativen Umweltschutz (BBU, gegründet 1972) hergestellt, der sich in den folgenden Jahren zu einer kampfstarken und sehr einflussreichen Organisation entwickelte. Um 1974/75 rückten die Auseinandersetzungen um die Atomenergie und andere großtechnische Anlagen (z. B. Startbahn West des Frankfurter Flughafens) in den Mittelpunkt. Die zahlreichen und heftigen Anti-Atomkraftproteste sind ein auch heute noch bedeutsames Relikt in der grünen Vergangenheitsbewältigung. Ende der 70er/Anfang der 80er Jahre differenzierte sich die Umweltbewegung thematisch und politisch-strategisch stärker aus. Zum einen bildeten sich bereichs- und themenspezifische Initiativen und Gruppierungen (Verkehrspolitik, alternative Energien, Gesundheit usw.). Zum anderen trat neben die bis dahin vorherrschende Obstruktionspolitik die Suche nach mehr konstruktiven und kooperativen Problemlösungen. Eine wichtige Rolle spielten dabei vor allem die modernisierten alten sowie die neuen Umweltverbände, die in dieser Zeit einen erheblichen Zuwachs an Mitgliedern und finanziellen Ressourcen verzeichnen konnten. Im Jahr 1983 zogen die Grünen mit einem Stimmenanteil von 5,6 Prozent erstmals in den Bundestag ein, und spätestens damit begann die Diffusion ökologischer Themen in die etablierte Politik. Obwohl die Grünen ab 1990 für vier Jahre nicht im Bundestag vertreten waren, gelang ihnen – nach mehreren Vorläufen auf der Länderebene – im Jahr 1998 erstmals eine Regierungsbeteiligung auf Bundesebene. Der Umweltschutz ist im Verlauf dieses Prozesses zu einem anerkannten Politikfeld geworden und hat den Hauch des Neuen und Unkonventionellen weitgehend verloren.

Organisatorische Basis der Umweltbewegung: Die voranstehende Skizze der Entwicklung der Umweltbewegung legt es nahe, drei organisatorische Bausteine zu unterscheiden (so auch Brand 1999: 247): (1) den

Sektor der autonomen, lokalen Basisinitiativen; (2) den Sektor der alten Naturschutzverbände und der neuen Generation ökologisch orientierter Umweltorganisationen; (3) den Sektor der wahl- und parteipolitischen Organisationen. Dabei ist es offensichtlich so, dass sich die organisatorische Basis zunehmend in den zweiten und dritten Sektor hineinverschoben hat. Lokale Basisinitiativen sind zwar durchaus noch vorhanden, aber sie wurden in hohem Maß in die Umweltarbeit der großen Umweltverbände integriert. Hinzu kommt, dass Initiativen, die tatsächlich noch unabhängig sind und auf der lokalen Ebene agieren, kaum mehr als gesellschaftlicher Affront gesehen werden. Die Erfolgsgeschichte der Umweltbewegung ist im Wesentlichen der Aufstieg der Umweltverbände. Was deren Mitgliederzahl anbelangt, vermittelt Abbildung VI.1, die von Rucht (1994) übernommen wurde, einen Einblick.

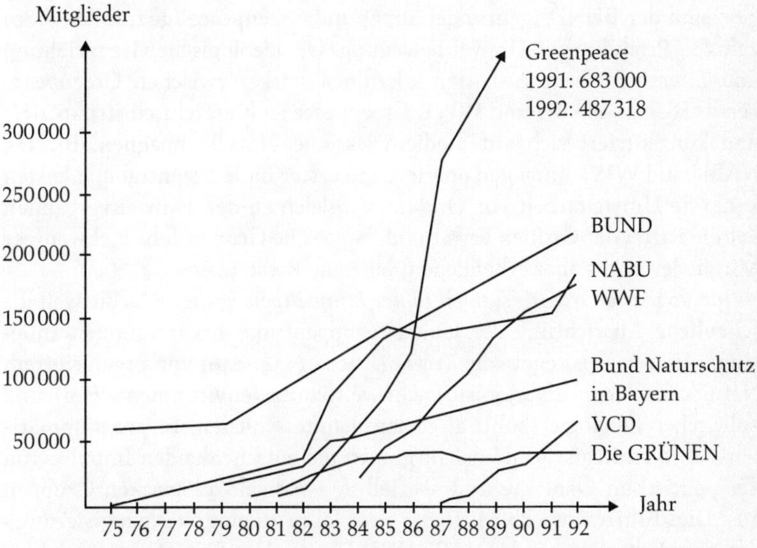

Anmerkung: Die Angaben zum BUND enthalten auch Mitglieder des Bund Naturschutzes in Bayern.

Abbildung VI.1: **Mitgliederentwicklung ausgewählter Organisationen des Umweltschutzes 1975 bis 1992**

Quelle: Rucht (1994: 266)

Die in Abbildung VI.1 aufgeführten Organisationen haben gemäß Rucht insgesamt ihre Mitgliederzahl zwischen 1985 und 1992 etwa verdreifacht und ihr Finanzvolumen mehr als vervierfacht. In einer ähnlichen Graphik zählt Fritzler (1997: 73) für das Jahr 1996 rund 500 000 Greenpeace-Mitglieder, jeweils rund 200 000 Mitglieder beim BUND (Bund für Umwelt und Naturschutz Deutschland) und NABU (Naturschutzbund Deutschland) und rund 100 000 Mitglieder beim WWF (World Wide Fund for Nature – Deutschland). Dies sind die vier größten Umweltorganisationen in Deutschland, und Greenpeace ist eindeutig der Dinosaurier unter ihnen. Finanziell hatte Greenpeace im Jahr 1996 Einnahmen in Höhe von knapp 74 Millionen DM, und damit mehr als WWF (rund 29 Mill.), NABU (rund 27 Mill.) und BUND (rund 15 Mill.) zusammengenommen (Fritzler 1997: 73). Während es sich beim NABU (gegründet 1899 als Bund für Vogelschutz) und WWF (gegründet 1961 als World Wildlife Fund) um Organisationen handelt, die es schon vor der eigentlichen Umweltbewegung gab, sind der BUND (gegründet 1975) und Greenpeace (gegründet 1980) genuine Produkte der Umweltbewegung. Die ideologische Grenzziehung und Eifersüchteleien verlaufen allerdings stärker zwischen Greenpeace versus BUND, NABU und WWF. Greenpeace ist hierarchisch strukturiert und konzentriert sich auf medienwirksame Einzelkampagnen. BUND, NABU und WWF hingegen operieren in erster Linie dezentral und leisten konkrete Umweltarbeit vor Ort. Im Vergleich zu den Umweltverbänden hat die Partei der Grünen bzw. Bündnis 90 / Die Grünen sehr viel weniger Mitglieder, dafür aber erhebliche finanzielle Ressourcen.

Ideologische Orientierungen in der Umweltbewegung: Was die weltanschauliche Ausrichtung der Umweltgruppen und -organisationen anbelangt, wird in der Regel «die Trias» (Rucht 1994: 246) von organisiertem Naturschutz (conservationism), Umweltschutz (environmentalism) und politischer Ökologie (political ecology) unterschieden. In programmatischer und strategischer Hinsicht gingen die entscheidenden Impulse von der politischen Ökologie und speziell von radikalökologischen Gruppen aus. Dies führte etwa ab Mitte der 70er Jahre zu einer «Ökologisierung» der Naturschutzverbände (NABU, WWF usw.). Der BUND kann am ehesten als Repräsentant für die Umweltschutz-Position stehen, die das Spektrum der praktischen Umweltprobleme sehr viel weiter spannt als die traditionellen Naturschutzverbände. Im Zuge der Konfrontation mit der Realpolitik haben sich die radikalökologischen Positionen abgeschwächt, die Naturschutzverbände haben ihr Themenspektrum erweitert, und somit hat sich der pragmatische «Environmentalismus», der eine Erhaltung und Verbesserung der menschlichen Umwelt in einem sehr weit gefassten Sinne anstrebt, zur weithin dominierenden Sichtweise entwickelt.

In der Gesamtbetrachtung wird die deutsche Ökologiebewegung gern mit dem Etikett des «links-libertären Profils» charakterisiert. Von klassischen Linkspositionen unterscheidet sich dieses Profil zum einen durch die besondere Akzentuierung von Umweltproblemen, zum anderen durch stärkere Vorbehalte gegenüber staatlichen Eingriffen und Steuerungsversuchen. Die sporadisch wiederkehrenden und eigentlich nahe liegenden Versuche, auch mehr konservative Bevölkerungskreise anzusprechen, waren bislang wenig erfolgreich. Für Bündnis 90 / Die Grünen könnte eine Annäherung an konservative Positionen, die sich auf bestimmte Punkte beschränkt (z. B. libertär im Sinne von Eigenverantwortung und konservativ im Sinne von Traditions- und Naturerhaltung), ein Weg sein, neue Anhänger und Wähler zu gewinnen.

Zum Sozialprofil der Umweltaktivisten: Sowohl Mitgliedschaftsstatistiken von Umweltverbänden als auch Umfragedaten zeigen, dass jüngere Personen mit hoher formaler Bildungsqualifikation in den Umweltgruppen und -organisationen deutlich überrepräsentiert sind. Frauen und Männer sind in etwa gleich stark vertreten (Greenpeace z. B. berichtet auf seiner Webseite von einem Frauenanteil von 60 Prozent), was insofern bemerkenswert ist, als in zahlreichen anderen Vereinigungen (angefangen von den politischen Parteien bis hin zu diversen Vereinen) Frauen zumeist unterrepräsentiert sind. Die zentrale Rekrutierungsbasis sind Angehörige der Mittelschicht und Personen aus dem Bereich der so genannten Humandienstleistungen. Ohne dass dazu eindeutige Belege in Form von Zeitreihen vorliegen, lässt sich vermuten, dass sich die soziale Selektivität der Umweltbewegung im Zeitablauf abgeschwächt hat. Die Selektivität speziell mit Bezug auf das Alter z. B. ist mit Sicherheit zurückgegangen. Damit hat aber auch gleichzeitig das Schlagwort und die Diagnose vom «Ergrauen der Grünen» (Bürklin und Dalton 1994; Klein und Arzheimer 1997; Kohler 1998) die Runde gemacht. Bei den Umweltverbänden ebenso wie bei Bündnis 90 / Die Grünen besteht eine Tendenz, dass deren Mitglieder im Durchschnitt immer älter werden und sich der Schwerpunkt der Aktivisten in die mittleren Altersgruppen hinein verschiebt.

Perspektiven der Umweltbewegung: Oft verbunden mit mehr oder weniger vielstufigen Phasenmodellen sozialer Bewegungen wird «der Niedergang der Umweltbewegung» in der Literatur zum Teil wie eine Selbstverständlichkeit gesehen. Opp (1996) z. B. überschreibt einen Artikel mit dem Titel «Aufstieg und Niedergang der Ökologiebewegung in der Bundesrepublik» und hält ein Fragezeichen offenbar nicht für notwendig. Und für Fritzler (1997: 71) gilt: «Die Zeit der großen Demonstrationen gegen Atomkraftwerke oder das Waldsterben ist längst vorbei – und damit auch die der Umweltbewegung». Zum Teil jedoch gibt es noch Widerspruch dergestalt, dass eher von einer Stagnation auf hohem Niveau bzw. von einer Veränderung des Selbstverständnisses und der Aktionsformen der Umweltbewegung ausgegangen wird (so z. B. Brand 1999).

Wie man die Diagnose setzt, hängt zum einen von den verwendeten Indikatoren, zum anderen vom Verständnis dessen ab, was man als soziale Bewegung bezeichnet. Gemessen an der Zahl der öffentlichen Protestereignisse ist ein Rückgang der Umweltbewegung zu verzeichnen (Kriesi und Giugni 1996). Auch die Mitgliederzahlen bei Bündnis 90 / Die Grünen sind in jüngster Zeit rückläufig. Die großen Umweltverbände bemühen sich zwar, in der Außendarstellung einen Rückgang ihrer Mitgliederzahlen zu kaschieren. Aber Bevölkerungsumfragen verweisen in diese Richtung. In den Umfragen «Umweltbewusstsein in Deutschland» z. B. sank der Anteil derer, die sich als aktives oder passives Mitglied einer Umweltgruppe oder -organisation bezeichneten, im Übergang von 1996 zu 1998 von 5,4 auf 4,2 Prozent, wobei sich der Rückgang ausschließlich in Westdeutschland vollzogen hat und in erster Linie auf das Konto der jüngsten Altersgruppe der 18- bis 30-Jährigen ging (vgl. Preisendörfer 1999: Kap. 16). In Ostdeutschland hatten die Umweltorganisationen – ebenso wie Bündnis 90 / Die Grünen – von Anfang an Schwierigkeiten, und die Mitgliedsquote liegt unter drei Prozent. Noch deutlicher sind die Anteile derer gesunken, die angeben, dass sie sich in den letzten fünf Jahren an verschiedenen öffentlichen Aktivitäten zum Umweltschutz (Unterschriftensammlung, Geldspenden, Teilnahme an Demonstrationen u. Ä.) beteiligt haben.

Unbestritten ist, dass sich im Verlauf der Jahre die Aktionsformen der Umweltbewegung von unkonventionellem hin zu mehr konventionellem Engagement verändert und sich radikalökologische Positionen abgenutzt haben. Die Grünen sind salon- und regierungsfähig geworden, Greenpeace und BUND arbeiten mit der Industrie zusammen, und der Panda-Versandhandel des WWF blüht. Ob man bei alldem noch von einer (neuen) sozialen Bewegung sprechen mag, ist letztlich nicht mehr als eine terminologische Frage.

Hält man an dem Etikett der sozialen Bewegung fest, hat die Umweltbewegung in Deutschland in der relativ kurzen Zeit von etwa 30 Jahren erstaunlich schnell die drei von Brand (1999) unterschiedenen Phasen der (1) Formierung und Identitätsbildung, (2) Polarisierung und Massenmobilisierung und (3) Veralltäglichung, Professionalisierung und Institutionalisierung durchlaufen. Insbesondere die jetzt großen Umweltverbände haben den Charakter von etablierten und anerkannten Interessenvertretungen angenommen, und es steht nicht zu erwarten, dass sie in Kürze Konkurs anmelden werden. Mit einem gewissen Mitgliederschwund und einem Rückgang der Einnahmen müssen sie jedoch rechnen.

3. Theorien sozialer Bewegungen

Innerhalb der Bewegungsforschung werden eine ganze Reihe von theoretischen Ansätzen diskutiert, die sich um eine Erklärung für das Entstehen, den Erfolg und Prozessverläufe sozialer Bewegungen bemühen (für eine Kurzübersicht vgl. z. B. Hellmann 1999). Die drei wichtigsten Theoriegruppen sind dabei Politische-Prozess-Ansätze, Ressourcen-Mobilisierungs-Ansätze und verschiedene Varianten von Framing-Ansätzen. Zunächst werden im Folgenden die Grundgedanken dieser drei Ansätze vorgestellt, anschließend wird ein Weg in Richtung theoretischer Synthese aufgezeigt.

Politische-Prozess-Ansätze (PP-Ansätze)

Die PP-Ansätze (grundlegend Kitschelt 1986), die häufig auch als Ansätze der politischen Gelegenheitsstruktur bezeichnet werden, richten bei der Erklärung sozialer Bewegungen ihre Aufmerksamkeit auf strukturelle Eigenschaften des gesellschaftlichen und vor allem des politischen Systems. Es wird gefragt und untersucht, inwieweit sich institutionelle Charakteristika des politischen Systems, die «political opportunity structure», günstig oder ungünstig auf das Ausmaß und den Verlauf von Protestaktivitäten auswirken. Dabei taucht natürlich sogleich die Frage auf, welche Merkmale des politischen Systems im Einzelnen von Bedeutung sind und in welcher konkreten Form sie sich auf das Entstehen und Ablaufmuster sozialer Bewegungen auswirken.

Eine Generalthese, die von Vertretern der PP-Ansätze offenbar weithin akzeptiert wird, lautet, dass die «Offenheit des politischen Systems» eine wichtige Bestimmungsgröße ist. Hinsichtlich der Form ihres Einflusses wird ein umgekehrt U-förmiger Effekt vermutet: In einem geschlossenen, repressiven System werden Protestaktivitäten unterdrückt, in einem offenen System gibt es hinreichend viele Kanäle zur Artikulation von Unzufriedenheit, und mithin erscheint ein «mittleres Niveau der Offenheit» das

Entstehen von Protest und sozialen Bewegungen am ehesten zu begünstigen. Die Kategorie der «Offenheit eines Systems» ist freilich in hohem Maß unbestimmt und hat den Charakter einer «catch all»-Variable, sodass es hier genauerer Spezifizierungen bedarf.

Es ist wohl eine der wesentlichen Leistungen der PP-Ansätze, dass sie – verbunden mit konkreten Operationalisierungsvorschlägen – zahlreiche Einzeldimensionen zur Charakterisierung der Struktur politischer Systeme herausgearbeitet haben, die bei der Entstehung politischen Protests eine mehr oder weniger wichtige Rolle spielen. In einer vergleichenden Analyse der Anti-Atomkraftbewegung in Deutschland, Frankreich, Schweden und den USA unterscheidet z. B. Kitschelt (1986) zwischen Input- und Outputfaktoren des politischen Systems. Als Inputfaktoren werden u. a. die Anzahl der Parteien und Gruppierungen, die sich um Wählerstimmen bemühen, und die Entscheidungs- und Kontrollfähigkeiten der Legislative gegenüber der Exekutive gesehen; als Outputfaktoren u. a. die Zentralisierung bzw. Dezentralisierung des Staatsapparats und die Unabhängigkeit der Rechtssprechung bei politischen Konfliktlösungen. In der Tat gelingt es Kitschelt mit seinem Satz von Input- und Outputfaktoren, einige der empirischen Beobachtungen, z. B. das weitgehende Scheitern der französischen Anti-Atomkraftbewegung, verständlich zu machen.

Vor dem theoretischen Hintergrund der PP-Ansätze diskutieren auch Kriesi und Giugni (1996) die Entwicklung der Ökologiebewegung in mehreren westlichen Ländern. Zur Beschreibung des politischen Kontextes differenzieren sie drei breite Variablengruppen: strukturelle Aspekte mit einer hohen zeitlichen Stabilität, variable Aspekte der jeweiligen politischen Machtkonfiguration und Aspekte, die den Interaktionsprozess zwischen einer sozialen Bewegung und ihren Adressaten, Bündnispartnern und Gegnern betreffen. Mit diesem Variablenraster werden die Ökologiebewegungen in verschiedenen Ländern in ihrer Entwicklung und ihrem Verlauf sehr kenntnisreich diskutiert. Mit ihrem geringen Organisationsgrad und ihrer starken Fragmentierung spiegelt z. B. die französische Ökologiebewegung laut Kriesi und Giugni «generelle Merkmale des Systems der Interessenvermittlung in Frankreich wider». Und während die Umweltbewegung in Deutschland als «polarisierende Bewegung» bezeichnet wird, wird sie für Großbritannien, die Niederlande und die USA als «konsensuelle Bewegung» eingestuft.

Eine Kritik der PP-Ansätze bzw. der bisherigen Forschung dazu kann auf mehrere Punkte abstellen: Vom Design her verlangt eine Überprüfung der Ansätze ländervergleichende Studien, und für stringente Tests braucht man dabei Daten aus möglichst vielen Ländern. Bislang jedoch beziehen die Arbeiten – aufgrund nahe liegender Schwierigkeiten bei der Beschaffung vergleichbarer Daten – in der Regel nur wenige Länder ein. Die angeblichen Überprüfungen stützen sich dann nicht auf multivariate statistische Modelle, sondern bewegen sich auf der Ebene von mehr oder weniger einleuchtenden Illustrationen. Das, was erklärt werden soll, das Explanandum, wird vielfach nicht klar benannt bzw. sehr variabel angesetzt. Im Fall der Ökologiebewegung ist es zum Teil die Zahl der öffentlichen Umweltproteste, zum Teil die Zahl der Mitglieder oder die finanziellen Einnahmen von Umweltverbänden, der Grad der Militanz der Umweltbewegung, Veränderungen der Strategien und des Handlungsrepertoires im Zeitablauf u. Ä. Das Spektrum der möglicherweise bedeutsamen politischen Kontextfaktoren hat sich im Zuge der Profilierung der PP-Ansätze immer mehr erweitert. Selbst bei ein und demselben Autor – z. B. bei Kitschelt (1986 und 1999) – werden immer neue Variablengruppen ins Spiel gebracht. Verlässt man den Rahmen von Strukturmerkmalen des politischen Systems und bezieht zusätzlich Merkmale des ökonomischen, sozialen und kulturellen Systems ein (so z. B. Rucht 1994: Kap. 7), wird die Bandbreite kaum mehr überschaubar. Die PP-Ansätze bewegen sich ausschließlich auf der Makroebene eines Systems und blenden die Handlungs- und Entscheidungslogik individueller Akteure aus bzw. thematisieren sie nur implizit. Die fehlende Mikrofundierung dürfte es schwer machen, den Hypothesen widersprechende empirische Evidenzen, wie es sie bei korrelativen Beziehungen von Strukturmerkmalen stets gibt, zu erklären.

Ressourcen-Mobilisierungs-Ansätze (RM-Ansätze)

Anders als die PP-Ansätze konzentrieren sich die RM-Ansätze (grundlegend McCarthey und Zald 1977) zum einen auf die Mikroebene individueller Akteure, zum anderen auf die Mesoebene von Organisationen. Ausgangspunkt ist die zunächst relativ triviale Feststellung, dass der Erfolg oder Misserfolg einer sozialen Bewegung davon abhängt, ob und inwieweit es ihr gelingt, Ressourcen in Form von Zeit, Geld, Wissen, Aufmerksamkeit u. Ä. zu mobilisieren. In der konkreten Umsetzung werden in erster Linie zwei zentrale Ressourcen ins Blickfeld genommen: das Engagement individueller Akteure und die «Organisationskapazität» einer Bewegung.

Eine soziale Bewegung entsteht nur dann, wenn sich Menschen für deren Anliegen engagieren. Deshalb liegt es nahe, im ersten Schritt zu fragen, wovon die Bereitschaft von Personen abhängt, sich z. B. an einer Demonstration zu beteiligen oder Mitglied einer Organisation zu werden, die sich für diese Anliegen einsetzt. Für die Erklärung individuellen Engagements greifen die RM-Theoretiker auf das Nutzen / Kosten-Kalkül und erweiterte Rational-Choice-Modelle zurück. In Anlehnung an die Theorie kollektiven Handelns von Olson (1965) wird eine wesentliche Schwierigkeit darin gesehen, dass soziale Bewegungen sich in der Regel um die Herstellung von Kollektivgütern bemühen und deshalb das Trittbrettfahrer-Problem entsteht (vgl. dazu bereits Abschnitt II.4). Für individuelle Akteure ist es aufgrund von Zeit-, Kosten- und Risikoüberlegungen rational, auf die Beteiligung z. B. an einer nicht genehmigten Demonstration zu verzichten, zumal deren Erfolg mit Sicherheit nicht davon abhängt, ob nun 1000 oder 1001 Teilnehmer gezählt werden. Auch die Wirkungsmöglichkeiten z. B. von Greenpeace werden gewiss nicht zentral davon beeinflusst, ob ich als Förderer mit einer Spende von 100 DM auftrete oder nicht.

Das «Free Rider»-Problem kann gemäß Olson durch selektive Anreize überwunden werden, d. h. durch Anreize, die nur denen zugute kommen, die sich tatsächlich engagieren. Genau solche selektiven sowie andere Anreize bringen die Vertreter der RM-Ansätze ins Spiel, um die individuelle Mitwirkung an sozialen Bewegungen zu erklären. Im Rahmen eines mehrstufigen Modells, das auf eine Erklärung politischen Protests für Belange des Umweltschutzes abzielt, unterscheidet z. B. Opp (1996) drei Gruppen von Anreizen: Kollektivgut-Anreize, moralische Anreize und soziale Anreize. Das Kollektivgut ist die Verbesserung der Umweltqualität, und Anreize zu dessen Herstellung ergeben sich für Opp aus dem Grad der individuellen Unzufriedenheit mit der Qualität der Umwelt. Die moralischen Anreize bezeichnen das subjektive Verpflichtungsgefühl einer Person, sich für den Umweltschutz engagieren zu müssen. Und die sozialen Anreize stellen auf erwartete Belohnungen oder Bestrafungen aus dem sozialen Umfeld einer Person ab. Zusätzlich zu diesen drei Typen von Anreizen berücksichtigt Opp die subjektiv wahrgenommene Erfolgswahrscheinlichkeit eines Engagements. Personen engagieren sich nur dann, wenn sie glauben, dass dies mit Blick auf die Herstellung des Kollektivguts einen gewissen Einfluss hat. Bei der «Erfolgswahrnehmung» handelt es sich um eine Größe, der in RM-Ansätzen regelmäßig ein hoher Stellenwert zugewiesen wird (Klandermans 1991: 27). Empirische Umsetzungen seines Modells hat Opp unter anderem für die Beteiligung an Protesten der Anti-Atomkraftbewegung vorgelegt.

Neben Modellen zur Erklärung individuellen Engagements ist ein zweiter wichtiger Punkt der RM-Ansätze der stete Hinweis darauf, wie wichtig formelle Organisationen für die Mobilisierung von Bewegungen sind. Speziell für die Formationsphase sozialer Bewegungen wurde vielfach beobachtet, dass diese nicht ex ovo entstehen, sondern sich aus schon bestehenden Gruppierungen und Organisationen heraus entwickeln. So stützte sich die bescheidene Umweltbewegung in der DDR in hohem Maß auf kirchliche Gruppen, und die Stärke und Dynamik der westdeutschen Umweltbewegung wird u. a. damit begründet, dass sie auf die zahlreich vorhandenen Naturschutzgruppen aufsetzen konnte. Organisationen werden als das zentrale Standbein sozialer Bewegungen gesehen, sie bündeln individuellen Protest, stellen ihn mehr oder weniger auf Dauer und fungieren als nach außen sichtbare Anlaufstellen. Wenn einer sozialen Bewegung der Aufbau von «Handlungszentren», d. h. von formellen Organisationen oder zumindest von informellen Netzwerken gelungen ist, dann senkt dies die Kosten individuellen Engagements, erleichtert die Rekrutierung neuer Mitglieder und ermöglicht «Block-Mobilisierung» für diverse Einzelaktivitäten.

Auch die Schaffung neuer Organisationen ist freilich mit Kollektivgut- und Trittbrettfahrer-Problemen verbunden, und gemäß Olson lassen sich unterschiedliche Interessen unterschiedlich gut organisieren. Hier vertrauen die RM-Theoretiker im Wesentlichen auf «politische Unternehmer», die entweder aufgrund starker ideologischer Überzeugungen («psychic income») Organisationen kreieren oder aber deshalb, weil sie sich davon handfestere Vorteile (berufliche Positionen, Macht, Geld usw.) versprechen. Die oben angesprochene Anknüpfung an schon bestehende Organisationen ermöglicht den Rückgriff auf an sich fremde Ressourcen und senkt auf diese Weise die Kosten der Organisationsarbeit.

Obwohl die Verdienste der RM-Ansätze, insbesondere mit Blick auf ihr Potenzial für empirische Analysen, unstrittig sind, werden regelmäßig bestimmte Kritikpunkte vorgetragen (für eine Zusammenstellung vgl. Kitschelt 1991): Der vergleichsweise schwächere Teil der RM-Ansätze ist wohl der, der die Botschaft «organization matters» zu vermitteln versucht. Formelle Organisationen mögen die besagten Triebkräfte einer Bewegung sein, oft aber sind sie erst einmal das angestrebte Ziel von Mobilisierungsbemühungen, sodass hier die Entmischung von Ursache und Wirkung schwer fällt. Fraglich ist auch, ob man überhaupt noch von einer sozialen Bewegung sprechen will, wenn bestimmte Interessen von schlagkräftigen Organisationen vertreten werden. Was die Erklärungsmodelle individuellen Engagements anbelangt, sind Vorbehalte gegenüber dem Nutzen-/Kosten-Kalkül bei Bewegungsforschern offenbar besonders beliebt. Zum Teil wird die Basisprämisse rationalen Handelns gänzlich bestritten, zum Teil und häufiger wird darauf verwiesen, dass die RM-Ansätze nichts dazu sagen, wie individuelle Bewertungen und Einschätzungen (Erfolgswahrnehmung, moralische Anreize usw.) entstanden sind.[2] Von strikten Rational-Choice-Theoretikern wird umgekehrt argumentiert, die RM-Ansätze würden mit der Einführung moralischer und sozialer Anreize die Nutzenfunktion so weit aufspannen, dass das Kalkül den Charakter einer Tautologie annimmt. Wenig überraschend ist, dass die Vertreter der PP-Ansätze die Vernachlässigung makrostruktureller Kontextfaktoren kritisieren. Schließlich wird den RM-Ansätzen vorgeworfen, sie würden «die soziale Konstruktion kollektiver Protestaktivitäten» ausblenden.

Framing-Ansätze (F-Ansätze)

Diese soziale Konstruktion kollektiven Protests ist das Thema der F-Ansätze (grundlegend Snow und Benford 1988). Ähnlich wie die RM-Ansätze konzentrieren sie sich auf die Mikro- und Mesoebene. Der allgemeinere theoretische Hintergrund sind konstruktivistische Positionen, nach denen Probleme wie die Umweltgefährdung nicht an sich bestehen, sondern im Zuge eines gesellschaftlichen Diskussionsprozesses erst aufgebaut und konstruiert werden (vgl. dazu bereits Abschnitt II.3).

Auf der individuellen Ebene geht es in erster Linie darum, was Personen dazu bringt, die Situation in einer Weise zu definieren und zu interpretieren, dass politisches Engagement angezeigt erscheint. Im Mittelpunkt stehen dabei Prozesse der Entstehung und Veränderung individueller Werthaltungen und Einschätzungen. Bei der Konstruktion kognitiver Interpretationsschemata spielen persönliche Erfahrungen und Einflüsse aus dem sozialen Nahumfeld eine ebenso wichtige Rolle wie Informationen aus den Massenmedien. Letztere werden selektiv insoweit aufgegriffen, als sie sich mit Ersteren decken. Werden persönliche Erfahrungen z. B. mit Lärm am eigenen Wohnort seitens der Massenmedien nicht unter der Rubrik von Umweltbelastungen thematisiert, ergeben sich auch keine An-

2 An dieser Stelle sei ergänzend vermerkt, dass die Low-Cost-These (Abschnitt IV.5) wohl nicht nur für «privates», alltägliches Umweltverhalten, sondern auch für verschiedene Formen des Umweltengagements gilt. Folgt man den empirischen Ergebnissen von Braun und Franzen (1995), ist Low-Cost-Engagement (z. B. sich in eine Unterschriftenliste eintragen) eindeutig häufiger als High-Cost-Engagement (z. B. sich an einer Demonstration beteiligen).

reize zu einer Beteiligung an Umweltprotesten. Zentrales Ziel der Akteure sei die «Inszenierung einer eigenen Identität», die in einem Abgleichungsprozess eigener kognitiver Rahmungen mit den Sichtweisen wichtiger Bezugspersonen und Interpretationsangeboten im gesamtgesellschaftlichen Umfeld hergestellt wird. Als wichtig für die Engagementbereitschaft werden auch subjektive Attributionsprozesse gesehen. Je genauer wahrgenommene Probleme bestimmten Verursachern zugerechnet werden und je größer der potenzielle eigene Einfluss auf die Verursacher, desto höher die Bereitschaft zum Engagement.

Mehr Beachtung als individuelle Interpretationsschemata haben im Rahmen der F-Ansätze so genannte Mobilisierungsframes einzelner Organisationen bzw. einer gesamten Bewegung gefunden. Nach Snow und Benford (1988) besteht ein umfassender Mobilisierungsframe aus drei Komponenten: Dem «diagnostic frame» obliegt es, eine überzeugende Problemkonstruktion anzubieten, wozu die Problembeschreibung ebenso gehört wie die Benennung der Hauptverantwortlichen. Der «prognostic frame» beschreibt Zukunftsperspektiven und zeigt Lösungsmöglichkeiten auf. Der «motivational frame» schließlich bietet Argumente, die individuelles Engagement sinnvoll erscheinen lassen. Angewandt auf die Umweltbewegung ging bzw. geht es im Rahmen der Diagnose um die Etablierung des Umweltproblems als eines wichtigen gesellschaftspolitischen Problems und um Zuschreibungen der Verantwortlichkeit im Spannungsfeld von Selbst- und Systemverantwortung. Der Prognoserahmen der Umweltbewegung lässt sich in hohem Maß als ein Angst-, Skandal- und Katastrophenszenario charakterisieren, dem erst in einer späteren Phase Lösungsmöglichkeiten hinzugefügt wurden. Individuelle Motivation zur Mitarbeit in der Umweltbewegung wurde nicht nur durch die Problemdefinition aufgebaut, sondern auch durch soziale Anreize (dezentrale Arbeit in Umweltgruppen vor Ort) und durch Rückgriff auf phantasievolle Aktionsmuster (Greenpeace-Aktionen).

Was Snow und Benford als Konstruktion eines konsistenten Mobilisierungsframes beschreiben, fasst Melucci in zahlreichen Einzelarbeiten (für eine Kurzübersicht Melucci 1999) unter das Stichwort der Herstellung einer «kollektiven Identität». Meluccis Ausgangsfrage ist, wie es eine Bewegung schafft, sich selbst als kollektiven Akteur zu sehen und in der Außenwahrnehmung so gesehen zu werden. Kollektive Identitätsbildung sei ein «delikater Prozeß», bei dem die Akteure um normativ-symbolische Deutungsmuster ringen, Integrationsleistungen im Innenverhältnis erbringen und Grenzziehungen nach außen aufbauen müssen. In der Anwendung auf die Ökologiebewegung würde es der «Collective Identity»-Ansatz wohl nahe legen, die Rolle ausgewählter Einzelkonflikte (z. B. Atomkraft) zu analysieren, das «Feld symbolisch-diskursiver Kämpfe» (Brand 1999: 241) genauer zu beleuchten und den Prozess der Vereinheitlichung der unterschiedlichen ideologischen Strömungen nachzuvollziehen.

In der Beurteilung und bei einer Kritik der F-Ansätze ergibt sich die Schwierigkeit, dass die Aussagen in der Regel sehr vage und unbestimmt sind. Bisher sind die Äußerungen von Vertretern der F-Ansätze eher Programm und Orientierungshypothesen als klare, empirisch überprüfbare Aussagen (Opp 1994: 23). Allein dies jedoch ist ein zweifellos gewichtiger Kritikpunkt. Oft hat man den Eindruck, dass Thesen der RM- und PP-Ansätze lediglich in einer anderen Sprache reformuliert und verkompliziert werden. Was die Konstruktion individueller Interpretationsschemata anbelangt, ist immerhin klar, dass auch die Entstehung individueller Bewertungen und Einschätzungen als erklärungsbedürftig angesehen wird. Mit Blick auf empirische Umsetzungen ist es nach Kitschelt (1999: 156–157) «zur Zeit schlecht um die Demonstration der theoretischen Erklärungskraft interpretativer Modelle bestellt (...) Dort, wo komparative Forschung stattfindet, handelt es sich zumeist um theorielose Deskription unterschiedlicher Interpretationsrahmen».

Versuch einer theoretischen Synthese

Die Zuspitzung der theoretischen Diskussion auf «Paradigma»-Kontroversen wird in der einschlägigen Literatur allseits beklagt. In der Tat schließen sich die drei skizzierten Theoriegruppen keineswegs wechselseitig aus, vielmehr unterscheiden sie sich nur in den wesentlichen Akzentsetzungen und können sich teilweise ergänzen. Die Richtung, in die eine Synthese gehen könnte, lässt sich am besten an dem allgemeinen Schema aufzeigen, das Coleman (1990: Kap. 1) für die Logik sozialwissenschaftlicher Theoriebildung vorgeschlagen hat und das auch schon von Opp (1994, 1996) für die Erklärung kollektiver Protestaktivitäten genutzt wurde. Mit leichten Modifikationen gegenüber Opp ist das Schema in Abbildung VI.2 dargestellt. An dem Schema lassen sich erstens noch einmal die Schwerpunktsetzungen und Schwächen der drei diskutierten Theoriegruppen demonstrieren, zweitens wird deutlich, wo die hauptsächliche Lücke aller bisherigen Ansätze liegt, und drittens kann man erkennen, wo Ergänzungs- bzw. Konkretisierungsbedarf besteht, wenn es speziell um die Erklärung der Umweltbewegung geht.

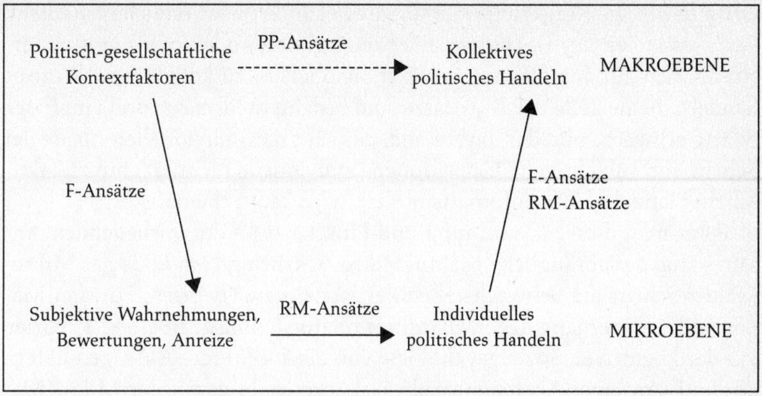

Abbildung VI.2: **Mikro-Makro-Modell zur Erklärung kollektiven politischen Handelns**

Die PP-Ansätze bewegen sich ausschließlich auf der Makroebene, was bedeutet, dass ihnen die Mikrofundierung fehlt. Eine solche Mikrofundierung ist jedoch notwendig, wenn man wissen will, warum und über welche Mechanismen ein Kontextfaktor X kollektiven Protest fördert oder aber hemmt. Spätestens dann, wenn man Vertretern der PP-Ansätze die Warum-Frage stellt, artikulieren sie Zusatzannahmen über deren Einflüsse auf subjektive Dispositionen und individuelles Verhalten, und diese Zusatzannahmen gilt es zu explizieren.

Die Stärken der RM-Ansätze sind – ausgehend von subjektiven Wahrnehmungen, Bewertungen und Anreizen, die empirisch beobachtet werden – ihre Mikromodelle zur Erklärung individuellen Engagements. Als der schwächere Teil der RM-Ansätze wurde oben die Umsetzung von individuellem in kollektiven Protest herausgearbeitet. Hier verweisen die RM-Ansätze auf die große Bedeutung formeller Organisationen, was aber im Grunde genommen schon das Explanandum (kollektives Handeln) ist. Weitgehend unbearbeitet bleibt die Frage, wie objektiv gegebene Rahmenbedingungen subjektiv wahrgenommen, verarbeitet und im Sinne von Incentives und Disincentives interpretiert werden. Diese Verbindung stellen RM-Theoretiker mitunter in Form so genannter Brükkenhypothesen her (so z. B. Opp 1996), aber diese haben sehr oft eher Ad-hoc-Charakter.

Genau auf diese Brückenhypothesen stellen wohl die F-Ansätze ab, wenn es um die Konstruktion individueller Interpretationsschemata geht. Der zweite Teil der F-Ansätze, die Konstruktion kollektiver Identität, erstreckt sich auf den Übergang von individuellem zu kollektivem Protesthandeln. Beide Teile der F-Ansätze sind bislang theoretisch und empirisch relativ schwach, und der Tatbestand, dass auf der individuellen Ebene der Schritt von subjektiven Dispositionen (individuelle Identität) hin zu faktischem Handeln kein Automatismus ist, wird kaum thematisiert.

Folgt man dieser Einordnung und Einschätzung der vorliegenden Ansätze, sind der anfängliche Makro-Mikro-Schritt und am Ende der Mikro-Makro-Schritt die Schwachstellen der bisherigen Theorien. Für den Makro-Mikro-Übergang liegen allerdings relativ gut ausgearbeitete Theorien aus der kognitiven Sozialpsychologie vor, die konkretere Aussagen liefern als die F-Ansätze. Als hauptsächliche Lücke bleibt damit der Mikro-Makro-Übergang, der nach Coleman genuin in das Aufgabenfeld soziologischer Theoriebildung fällt. Individuelle Protestaktivitäten aggregieren sich nicht automatisch zu kollektivem Protest. Hinreichend viele Freiräume für individuellen Protest können das Entstehen kollektiver Protestbewegungen unterminieren, und die individuellen Protestaktivitäten können so disparat und vielfältig sein, dass sie nicht in eine kollektive Bewegung münden. Hier sind in der Tat gewisse organisatorische Konstruktionsleistungen erforderlich, die bislang nicht hinreichend klar ausgearbeitet wurden.

Will man das Schema von Abbildung VI.2 speziell für die Erklärung der Ökologiebewegung nutzen, erscheint zumindest an einer Stelle eine Ergänzung bzw. Konkretisierung notwendig. Im Satz der politisch-gesellschaftlichen Kontextfaktoren wäre auf jeden Fall auch das Ausmaß der tatsächlichen Umweltbelastung zu berücksichtigen. Vorliegende Evidenzen aus Befragungsstudien deuten darauf hin, dass die Umweltbelastung, der eine Person in ihrem direkten Nahumfeld ausgesetzt ist, mit der subjektiv wahrgenommenen Umweltbelästigung nur schwach positiv und mit dem Umweltengagement praktisch überhaupt nicht korreliert (für Literaturhinweise und empirische Ergebnisse vgl. Preisendörfer 1999: Kap. 15 und 16). Es gibt zwar das bekannte NIMBY-Phänomen («not in my back yard»), aufgrund dessen sich Personen aktiv gegen Umweltbeeinträchtigungen in ihrer Nachbarschaft wehren. In der Gesamtbetrachtung aber spielt dies keine wesentliche Rolle, zumal umgekehrt gerade viele Aktivisten der Umweltbewegung in Wohngegenden leben, die wenig belastet sind. In dem ihm eigenen Sprachstil postuliert Beck (1991: 336) mit Bezug auf Umweltprotestaktivitäten ein «Gesetz der Unabhängigkeit von Zerstörung und Protest». Dieses «Gesetz» konkurriert mit der so genannten Problemdruck-These (Huber 1998: 667) und wäre empirisch genauer zu überprüfen.

4. Wirkungsbilanz der Umweltbewegung

Für die meisten Beobachter der Ökologiebewegung steht außer Frage, dass es eine relativ erfolgreiche Bewegung war und/oder ist. Maxeiner und Miersch (1996, 1998) charakterisieren die Umweltbewegung in Deutschland und anderen Ländern als «eine extrem erfolgreiche Bewegung», die in kurzer Zeit mehr erreicht habe als die meisten anderen sozialen Bewegungen. Die Umweltbewegung sei so erfolgreich, dass sie inzwischen mit einem «Erfolgs-Paradox» konfrontiert sei. Das Paradox bestehe darin, dass mit den erreichten Erfolgen die Mobilisierungslogik (in der Sprache der F-Ansätze der «Mobilisierungsframe») untergraben werde. Obwohl ihre Positionen längst mehrheitsfähig seien und in vielen Bereichen sogar Meinungsführerschaft bestünde, würden sich die Vertreter der Umweltbewegung noch immer gern als einsame Rufer in der Wüste darstellen. Unter anderem aufgrund der erzielten Erfolge seien viele der «Doomsday»-Prognosen nicht eingetreten, sodass den Kassandra-Rufen zunehmend weniger Glauben geschenkt werde. Längerfristig habe die Mobilisierungsstrategie der Angst- und Panikmache zudem das Problem, dass sich die Bevölkerung irgendwann entnervt von den düsteren Prognosen und Szenarien abwende und nach positiven und ermunternden Signalen Ausschau halte. Sowohl die empirischen Evidenzen zur Entwicklung des Stellenwertes des Umweltschutzes in der Bevölkerung (Abschnitt IV.2), als auch die Hinweise darauf, dass die Umweltbewegung ihren Höhepunkt überschritten hat (Abschnitt VI.2), unterstützen diese Sichtweise.

In der Tat lassen sich an zahlreichen Einzelbeispielen Erfolge der Ökologiebewegung demonstrieren, und Maxeiner und Miersch werden nicht müde, eine nicht enden wollende Liste solcher Beispiele vorzuführen. Eine systematische Wirkungsbilanz verlangt jedoch mehr als Beispiele und Illustrationen. Dabei ergeben sich mindestens drei grundlegende Schwierigkeiten: (1) Im Kern bleibt jede Wirkungsbilanz letztlich ein Gedankenspiel, denn die Frage, wie sich – in dem einschlägigen Zeitraum von rund 30 Jahren – die Situation ohne eine organisierte Umweltbewegung entwickelt hätte, lässt sich kaum beantworten. (2) An Veränderungen im Zeitablauf, wie sie sich in bestimmten Bereichen zweifellos nachweisen lassen, war die Umweltbewegung nur als ein Akteur unter anderen (Staat, Wirtschaft usw.) beteiligt. Mithin besteht stets ein kausales Zurechnungsproblem in Gestalt der Frage, wer in welchem Ausmaß an den Veränderungen mitgewirkt hat. (3) Eine Wirkungsbilanz im Sinne von Erfolg oder Misserfolg lässt sich nur vor dem Hintergrund der Zielsetzungen der Umweltbewegung erstellen. Die Ziele und Anliegen der verschiedenen Akteure der Umweltbewegung waren und sind jedoch keineswegs einheitlich, und im Zeitablauf hat es wiederholt Verschiebungen in den Prioritäten gegeben.

Aufgrund dieser Schwierigkeiten überrascht es nicht, dass die angesprochene Bilanzierung über Beispiele überwiegt und Versuche einer systematischen Wirkungsbilanz selten sind. Diejenigen, die sich darum bemühen, haben bislang kaum mehr zustande gebracht, als bestimmte begriffliche Differenzierungen einzuführen (kurz- versus langfristige Effekte, intendierte versus nicht-intendierte Effekte, inhaltlich-substanzielle versus institutionelle Effekte usw.), vor vorschnellen Erfolgsmeldungen zu warnen (in etlichen Bereichen hat sich die Umweltqualität trotz Umweltbewegung verschlechtert) und erste, mit vielen Einschränkungen versehene «empirische Tastversuche» vorzulegen. Aber auch diese bescheidenen Beiträge verdienen durchaus Beachtung.

Beschränken wir uns auf das inhaltlich interessanteste, die «empirischen Tastversuche», erscheint vor allem eine Arbeit von Rucht (1996) bemerkenswert. Wie andere Autoren (z. B. Giugni 1998) empfiehlt Rucht ländervergleichende Analysen, um etwas über den Erfolg oder Misserfolg der Umweltbewegung in Erfahrung zu bringen. Als unbestrittenes Endziel der Umweltbewegung kann die Verbesserung der Umweltqualität eingestuft werden, und im Erfolgsfall sollten Länder mit einer starken Umweltbewegung dieses Ziel eher erreicht haben als Länder mit einer nur schwachen Umweltbewegung. Auf der Grundlage diverser Einzelquellen gibt nun Rucht für insgesamt 18 Länder sowohl eine Einschätzung der Stärke der Umweltbewegung als auch eine Einschätzung der in den Ländern tatsächlich erreichten Verbesserung der Umweltqualität. Die Einschätzungen werden mit den Kategorien «schwach», «mittel» und «stark» abgestuft. Setzen wir diese Kategorien in Zahlenwerte um, lassen sich die verbalen Ausführungen von Rucht in der Form von Tabelle VI.1 zusammenfassen.

Die erste Spalte der Tabelle bezieht sich auf die Stärke der Umweltbewegung, die zweite auf Indizien für in Teilbereichen tatsächlich erreichte Verbesserungen der Umweltqualität. Für neun Länder wird die Umweltbewegung als stark, für sieben als mittel und für zwei als schwach eingestuft. Hinweise auf gewisse Verbesserungen der Umweltqualität sind gemäß

Tabelle VI.1: **Stärke der Umweltbewegung und verschiedene «Outcomes» im Ländervergleich**

	Stärke der Umweltbewegung	Verbesserung der Umweltqualität	Umfang der staatlichen Umweltpolitik	Einstellungen der Bevölkerung zum Umweltschutz
Deutschland	3	2	3	2
Schweiz	3	3	3	2
Österreich	3	3	3	2
Niederlande	3	3	3	3
Luxemburg	3	3	3	3
Dänemark	3	3	3	3
Schweden	3	3	3	2
Finnland	3	2	3	2
USA	3	2	2	2
Kanada	2	2	2	2
Belgien	2	2	2	1
Frankreich	2	2	2	2
Großbritannien	2	2	2	1
Irland	2	1	2	1
Italien	2	1	2	2
Spanien	2	1	1	2
Griechenland	1	1	1	1
Portugal	1	1	1	1

Erläuterung: Die Ausprägungen bedeuten 1 = schwach, 2 = mittel und 3 = stark. Die Tabelle wurde auf der Grundlage von Rucht (1996) erstellt.

Rucht in sechs Ländern stark, in sieben Ländern mittel und in fünf Ländern nur schwach. Korrelieren wir die beiden Zahlenreihen miteinander, ergibt sich ein Wert in Höhe von r = 0,80, was eine in der Tat beachtliche Korrelation ist.

Nun ist es so, dass die Stärke der Umweltbewegung und die erzielte Verbesserung der Umweltqualität lediglich die Endpunkte einer wohl mehrstufigen Wirkungskette sind. Die Umweltbewegung versucht, Einfluss auf das Ausmaß der Thematisierung von Umweltproblemen in den Massenmedien zu nehmen. Auf diesem Weg sollen Einstellungen und Verhaltensweisen der Bürger/-innen beeinflusst werden. Und über die Massenmedien, Einstellungen der Bevölkerung oder auch direkt (durch Lobbying) soll die staatliche Umweltpolitik verändert werden. Mögliche

Effekte der Umweltbewegung laufen nach der Einschätzung von Rucht in erster Linie über die staatliche Umweltpolitik, und aus diesem Grund klassifiziert er die 18 Länder auch nach dem Umfang ihrer staatlichen Umweltschutzanstrengungen (Spalte 3 in Tabelle VI.1). Die Stärke der Umweltbewegung und der Umfang staatlicher Umweltpolitik korrelieren in Tabelle VI.1 mit r = 0,90.

Einstellungen der Bevölkerung zum Umweltschutz werden mehr oder weniger regelmäßig in nationalen oder auch ländervergleichenden Umfragen erhoben. Spitzenreiter im «Umweltbewusstsein» sind bei Rucht Dänemark, die Niederlande und Luxemburg; Schlusslichter Großbritannien, Irland, Belgien, Griechenland und Portugal; Deutschland rangiert nur im Mittelfeld (Spalte 4 von Tabelle VI.1). Mit r = 0,72 liegt in Tabelle VI.1 auch die Korrelation zwischen der Stärke der Umweltbewegung und den Einstellungen der Bevölkerung zum Umweltschutz auf einem hohen Niveau.

Rekurrieren wir an dieser Stelle noch einmal auf die Bevölkerungsumfragen «Umweltbewusstsein in Deutschland» (Preisendörfer 1998: Kap. 19.3), ist es der Umweltbewegung in der Tat in einem erstaunlichen Ausmaß gelungen, die Bevölkerung von ihrer «Problemlösungskompetenz» in Umweltangelegenheiten zu überzeugen. Danach gefragt, wem sie es am ehesten zutrauen, sinnvolle Lösungen für die Probleme im Bereich des Umweltschutzes zu erarbeiten, erreichen zum einen die Umweltorganisationen und zum anderen die Umweltbürgerinitiativen Spitzenwerte. Sie liegen weit vor den Umweltschutzbehörden, vor den etablierten politischen Parteien und vor den Gewerkschaften und der Industrie. Dabei sind es nicht nur die Wähler der Parteien im linken Spektrum, sondern auch Wähler der konservativen Parteien, die den Umweltorganisationen und Umweltbürgerinitiativen eine hohe Problemlösungskompetenz einräumen.

Es fällt nicht schwer, gegen das Rucht'sche Vorgehen, seine Einstufungen und den positiven Ausgang des «empirischen Tastversuchs» kritische Einwände zu erheben. Eine grobe Abschätzung z. B. dessen, was die Anti-Atomkraftproteste bewirkt haben, signalisiert eher bescheidene Erfolge (für Literaturhinweise vgl. Kriesi und Giugni 1996: 337 f.). In nur wenigen Fällen gelang es, den Bau geplanter Atomanlagen gänzlich zu verhindern; häufiger wurde eine zeitliche Verzögerung erreicht; und der eigentliche Durchbruch kam erst dann, als auch die Energieunternehmen zu der Einsicht gelangten, dass sich neue Atomkraftwerke ökonomisch nicht mehr rechnen. Geht man eine Ebene tiefer und versucht z. B. eine Abschätzung dessen, was Greenpeace im Rahmen seiner «Brent Spar»-Aktion im Sommer 1995 erreicht hat, deutet sich ein ganzes Bündel ambivalenter Effekte an: Der triumphale Anfangserfolg war, dass die ausgediente Ölbohrinsel zunächst nicht im Meer versenkt wurde. Die Aktion hat einen Ideenwettbewerb dazu in Gang gesetzt, was mit all den Ölplattformen geschehen soll, die in den nächsten Jahren ausrangiert werden müssen. Dabei hat sich herausgestellt, dass eine Versenkung im Meer ökologisch und ökonomisch keineswegs die schlechteste der möglichen Lösungen ist. Inzwischen liegt Brent Spar am Boden des Meeres, wenn auch zuvor gereinigt und in mehrere Teilstücke zerlegt. Weiterhin hat die Aktion das Potenzial des Instruments von Konsumentenboykotts aufgezeigt und dieses Instrument mehr oder weniger hoffähig gemacht. In der heißen «Brent Spar»-Phase hat Greenpeace zahlreiche neue Mitglieder und Förderer gewonnen und mithin seine Finanzlage deutlich verbessert. Im Nachhinein hat sich bekanntlich ergeben, dass Greenpeace die Schadstoffmengen «an Bord» der Brent Spar massiv übertrieben hat, und dies hat mit Sicherheit der Glaubwürdigkeit von Greenpeace geschadet, was wiederum – neben finanziellen Einbußen – Auswirkungen auf die Erfolgschancen künftiger Aktionen haben dürfte.

Gleichsam zur Ernüchterung abschließend noch einige elementare Zahlen aus der umweltökonomischen Gesamtrechnung (UGR) des Statistischen Bundesamtes: Im Zeitraum von Anfang der 60er bis Anfang der 90er Jahre hat sich in Westdeutschland die Siedlungs- und Verkehrsfläche je Einwohner um 42 Prozent erhöht, die Wohnfläche je Einwohner um 95 Prozent, die Rohstoffentnahme um 65 Prozent, der Primärenergieverbrauch um 85 Prozent, die Abgabe von Luftschadstoffen um 30 Prozent, das Abfallaufkommen um 45 Prozent, die Gütertransportleistung um 147 Prozent und die Personenkilometer je Einwohner um 240 Prozent. Selbst vor dem Hintergrund dieser Zahlen könnte man immer noch argumentieren, dass die aufgeführten Steigerungen ohne die Anstrengungen der Umweltbewegung höher ausgefallen wären. Aber dies erinnert uns nur wieder an die Schwierigkeiten einer Wirkungsbilanz.

VII. Soziologische Aspekte der Umweltpolitik

1. Möglichkeiten und Grenzen staatlichen Umwelthandelns

Mit der Sympathie für die Umweltbewegung geht oftmals die Attitüde einher, die Wirkungsmöglichkeiten der staatlichen Umweltpolitik und das durch staatliche Umweltmaßnahmen bisher Erreichte skeptisch zu sehen. Empirisch kann dabei u. a. auf Befunde und Zahlenwerte verwiesen werden, wie sie gerade (am Ende von Kapitel VI) aus der umweltökonomischen Gesamtrechnung angesprochen wurden. Auch auf der internationalen Ebene lässt sich ein Bild zeichnen, das nicht gerade optimistisch stimmt. In der bereits in Kapitel II.1 erwähnten Studie zum industriellen Strukturwandel in 32 Ländern im Zeitraum von 1960 bis 1990 gelangt z. B. Jänicke (1994; vgl. auch Jänicke et al. 1993) zu dem Ergebnis, «dass es per saldo in keinem der untersuchten 32 Industrieländer zu wirklichen Umweltentlastungen durch Bedeutungsverlust von umweltintensiven Industrien kam» (S. 42). Und weiter: «Offenbar spielte der Staat strukturpolitisch eine geringe Rolle, geschweige denn, dass er Industriepolitik mit ökologischem Akzent betrieb» (S. 49). Jänicke interpretiert seine Befunde im Sinne einer These vom Staatsversagen.

In der theoretischen Diskussion stützt sich die These vom Staatsversagen oft auf eine systemtheoretische Sicht der Dinge. Luhmann (1990: Kap. XIII) z. B. widerspricht vehement der Vorstellung, dass das politische System im Spektrum der gesellschaftlichen Subsysteme in irgendeiner Form eine Ausnahmestellung einnimmt und gleichsam als zentrale Regelungsinstanz des Gesamtsystems fungiert. Auch das politische System könne nicht außerhalb der eigenen Autopoiesis und außerhalb des eigenen Codes handeln. Es sei ein System neben anderen, gebunden an Vorgaben aus anderen Subsystemen und mit einer begrenzten Einwirkungskraft auf andere Subsysteme, die sich mit ihren eigenen Codes, Operationen und Problemwahrnehmungen abschotten (vgl. Abschnitt II.2). Beispielhaft illustriert Luhmann (1995: 43) seine Sichtweise mit einer Bemerkung von Joschka Fischer, der angeblich in der Nacht von Tschernobyl zu der Einsicht gelangte, was es bedeutet, Minister zu sein, nämlich keine Kompetenzen und Eingriffschancen zu haben. Ausgehend von der Orientierung der Politiker an Wählerstimmen, schätzt Luhmann die Situation so ein, dass – trotz verbaler Bekundungen und kosmetischer Korrekturen – im politischen System offenbar noch darauf gewartet wird, dass die Umweltprobleme so dringlich werden, dass man ohne Aussicht auf Verluste von Wählerstimmen aktiv werden kann.

Noch härter als Luhmann zieht Beck (vor allem 1988) gegen das politische System zu Gericht. In seiner aktuellen institutionellen Verfasstheit sei das politische System nicht in der Lage, die Umweltprobleme zu lösen. Es handle sich vielmehr um ein System der «organisierten Unverantwortlichkeit», denn ohne klare Zurechenbarkeiten und unter Missachtung des Verursacherprinzips würden leichtfertig weitreichende Risiken in Kauf genommen und sogar aktiv herbeigeführt. Als Beispiel für die organisierte Verantwortungslosigkeit kann der Beamte stehen, der noch kurz vor seiner Pensionierung einem Atomkraftwerk oder einer chemischen Großanlage den amtlichen Segen erteilt. Was die möglichen Gegenkräfte gegen das System der organisierten Unverantwortlichkeit anbelangt, hat Beck in das etablierte politische System wenig Vertrauen. Eher schon sind es die neuen sozialen Bewegungen, «demokratische Subversion», außerparlamentarische und basisorientierte Strömungen oder eine neue «Subpolitik», auf die sich die Hoffnungen richten (vgl. bereits Abschnitt II.1).

Einschätzungen wie die von Jänicke, Luhmann und Beck sind jedoch nicht unwidersprochen geblieben. Van den Daele (1996) z. B. geht von folgender Feststellung aus: «Dass Industriegesellschaften allenfalls an den Symptomen der ökologischen Krise herumkurieren können, aber unfähig sind, an den Ursachen anzusetzen, gehört zu den stabilen Vorurteilen der engagierten Umweltliteratur» (S. 432). Zwar gesteht auch er zu, dass der ökologische Umbau der Industriegesellschaften im Wesentlichen noch ausstehe, aber das angesprochene «stabile Vorurteil» werde der Realität der Umweltpolitik kaum gerecht. Die Umweltpolitik habe in vielen Bereichen deutliche Signale gesetzt und Anpassungs- bzw. Problemlösungskapazität demonstriert. Indizien für diese Position gibt es mehrere:

Im Nachhinein haben, was auch Rechtsexperten immer wieder betonen (vgl. z. B. Kloepfer et al. 1994), die ersten deutschen Umweltgesetze zu Beginn der 70er Jahre sich als erstaunlich weitsichtig erwiesen. Bereits im Umweltprogramm von 1971 wurden z. B. die drei Grundprinzipien, in deren Spannungsfeld sich die Umweltpolitik auch heute noch bewegt, sehr klar ausformuliert: das Verursacherprinzip, das Vorsorgeprinzip und das Kooperationsprinzip. In den Folgejahren wurde das umweltpolitische Instrumentarium (durch dynamische Vorsorgestandards, Relativierung des Bestandsschutzes für Investitionen, Einstieg in marktwirtschaftliche Instrumente usw.) erheblich erweitert und ausdifferenziert, und zwar weitgehend unabhängig davon, wer auf Bundes- und Länderebene jeweils die Regierungsgeschäfte innehatte. Heute wird weniger oft über einen Mangel an Umweltgesetzen, sondern häufiger über ein Vollzugsdefizit geklagt.

Die meisten Industrieländer wenden inzwischen ein bis zwei Prozent ihres Bruttoinlandsprodukts für Umweltschutzausgaben auf. Im Jahr 1996 zum Beispiel: Niederlande 2,1 Prozent, Österreich und die Schweiz jeweils 2,0 Prozent, Deutschland 1,7 Prozent (= rund 40 Mrd. DM), USA 1,6 Prozent, Frankreich 1,4 Prozent, Schweden 1,2 Prozent, Großbritannien 1,1 Prozent, Kanada 1,0 Prozent, Dänemark 0,9 Prozent und Japan 0,6 Prozent (vgl. Frankfurter Allgemeine Zeitung vom 28. 5. 98). Der Anteil des Staates an diesen Ausgaben belief sich in Deutschland 1996 auf genau 50 Prozent. Man kann davon ausgehen, dass die tatsächlichen Aufwendungen für den Umweltschutz höher sind als die statistisch ausgewiesenen Werte, da sich diese (allerdings mit erheblichen begrifflichen Abgrenzungsproblemen) lediglich auf den so genannten nachsorgenden Umweltschutz beziehen.

Schließlich ist in Teilbereichen eine gewisse Entkopplung von Wirtschaftswachstum auf der einen Seite und Ressourcenverbrauch bzw. Schadstoffausstoß auf der anderen Seite gelungen. Abbildung VII.1 zeigt dies beispielhaft für den Kohlendioxid-, Stickstoffoxid- und Schwefeldioxid-Ausstoß in Westdeutschland in der Zeitspanne von 1970 bis 1994.

Ohne wirtschaftliches Wachstum wären der Ressourcenverbrauch und die Schadstoffmengen in zahlreichen Industrieländern zum Teil deutlich zurückgegangen. Die am Ende von Kapitel VI aufgeführten Zahlen aus der umweltökonomischen Gesamtrechnung des Statistischen Bundesamtes lesen sich z. B. etwas anders, wenn man sie in Beziehung setzt zur Steigerung des Bruttoinlandsprodukts (+146 Prozent in der Zeitspanne von 1960 bis 1994 in Westdeutschland): Jeweils bezogen auf eine Million DM Bruttoinlandsprodukt hat sich die Emission von Luftschadstoffen fast halbiert, der Primärenergieverbrauch und das Abfallaufkommen sind eindeutig gesunken, und sogar die Güterverkehrsleistung ist nicht gestiegen.

Das Hauptproblem besteht darin, dass Fortschritte im Umweltschutz bisher noch immer durch eine erhöhte Güterproduktion «aufgefressen» bzw. mehr als aufgefressen werden. Ein Paradebeispiel dafür ist der Benzinverbrauch von Autos: Eine höhere Zahl von Autos und die Nachfrage nach PS-stärkeren Autos (mit Klimaanlage) bewirken, dass Effizienzgewinne beim Benzinverbrauch zunichte gemacht werden.

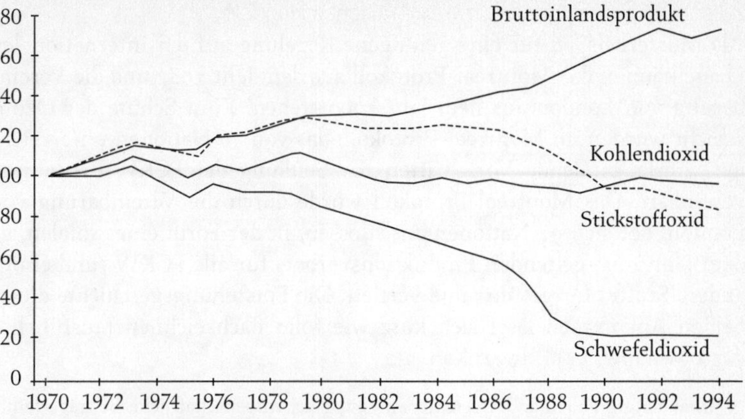

Abbildung VII.1: **Bruttoinlandsprodukt (Preisbasis 1991) und Emission ausgewählter Luftschadstoffe in Westdeutschland von 1970 bis 1994**

Quelle: Umweltbundesamt (1997: 25)

2. Fälle erfolgreicher Umweltpolitik

Der weit verbreitete Eindruck einer gewissen «Lähmung» und «Selbstblockade» bei der Lösung ökologischer Probleme hat dazu geführt, dass Soziologen und Wissenschaftler aus anderen Disziplinen – gleichsam als Kontrapunkt – Fällen einer relativ erfolgreichen Umweltpolitik besondere Aufmerksamkeit geschenkt haben. Von der Detailanalyse solcher Fälle erhofft man sich, Rahmenbedingungen für erfolgversprechendes umweltpolitisches Handeln identifizieren zu können, Handlungsfelder mit günstigen Einwirkungschancen für die Politik ausmachen zu können und auch allgemein mehr über die Funktionsweise des politischen Systems zu erfahren.

Auf eine kleine Auswahl solcher «Erfolgsgeschichten», die sich von der internationalen bis hin zur kommunalen Ebene erstrecken, soll im Folgenden zuerst eingegangen werden. Im zweiten Schritt wird dargestellt, dass hinter Analysen gelungenen umweltpolitischen Handelns eine allgemeinere Idee steckt, nämlich die Evaluation umweltpolitischer Maßnahmen und Programme.

Beispiele für gelungenes umweltpolitisches Handeln

Als Musterbeispiel für eine gelungene Regelung auf der internationalen Ebene können das Montreal-Protokoll aus dem Jahr 1987 und die Vereinbarung von London aus dem Jahr 1990 stehen. Zum Schutz der Ozonschicht wurden im Montreal-Protokoll, das von 36 Nationen unterzeichnet wurde, bindende Vorschriften zur Senkung der FCKW-Produktion vereinbart. Das Montreal-Protokoll wurde durch die Vereinbarung von London, der sich 92 Nationen anschlossen, in der Form eines totalen, ab dem Jahr 2000 geltenden Produktionsverbots für alle FCKW (und einige andere Stoffe) fortgeführt und vertieft. Die Entstehungsgeschichte dieser beiden Abkommen lässt sich kurz wie folgt nachzeichnen (ausführlich dazu Meadows et al. 1992: Kap. 5):

> Unabhängig voneinander erschienen 1974 zwei wissenschaftliche Beiträge (einer von Stolarski und Cicerone, der andere von Molina und Rowland), die eine mögliche Gefährdung der Ozonschicht durch FCKW-Moleküle zum Inhalt hatten. Diese beiden Arbeiten lösten weltweit einen Forschungsboom zur Chlorchemie in der Atmosphäre aus, und sie bewirkten in den USA rasche politische Reaktionen. Bereits 1978 wurde dort der Einsatz von FCKW als Treibgas in Sprühdosen verboten. Wissenschaftler der Forschungsgruppe British Antarctic Survey stellten 1984/85 bei einer Reanalyse ihrer Messungen über der Halley Bay in der Antarktis fest, dass sich der Ozongehalt der Stratosphäre gegenüber den 60er Jahren um rund 40 Prozent verringert hatte. Überprüfungen der Halley-Bay-Ergebnisse auf der Grundlage von Satellitendaten der NASA-Computer lieferten eine Bestätigung. Die Halley-Bay- und die NASA-Befunde gaben den bereits seit Anfang der 80er Jahre laufenden, aber bis dahin stagnierenden internationalen Verhandlungen über eine Begrenzung der FCKW-Produktion die entscheidende Wende. Unter der Schirmherrschaft der UNO verständigten sich die wichtigsten Industrieländer in Montreal auf eine schrittweise Reduktion der FCKW-Produktion. Mit der Zusicherung, dass für die Länder der Dritten Welt ein internationaler Hilfsfonds eingerichtet wird, gelang in London der Schritt hin zum totalen FCKW-Verbot. In der Realität ist die FCKW-Produktion schneller gesunken als in Montreal vorgesehen, und die meisten Länder sind früher als im Jahr 2000 aus der FCKW-Produktion ausgestiegen. DuPont z. B., der weltweit größte Hersteller von FCKW, beendete bereits 1988 seine FCKW-Produktion.

Zu dem Erfolg in der «FCKW-Geschichte» haben wohl mindestens drei Besonderheiten beigetragen: Zunächst einmal waren die wissenschaftlichen Belege für die chemischen Reaktionsprozesse in der Stratosphäre relativ unbestritten, zumal sie sich im Labor jederzeit nachstellen ließen. Zweitens war weltweit die Zahl der Firmen, die FCKW synthetisierten, ziemlich klein. Nur wenige Firmen waren in ihrer Produktionspalette dominant auf FCKW fixiert, zumeist handelte es sich um einen Geschäftsbereich neben anderen. Drittens schließlich waren Ersatzstoffe für FCKW vorhanden, und schon vor den Abkommen von Montreal und London deutete sich an, dass diese in ihrer Herstellung zum Teil sogar billiger sind als FCKW. Oft waren zudem die Firmen, die FCKW herstellten, auch in der Produktion der Ersatzstoffe aktiv. Bei den drei genannten Punkten (wissenschaftlicher Konsens / Dissens, Zahl der involvierten / betroffenen Akteure und Verfügbarkeit kostengünstiger Alternativen) dürfte es sich um generelle Faktoren handeln, die bei der Durchsetzbarkeit internationaler und nationaler Umweltschutzregelungen eine Rolle spielen (für weitere Hinweise vgl. auch Benedick 1998).[1]

Insgesamt 24 Erfolgsbeispiele für umweltpolitische Programme und Maßnahmen, die überwiegend aus einzelnen Länder stammen, haben Jänicke und Weidner (1995) in einem Buch mit dem Titel «Successful Environmental Policy» zusammengestellt. In der Liste der Beispiele finden sich unter anderem: die Reduktion der durch die Industrie verursachten Wasserverschmutzung in den Niederlanden, der Ausbau und die Modernisierung von Kläranlagen in Schweden, der Übergang zu phosphatfreien Waschmitteln in Deutschland, die Substitution von PVC in der dänischen Verpackungsindustrie, der rasche Wechsel zu bleifreiem Benzin in Großbritannien, die Verringerung der SO_2- und NO_2-Emissionen in Japan, die klare Auszeichnung der Energie-Effizienz von Haushaltsgeräten in Australien und die Verringerung des Stromverbrauchs in Kalifornien. Da die USA noch immer als der weltweit größte Energieverschwender gelten, wird in Kasten VII.1 speziell der Kalifornien-Fall etwas genauer vorgestellt.

Kasten VII.1: **Energiepolitik in Kalifornien**

Der amerikanische Bundesstaat Kalifornien gilt seit langem als Experimentierfeld und Erfahrungslieferant für neue Wege in der Energiepolitik. Während in den meisten anderen US-Bundesstaaten der Energie- und speziell der Stromverbrauch pro Kopf weiter gestiegen ist, zeigt sich in Kalifornien seit Mitte der

1 Van den Daele (1996: 431) z. B. verweist darauf, dass auf der EU-Ebene Maßnahmen zum Schutz vor dem so genannten Rinderwahnsinn «eine Frage von Tagen» waren, nachdem und erst nachdem auch wissenschaftliche Experten unisono «Alarm schlugen». Bei einer Schilderung der positiven Erfahrungen mit einem Programm für handelbare Benzin-Bleirechte in den USA hebt Cebon (1996: 455 ff.) die Besonderheit hervor, dass es in den USA nur eine kleine Zahl von Raffinerie-Konzernen gibt und diese ohnehin schon bei anderen Rohstoffen untereinander Handel betrieben. Zur Bedeutung des Faktors der «Gruppengröße» vgl. auch Kapitel III.

70er Jahre ein rückläufiger Trend. Der ursprüngliche Auslöser für eine neue Energiepolitik in Kalifornien waren die OPEC-Ölkrisen in den 70er Jahren. Mazmanian (in Jänicke und Weidner 1995) unterscheidet zwei Phasen der kalifornischen Energiepolitik: die Phase von Mitte der 70er bis Mitte der 80er Jahre und (nach einer Stagnation in der zweiten Hälfte der 80er Jahre) die Phase von Anfang bis Mitte der 90er Jahre.

Die erstgenannte Phase war im Wesentlichen gekennzeichnet durch politische Maßnahmen, die auf das Stromangebot und die Stromanbieter einwirkten («supply-side management»). Früher als andere Staaten hat Kalifornien den Ausbau der Atomkraft gestoppt und anstelle dessen regenerative Energien massiv gefördert. Die Produzenten alternativer Energien wurden steuerlich entlastet und auch mit direkten Subventionen bedacht. Weiterhin hatten sie das Recht, zu einem vorgegebenen Preis jede beliebige Strommenge in das Netz einzuspeisen. Den etablierten Stromproduzenten wurden bestimmte Prozentsätze regenerativ erzeugten Stroms vorgeschrieben, und zudem mussten sie ihre Kostenkalkulationen durch so genannte «pollution adders» (z. B. 26 Dollar pro Tonne CO_2) revidieren. Diese und andere Maßnahmen führten innerhalb kurzer Zeit zu einer erheblichen Steigerung des Angebots an regenerativen Energien, und es kam zu einer Gründungswelle neuer und oft sehr kleiner Stromproduzenten. Das weltweit größte Sonnenkraftwerk z. B. befindet sich heute in der kalifornischen Mojave-Wüste. Im Zuge des Angebotsmanagements sind die Strompreise gestiegen, was mit einem Rückgang des Pro-Kopf-Stromverbrauchs einherging.

In der Phase ab Anfang der 90er Jahre wurden – zusätzlich zur Angebotssteuerung – Maßnahmen auf der Nachfrageseite verstärkt. Die Nachfragesteuerung («demand-side management») zielt direkt auf einen niedrigeren Stromverbrauch bei den Abnehmern. In der Tat bieten sich zahlreiche Möglichkeiten, um Verbraucher zur Energieeinsparung zu ermuntern, angefangen von der Strompreisgestaltung, über finanzielle Zuwendungen für bauliche Veränderungen bis hin zu Strom sparenden Haushaltsgeräten. In diversen Pilotprojekten und oft auf einzelne Kommunen beschränkt, wurden und werden solche Maßnahmen in Kalifornien mehr oder weniger systematisch «durchgetestet». Interessant ist in diesem Zusammenhang, dass speziell die großen Stromproduzenten die Unterstützung der Verbraucher beim Energiesparen als ein neues und gewinnträchtiges Geschäftsfeld entdeckt haben. Weizsäcker et al. (1995) beschreiben z. B. den Fall von Pacific Gas and Electric, dem größten Stromproduzenten in Kalifornien: Das Unternehmen hat im Jahr 1992 mit 170 Mill. Dollar «das weltweit bislang größte Programm» zur Energieeinsparung bei Endverbrauchern gestartet und damit angeblich einen Gewinn in Höhe von 300 Millionen Dollar erzielt (S. 192).

Allgemeinere Regelmäßigkeiten lassen sich aus den 24 Erfolgsgeschichten nur mit Mühe herleiten. Immerhin jedoch verweisen Jänicke und Weidner auf folgende Punkte: In allen 24 Fällen hat der Druck der öffentlichen Meinung eine wichtige Rolle gespielt. Neben den etablierten politischen Akteuren haben in den meisten Fällen auch «non-governmental actors», vor allem Umweltorganisationen und wirtschaftliche Pionierunternehmen, entscheidend an den Veränderungen mitgewirkt. Einige Fälle demonstrieren, dass die «Verwundbarkeit» scheinbar mächtiger ökonomischer Interessen offenbar größer ist als vielfach angenommen. Im Instrumenteneinsatz dominierte über die 24 Fälle hinweg zwar eine «Command and Control»-Politik, aber diese Politik wurde zumeist ergänzt durch eher weiche Politikinstrumente (Information, Dialoge, Verhandlungen, flexible Übergangsregelungen usw.). Schließlich scheint die weltanschauliche Orientierung der jeweiligen Regierungsparteien kein Faktor zu sein, der in den Erfolgsgeschichten eine wesentliche Rolle spielte.

Zum Schluss noch eine Fallstudie auf der kommunalen Ebene, bei der es um städtische Verkehrskonzepte geht. Für neun europäische Städte, die mit der viel beschworenen Wende im Verkehrswesen Ernst gemacht haben (Amsterdam, Stockholm, Bologna, Zürich, Basel, Karlsruhe, Freiburg, Groningen und Schaffhausen), gibt Apel (1992) eine Beschreibung der Erfahrungen mit den Strategien zur Beeinflussung der Verkehrsmittelwahl. In der Zusammenschau dieser Erfahrungen gelangt Apel zu einigen Schlussfolgerungen, die durchaus bemerkenswert sind: Die von Wirtschaftsverbänden regelmäßig geäußerte Befürchtung, eine Verkehrspolitik mit Vorrang für die umweltschonenden Verkehrsarten würde sich nachteilig auf die wirtschaftliche Entwicklung der Stadt (insbesondere des Einzelhandels und des Dienstleistungsgewerbes im Stadtzentrum) auswirken, hat sich in keiner der neun Städte bestätigt. Im Gegenteil kam es, was sich u. a. an der Zahl der Innenstadtbesucher oder am Gesamtumsatz des Einzelhandels festmachen lässt, zu «einer durchweg positiven Innenstadtentwicklung in den Fallstudienstädten» (S. 217). Im Rahmen einer neuen Verkehrspolitik reicht es nicht aus, die Attraktivität der Alternativen zum Auto zu erhöhen, vielmehr sind auch restriktive Maßnahmen gegen das Auto offenbar unerlässlich. Die wichtigste Maßnahme dabei ist eine konsequente und flächendeckende Parkraumbewirtschaftung. Eine Förderung der Auto-Alternativen darf sich nicht einseitig auf den ÖPNV konzentrieren, vielmehr steckt vor allem im Fahrradverkehr ein Potenzial, das lange Zeit unterschätzt wurde. Und was schließlich den ÖPNV anbelangt, haben diejenigen Städte besonders günstige Voraussetzungen für ein Umsteuern, die ein intaktes Straßenbahnnetz haben. Für Großstädte scheint ein Ausbau des Straßenbahnsystems eher empfehlenswert als ein weiterer Ausbau der U-Bahn, und Städte mittlerer Größe, die in den 60er oder 70er Jahren ihre Straßenbahn abgeschafft haben, haben wohl einen großen Fehler gemacht. Im Lichte der Erfahrungen der «Vorzeigestädte» gibt es eindeutig ein «Comeback der Straßenbahn».

Die Aufgabe der Evaluation umweltpolitischer Maßnahmen und Programme

Die Rekonstruktion von Fällen einer erfolgreichen Umweltpolitik lässt sich als Spezialfall der allgemeineren Aufgabe einer Evaluation umweltpolitischer Maßnahmen und Programme sehen. Allgemein versteht man unter Evaluation den Einsatz wissenschaftlicher Methoden zur Analyse und Bewertung der Wirksamkeit von Maßnahmen, Projekten oder Programmen. In der Umweltpolitik, ebenso wie in anderen Politikfeldern, initiieren die politischen Akteure eine Fülle von Maßnahmen und Programmen, von denen sie sich bestimmte Wirkungen versprechen, deren Eintreten aber oft unklar, zweifelhaft und fragwürdig ist. Mithin wäre es ratsam, bestimmte Maßnahmen zunächst z. B. in kleinerem Stil zu erproben und erst auf der Basis der Ergebnisse einer Begleitforschung Entscheidungen über das weitere Vorgehen zu treffen. Und selbst dann, wenn Maßnahmen schon auf breiter Ebene in Gang gesetzt wurden, empfiehlt sich eine systematische Beobachtung, ob die angezielten Effekte eingetreten sind und welche unerwünschten oder unbeabsichtigten Nebenwirkungen sich eventuell eingestellt haben.

Für dieses «Geschäft der Evaluation» bieten die Sozialwissenschaften ein breites und bewährtes Methodeninstrumentarium (für Lehrbücher vgl. z. B. Wottawa und Thierau 1998; Bortz und Döring 1999). Dieses Instrumentarium ist nicht spezifisch daraufhin ausgerichtet, die Effekte von Maßnahmen im Umweltbereich zu untersuchen, aber es lässt sich problemlos auf diesen Gegenstandsbereich anwenden. Tatsächlich gibt es inzwischen eine Reihe von Arbeiten, die in der Form von Feldversuchen oder Interventionsstudien den Effekten umweltpolitischer Maßnahmen nachgegangen sind. In einer Literaturauswertung zählen Schahn und Bohner (1996) für Deutschland fünf bis sechs solche Studien pro Jahr. Die Studien sind bevorzugt angesiedelt in den Bereichen Recycling, Energiesparen und Verkehr. Speziell zum Verkehrsbereich zwei Beispiele:

Um die Auswirkungen von Geschwindigkeitsbegrenzungen auf Autobahnen, Landstraßen und innerörtlichen Straßen zu untersuchen, wurden Mitte der 80er bis Mitte der 90er Jahre zahlreiche Modellversuche auf Teilabschnitten des deutschen Straßennetzes durchgeführt (für eine Übersicht Gohlisch und Malow 1999). Alle Studien sind zu dem Ergebnis gekommen, dass sich durch Tempolimits die Lärm- und Schadstoffemissionen verringern, wobei man inzwischen recht genau weiß, in welcher Größenordnung sich in Abhängigkeit vom Straßentyp und von der Höhe des Tempolimits die Verringerungen bei den verschiedenen Emissionen bewegen. Weiterhin haben alle Studien eine Erhöhung der Verkehrssicherheit nachgewiesen. Je nach Höhe der Geschwindigkeitsbegrenzung (130, 120, 100 km/h) lag z. B. auf Autobahnen der Rückgang der Unfälle mit Toten und Schwerverletzten in einer Spanne von 20 bis 50 Prozent. Das Ergebnis von rund 50 Prozent bei Tempo 100 km/h deckt sich mit dem, was man in dem «natürlichen Experiment» während der Ölkrise in den 70er Jahren beobachtet hat, als im Zeitraum von November 1973 bis März 1974 auf deutschen Autobahnen ein Tempolimit von 100 km/h galt.

In einer über mehrere Jahre laufenden Studie mit dem Titel «Mobiles Schopfheim» hat die Prognos AG (1997) untersucht, welches Potenzial in so genannten persuasiven Maßnahmen steckt, wenn es darum geht, die Verkehrsmittelwahl in Städten in Richtung ÖPNV, Rad und Fuß zu beeinflussen. Mit persuasiven Maßnahmen sind Informationskampagnen, Aufklärung, Appelle, Mobilitätsberatung usw. gemeint. Trotz intensiver «mentaler Bearbeitung» reagierten die Schopfheimer nur mit einer mäßigen Steigerung der ÖPNV-, Rad- und Fußanteile. Immerhin: Im Vergleich zu so genannten harten Maßnahmen (Ausbau des ÖPNV-Netzes, Erhöhung der ÖPNV-Taktfrequenz, neue Radwege), die in der Regel mit hohen Kosten verbunden sind, scheint sich die persuasive Strategie in einer Aufwands-Ertrags-Kalkulation durchaus zu rechnen.

Leider beschränken sich bisherige Evaluationsstudien im Umweltbereich zumeist auf kleinere Vorhaben und regional begrenzte Maßnahmen. Typische Beispiele sind etwa eine Studie von Schahn (1996) zu den Effekten einer Neuorganisation der Müllabfuhr in Philippsburg oder eine Studie von Bamberg et al. (1999) zur Veränderung der Verkehrsmittelwahl bei Studenten durch Einführung eines obligatorischen Semestertickets. An Großprojekte der Umweltpolitik wie das millionenschwere Duale System hat man sich bislang mit systematischen Evaluationen nicht herangewagt (für theoretische Hinweise zur Evaluation des Dualen Systems vgl. z. B. Hecht und Werbeck 1995). Hier bleibt für die Umweltsoziologie und angrenzende Disziplinen viel zu tun.

3. Umweltberichterstattung

Wie der Umweltschutz im Betrieb an sich eine Domäne der Betriebswirtschaftslehre ist (vgl. Abschnitt V.1), so fallen Analysen der staatlichen Umweltpolitik in erster Linie in den Zuständigkeitsbereich der Politikwissenschaft. Soziologen scheuen sich allerdings nicht, wie gesehen z. B. globale Einschätzungen der Möglichkeiten und Grenzen der Umweltpolitik zu geben oder auch konkrete Einzelfälle umweltpolitischen Handelns genauer ins Blickfeld zu nehmen. Generell sind bei der wissenschaftlichen Bearbeitung von Umweltproblemen die traditionellen Disziplingrenzen in hohem Maß «verwischt», und in vielen Fällen lässt sich schlichtweg nicht entscheiden, ob nun ein bestimmter Beitrag soziologischen Charakter hat oder nicht.

Ein Bereich jedoch, in dem man mit Blick auf die Umweltpolitik genuine Anregungen und Erfahrungen aus der Soziologie ziehen kann, ist die Umweltberichterstattung. Seit Anfang der 70er Jahre hat sich in der Soziologie eine Forschungslinie etabliert, die unter den Stichworten «soziale Indikatoren» bzw. «Sozialberichterstattung» läuft (für Übersichten vgl. z. B. Habich et al. 1994; Noll 1997). Ausgangspunkt dieser Forschungslinie war die Feststellung, dass wir zwar eine gut ausgebaute Wirtschaftsberichterstattung haben, wichtige und verlässliche (Längsschnitt-)Kennziffern zu sozialen und gesellschaftlichen Sachverhalten aber sehr viel seltener zur Verfügung stehen. Deshalb hat sich die Soziologie in den 70er Jahren auf den Weg gemacht, so genannte Sozialindikatoren-Systeme konzeptionell zu entwickeln und mit empirischen Daten auszufüllen. Die Sozialindikatoren-Systeme differenzieren in der Regel verschiedene Lebensbereiche, und bereits die erste Generation dieser Systeme enthielt zumeist einen separaten Lebensbereich «Umwelt».

Die Sozialberichterstattung ist inzwischen relativ gut institutionalisiert und findet in Deutschland ihren Niederschlag u. a. in dem System Sozialer Indikatoren für die Bundesrepublik Deutschland, das vom Zentrum für Umfragen, Methoden und Analysen (ZUMA-Mannheim) betreut wird, sowie in dem regelmäßig erscheinenden «Datenreport», der vom Statistischen Bundesamt in Zusammenarbeit mit dem Wissenschaftszentrum Berlin (WZB) und dem ZUMA-Mannheim erarbeitet wird. Das System Sozialer Indikatoren enthält in seinem «Umweltmodul» insgesamt 23 Einzelindikatoren (vgl. Noll und Wiegand 1993), und auch im Datenreport findet sich stets ein Kapitel zum Stand und zur Entwicklung der Umweltverhältnisse.

Interessant in diesem Zusammenhang ist, dass die Diskussion um soziale Indikatoren seit Beginn der 90er Jahre eine Wiederbelebung durch eine in weiten Teilen parallele Diskussion um so genannte Nachhaltigkeits-Indikatoren erfahren hat. Zahlreiche Akteure auf der nationalen und internationalen Ebene bemühen sich darum, Umweltindikatoren-Systeme zu entwickeln, die in der Regel mit Blick auf das Leitbild der nachhaltigen Entwicklung konstruiert sind (für einen Überblick vgl. Noll und Kramer 1996; mehr zum Leitbild der nachhaltigen Entwicklung vgl. Abschnitt VII.5). In seinem Umweltgutachten 1994 hat der Rat von Sachverständigen für Umweltfragen (SRU 1994) ein Umweltindikatoren-System für Deutschland vorgeschlagen, mit dem es im Endergebnis möglich sein soll, den Grad der Annäherung an eine dauerhaft umweltgerechte Entwicklung zu bestimmen und die Performanz der Umweltpolitik einzuschätzen. Empirisches Material zur Ausfüllung dieses Indikatoren-Systems liefern u. a. die «Umweltinformationen der Statistik» des Statistischen Bundesamtes und die alle zwei bis drei Jahre erscheinenden «Daten zur Umwelt» des Umweltbundesamtes. Die wichtigsten Akteure auf der internationalen Ebene sind die EU, die OECD und die UNO. EUROSTAT arbeitet an einem Indikatorentableau, das eine Überprüfung der Umweltauswirkungen der aktuellen Gemeinschaftspolitik ermöglichen soll. Die OECD publiziert seit 1985 im zweijährigen Turnus das Kompendium «Environmental Data» und seit 1991 auch «Environmental Performance Reviews», in denen die Umweltpolitik von OECD-Ländern explizit bewertet wird. Schließlich sammelt UNEP, das United Nations Environmental Programme, weltweit Daten zur Umweltsituation. Die UNEP-Daten erscheinen jeweils als «Environmental Data Report», das sind Berichte, die nicht nur Zahlenmaterial anhäufen, sondern auch Verbindungen zwischen Umweltbedingungen und Lebensqualität aufzeigen.

Die Probleme und Kontroversen bei der Konzipierung von Nachhaltigkeits-Indikatoren bzw. Umweltindikatoren-Systemen unterscheiden sich kaum von denen in der Sozialindikatorenforschung. Während soziale Indikatoren sich am Leitbild der Lebensqualität orientieren, ist es jetzt das Leitbild der Nachhaltigkeit («sustainable development»). Beide Leitbilder sind sehr allgemein und bedürfen deshalb einer Aufgliederung in Dimensionen / Oberziele, Subdimensionen / Unterziele usw., wobei sich die Frage nach einer inhaltlich-theoretisch sinnvollen Aufgliederung stellt. Sehr schnell wird das «Baumdiagramm» ziemlich verzweigt und die Zahl der Indikatoren am Baumende sehr groß. Empirische Daten zur Charakterisierung der Umweltverhältnisse sind zwar (wenngleich oft nicht in Zeitreihenform) reichlich vorhanden, aber diese treffen oft nicht genau das, was man eigentlich messen will. Stets besteht ein Spannungsverhältnis zwischen möglichst umfassender Berichterstattung auf der einen und möglichst komprimierter Darstellung auf der anderen Seite. Bei umfassenden Datenhandbüchern gerät man in Gefahr, dass man sich leicht im Datendschungel verirrt und Spielraum für beliebige Interpretationen verbleibt. Versuche einer komprimierten Darstellung münden in eine Diskussion um Kriterien, Anforderungen und Eigenschaften von mehr oder weniger «repräsentativen» Indikatoren.[2] Die Sozialindikatorenforschung hat das Bedürfnis nach Zusammenfassung zum Teil durch globale «Lebensqualitätsindizes» befriedigt, und gänzlich analog gibt es inzwischen hochaggregierte «Nachhaltigkeitsindizes» (vgl. Noll und Kramer 1996: 541 f.). Wenn diese Nachhaltigkeitsindizes dann das Ergebnis bringen, dass sich im Zeitablauf die Schere zwischen dem Bruttosozialprodukt und der Nachhaltigkeit zunehmend geöffnet hat, dann ist dies genau das, was Sozialindikatorenforscher vielfach auch für den Zusammenhang zwischen Lebensqualität und BSP behauptet haben.

Soziologisches Wissen bzw. soziologische Kompetenz wird bei der Konstruktion und Ausfüllung von Umweltindikatoren-Systemen bevorzugt dann abgefordert, wenn es um so genannte subjektive Indikatoren geht. Subjektive Indikatoren im Umweltbereich beziehen sich zumeist auf Wahrnehmungen und Bewertungen der Umweltverhältnisse seitens der Bevölkerung und basieren auf Umfragedaten. In der Tat ist es der Soziologie im Verlauf der letzten 20 Jahre gelungen, eine Serie von regelmäßig durchgeführten Standardumfragen zu etablieren, die eine Dauerbeobachtung sozialen Wandels auch mit Bezug auf die Einschätzung der Umweltverhältnisse ermöglichen. Zu diesen Standardumfragen gehören in Deutschland u. a. der Wohlfahrtssurvey, die allgemeine Bevölkerungsumfrage der Sozialwissenschaften (ALLBUS), das sozio-ökonomische Panel (SOEP) und speziell mit Bezug auf Umweltfragen die Trenderhebung «Umweltbewusstsein in Deutschland». Auf der internationalen Ebene ist das Umfragegeschäft inzwischen in hohem Maß vernetzt, sodass international vergleichende Erhebungen (z. B. in Form des International Social Survey Program ISSP) keine Seltenheit mehr sind. Zahlreiche Ergebnisse

2 Zur Diskussion und für einen konkreten Vorschlag eines «Kernsatzes» von Umweltindikatoren vgl. z. B. OECD (1994). Ein weiterer Vorschlag für ein Indikatorensystem zur Messung von Nachhaltigkeit stammt von der im Auftrag der UNO arbeitenden Commission on Sustainable Development (CSD). Das CSD-Indikatorensystem aus dem Jahr 1996 listet insgesamt 130 Indikatoren auf.

aus diesen Umfragen wurden bereits in Kapitel IV angesprochen, z. B. der Befund, dass sich in Deutschland die Einschätzung der Qualität der Umweltverhältnisse im Verlauf der 90er Jahre verbessert hat, oder der umstrittene Dunlap / Mertig-Befund, wonach es keine konsistenten Unterschiede im «Umweltbewusstsein» der Bevölkerung in den reichen und armen Ländern gibt. Beispielhaft sei an dieser Stelle auf ein weiteres, ziemlich stabiles Ergebnis aus den Umfragen eingegangen:

In der Regel zeigt sich eine deutliche Diskrepanz der Einschätzungen des Ausmaßes der Umweltbelastungen auf der allgemeinen Ebene einerseits und auf der Ebene des persönlichen Nahumfeldes andererseits. Die Frage, wie stark unsere Umwelt allgemein belastet wird, beantworteten z. B. im ALLBUS 1992 bei Fluglärm 60 Prozent mit «sehr stark» bzw. «ziemlich stark», bei Industrieabgasen 86 Prozent und bei Verkehrslärm / Autoabgasen 91 Prozent. Die entsprechenden Prozentwerte bei der Frage, wie stark sie sich persönlich in ihrem eigenen Umfeld durch diese Dinge belastet fühlen, beliefen sich auf 17 Prozent, 40 Prozent und 59 Prozent (Blasius 1994). Auf der Grundlage dieser und ähnlicher Befunde formulieren de Haan und Kuckartz (1996: Kap. 6) die «These vom ferninduzierten Leiden am Zustand der Umwelt». Damit ist im Wesentlichen gemeint, dass sich Umweltängste und Einschätzungen der Umweltverhältnisse nicht in erster Linie auf Primärerfahrungen stützen, sondern auf Sekundär- und Tertiärinformationen über räumlich und zeitlich entfernte Sachverhalte. Der Befund ermuntert zu Zweifeln an der «Realitätsnähe» subjektiver Urteile über Umweltbelastungen, zu Überlegungen hinsichtlich der Rolle der Massenmedien und zu Mutmaßungen bezüglich der «gesellschaftlichen Konstruktion» von Umweltängsten.[3]

Einschätzungen der Umweltpolitik seitens der Bevölkerung

Während Urteile der Bevölkerung über den Zustand der Umweltverhältnisse lediglich einen mehr oder weniger dringenden politischen Handlungsbedarf anzeigen, kann man einen größeren Einfluss und eine stärkere Wirkung von subjektiven Indikatoren erwarten, die sich direkt auf die Bewertung der Umweltpolitik und ihrer Akteure und auf die Beurteilung konkreter politischer Maßnahmen beziehen. Umfragen dazu werden z. B.

3 Einschränkend sei darauf verwiesen, dass es eine Lücke zwischen allgemein und persönlich auch bei vielen anderen Einschätzungen gibt, die nichts mit Umweltproblemen zu tun haben. So ist in Umfragen z. B. der Anteil derer, die die allgemeine wirtschaftliche Lage als schlecht einschätzen, in der Regel deutlich höher als der Anteil derer, die ihre eigene wirtschaftliche Lage als schlecht einschätzen.

vom Bundesumweltministerium eigens in Auftrag gegeben (so wie die Erhebungen «Umweltbewusstsein in Deutschland»), und man kann davon ausgehen, dass sich in unserer Demoskopie-Demokratie die politischen Entscheidungsträger die jeweiligen Ergebnisse recht genau besehen.

Über einen langen Zeitraum hinweg und mit nur schwachen Aufhellungen in den letzten Jahren fällte und fällt die Bevölkerung in Deutschland (und anderen Ländern) ein ziemlich vernichtendes Urteil über die staatliche Umweltpolitik. Den Politikern wird vorgeworfen, zu wenig für den Umweltschutz zu tun (vgl. Kasten IV.1 in Abschnitt IV.3); in puncto Umweltschutz wird die Problemlösungskompetenz der politischen Parteien und der Umweltbehörden niedrig veranschlagt (vgl. Abschnitt VI.4); und im Ranking der Beurteilung der staatlichen Leistungen in verschiedenen Politikfeldern besetzt die Umweltpolitik regelmäßig eine der Schlusspositionen. Zur Vertiefung dieses Bildes und mit Hinweisen auf weitere subjektive Indikatoren zur Umweltpolitik nochmals stichwortartig einige Befunde aus den Erhebungen «Umweltbewusstsein in Deutschland» (ausführlicher Preisendörfer 1999):

- Auf einer elfstufigen Thermometer-Skala mit –5 = ganz unzufrieden bis +5 = sehr zufrieden wurden die Leistungen des Bundesumweltministeriums noch in keiner Erhebung dergestalt bewertet, dass sich insgesamt ein Mittelwert im positiven Bereich der Skala ergab.
- Mehr als 80 Prozent der Deutschen sind der Meinung, dass die bestehenden Umweltgesetze nicht genug überwacht werden.
- Die Zahlungsbereitschaft für einen verbesserten Umweltschutz ist im Verlauf der 90er Jahre gesunken. Dies gilt sowohl für die Bereitschaft zur Zahlung höherer Steuern oder Abgaben zugunsten der Umwelt allgemein, als auch für die Zahlungsbereitschaft in speziellen Bereichen wie Müllgebühren oder Verteuerung des Autofahrens.
- Im Bereich von Auto und Verkehr hat sich im Zuge der 90er Jahre das Stimmungsbild wieder zugunsten des Autos verschoben. Dies zeigt sich z. B. an einer vermehrten Ablehnung von Geschwindigkeitsbegrenzungen für Autos oder von Vorschlägen zur Sperrung von Innenstädten für den Autoverkehr.
- Immerhin knapp die Hälfte bzw. knapp ein Drittel der Bevölkerung gesteht Fortschritte und Verbesserungen bei der Reinheit der Gewässer bzw. bei der Sauberkeit der Luft zu. Aber im Klimaschutz sehen nur rund zehn Prozent Ansätze einer Verbesserung.

Die wenig erfreulichen Rückmeldungen aus sozialwissenschaftlichen Umfragen haben über Jahre hinweg der Umweltpolitik in der Ressortkonkurrenz zweifellos Auftrieb gegeben. Die bereits in Abschnitt IV.2 angesprochene «Entspannung» hat sich nicht allein aus gewissen Erfolgen (primär auf der lokalen und nationalen Ebene) ergeben, sondern auch dadurch, dass andere Politikbereiche vermehrt in die negativen Schlagzeilen gekommen sind.

4. Instrumente der Umweltpolitik

Als Willy Brandt Ende der 60er Jahre einen «blauen Himmel über der Ruhr» forderte, war dies eine Vision, für die er damals Heiterkeit geerntet hat. Heute ist der Himmel über der Ruhr an vielen Tagen blau, und dies ist u. a. ein Ergebnis zahlreicher Umweltgesetze, Umweltverordnungen und einschlägiger Verwaltungsvorschriften. In kaum einem anderen Politikfeld war der Gesetzgeber in der Phase seit Anfang der 70er Jahre so aktiv wie in der Umweltpolitik.

Will man sich einen Überblick über die staatlichen Handlungsbemühungen verschaffen, bietet sich ein Rekurs auf die weithin bekannte Vierteilung des umweltpolitischen Instrumentariums an (vgl. statt vieler Fritzler 1997: Kap. VII). Zur Beeinflussung der Umweltverhältnisse greift der Staat zurück auf: (1) planungsrechtliche Instrumente, d. h. Landesentwicklungspläne, Planfeststellungsverfahren, Umweltverträglichkeitsprüfungen u. Ä., (2) ordnungsrechtliche Instrumente, d. h. Ge- und Verbote, behördliche Verfügungen, Anzeigepflichten u. Ä., (3) ökonomische Instrumente, d. h. Abgaben, Gebühren, Steuern, Lizenzen u. Ä., sowie (4) informelle Instrumente, d. h. Absprachen, Dialoge, Beratungen, freiwillige Selbstverpflichtungen u. Ä. Bei den planungs- und ordnungsrechtlichen Instrumenten handelt es sich um so genannte direkte Instrumente, die oft unter die Rubrik des Ordnungsrechts zusammengefasst werden. Die ökonomischen (anreizorientierten) und die informellen (proaktiven) Instrumente haben eher indirekten Charakter, und sie werden, obwohl sie gar nicht so neu sind, gern als neue Instrumente bezeichnet.

Ausgehend von diesem «Instrumentenkasten» wird im Folgenden zunächst die beobachtbare Verschiebung von der Ordnungspolitik hin zu den neuen Instrumenten skizziert. Dabei stellt sich die Frage, wie es zu dieser Verschiebung kam und wie sie einzuschätzen ist. Im zweiten Schritt soll aufgezeigt werden, dass mit dem Trend zu einer stärker dezentralen Umweltpolitik Verfahren der Umweltmediation, wie sie in den Sozialwissenschaften entwickelt wurden, in Zukunft vermutlich eine größere Bedeutung bekommen.

Alle Beobachter der nationalen und internationalen Umweltpolitik stimmen darin überein, dass es im Zuge der Etablierung und Erweiterung der Umweltpolitik einen «Paradigmenwechsel» von der Ordnungspolitik hin zu einer Mischung aus ökonomischen und informellen Instrumenten gegeben hat. So enthalten die Steuersysteme fast aller europäischer Länder inzwischen mehr oder weniger starke ökologische Komponenten. Während Steuern, Abgaben und Gebühren dem Gedanken der Preissteuerung folgen, haben Lizenzen, Emissionsgutschriften und so genannte Verschmutzungszertifikate eine Mengensteuerung im Auge. Erfahrungen mit frei handelbaren Emissionsgutschriften stammen bislang vor allem aus den USA (für einen kurzen Einblick in die US-Erfahrungen vgl. Weimann 1995: Kap. 2.3.5). Zu den informellen Instrumenten zählt z. B. die EG-Öko-Audit-Verordnung EMAS, bei der es Betrieben gänzlich freigestellt ist, ob sie durch Erfüllung bestimmter Vorgaben eine Registrierung als «Öko-Betrieb» anstreben oder nicht. In der Praxis wichtiger als unilaterale Angebote wie EMAS sind bi- bzw. multilaterale Absprachen zwischen staatlichen Stellen und der Privatwirtschaft. Mit insgesamt 107 so genannten «covenants» zwischen Staat und Privatwirtschaft allein im Zeitraum von 1989 bis 1996 stützt sich z. B. die Umweltpolitik in den Niederlanden inzwischen in hohem Maß auf ausgehandelte Vereinbarungen (Börkey und Leveque 1998; für einen Bericht über Erfahrungen mit Selbstverpflichtungen der Wirtschaft im Umweltschutz speziell in Deutschland vgl. Clemens 1998).

Kritiker dieser Entwicklung, auch und insbesondere aus dem Lager der Soziologie, argwöhnen nun mitunter, dass sich speziell mit der Hinwendung zu den informellen, oft auch als weich deklarierten Instrumenten eine stille Abkehr von der Umweltpolitik vollziehe. Sie können z. B. darauf verweisen, dass die Resonanz auf EMAS bislang recht bescheiden ist (vgl. dazu Abschnitt V.3). Die Absprachen zwischen Politik und Wirtschaft haben in vielen Fällen keinen bindenden Charakter; es mangelt an klaren Sanktionsmechanismen; substanziell sind die Konsenslösungen oft moderat bzw. wenig anspruchsvoll; und wenn die Spitzenvertreter von Industriezweigen oder Branchenverbänden eine Abmachung unterzeichnen, bleibt auf der Ebene der einzelnen Betriebe ein Anreiz zum Free Riding. Ein Musterbeispiel für ein sich auf informelle Instrumente stützendes Unterfangen, an dem sich die Gemüter entzünden, ist der «Umweltpakt Bayern», der in Kasten VII.2 etwas näher beschrieben wird.

Kasten VII.2: **Der «Umweltpakt Bayern»**

Im Oktober 1995 haben die bayerische Staatsregierung und die ortsansässige Wirtschaft, vertreten durch mehr als 1000 Firmen und Verbände, ein als Umweltpakt Bayern bezeichnetes Abkommen unterzeichnet. In dem Abkommen bekennen sich beide Seiten zu dem Leitbild der nachhaltigen Entwicklung und zu einem aktiven Schutz der natürlichen Lebensgrundlagen. Die Vertreter der Wirtschaft sagen zu, dass sie sich im Rahmen ihrer Möglichkeiten um Energieeinsparung, eine Senkung des CO_2-Ausstoßes, eine Reduktion des Rohstoffverbrauchs, Verminderung der Abfälle usw. bemühen. Auf regelmäßigen Treffen sollen die Firmen über Ergebnisse ihrer Anstrengungen berichten und konkrete Zusagen für weitere Vorhaben geben. In dem Prozess werden kostenlose Umweltberatungen für die beteiligten Unternehmen angeboten, und es sollen branchenspezifische Umweltschutz-Leitfäden ausgearbeitet werden. Den mitwirkenden Firmen, und vor allem denjenigen, die sich im Rahmen der EG-Öko-Audit-Verordnung zertifizieren lassen, verspricht die bayerische Landesregierung im Gegenzug eine Entlastung bei Berichts- und Dokumentationspflichten. Mehr oder weniger offen wird zudem über eine Lockerung staatlicher Kontrollen z. B. bei überwachungspflichtigen Anlagen nachgedacht. Tatsächlich ist bei den Firmen, die sich am Umweltpakt beteiligen, die Zahl der Betriebskontrollen seit 1994 gesunken. Weiterhin haben die Wirtschaftsvertreter im Verlauf der Pakt-Gespräche eine Liste von Deregulierungswünschen im Bereich des betrieblichen Umweltschutzes vorgelegt.

Während die CSU den Umweltpakt Bayern als eine einzigartige Erfolgsgeschichte darstellt, kritisiert die Opposition nur einige wenige Einzelpunkte. National und international hat der bayerische Umweltpakt große Beachtung gefunden. Andere Bundesländer haben mittlerweile ähnliche Projekte gestartet, potenzielle Nachahmer z. B. aus Kalifornien, Japan, Israel und Indonesien sind in München vorstellig geworden, und in der amerikanischen Umweltbehörde EPA wird der Umweltpakt unter der Rubrik «Incentives of Bavaria» diskutiert.

Allerdings konnte einem Gründungsmitglied des Umweltpakts, der Viag-Tochter SKW Trostberg AG, in den Jahren 1998/99 nachgewiesen werden, dass sie über Jahre hinweg die Donau mit Hexachlorbenzol (HCB) verseucht hat. An der Einleitungsstelle haben staatliche Kontrolleure eine bis zu 80fache Überschreitung des HCB-Grenzwertes gemessen. Das mit dem EU-Siegel ausgestattete SKW-Werk hat angeblich von der HCB-Einleitung nichts gewusst. «Vertrauen ist gut (...), doch freiwilliges Engagement ersetzt keine Kontrollen», meint Rössiger (1999), auf deren Beitrag sich unsere Ausführungen zum Umweltpakt Bayern stützen.

Wenngleich die Einwände gegen die informellen Instrumente punktuell durchaus berechtigt sind, werden diese – zumindest im Sinne ergänzender Instrumente – inzwischen weithin akzeptiert. Dies gilt in gleichem und noch stärkerem Maß für die ökonomischen Instrumente, soweit sie sich auf eine Preissteuerung beziehen. Nicht nur in Lehrbüchern der Umweltökonomie wird die Überlegenheit von Preisinstrumenten immer wieder (modelltheoretisch) nachgewiesen, auch namhafte Umweltwissenschaftler (wie Weizsäcker 1997) setzen sich seit Jahren vehement dafür ein. Dahinter stehen theoretische und empirische Einsichten in die Grenzen der regulativen Ordnungspolitik:

Generelle Ge- und Verbote, bevorzugt in der Form von Grenzwerten, blenden Kostendifferenzen der Anpassung an staatliche Vorgaben aus. Bestimmte Betriebe können die Grenzwerte ohne weiteres erfüllen und könnten es problemlos besser machen. Für andere Betriebe ist die Anpassung mit enormen Kosten verbunden. Eine bestimmte Gesamtreduktion der Emissionen ließe sich volkswirtschaftlich am effizientesten erreichen, wenn diejenigen Betriebe investieren, bei denen die Emissionsreduktion die geringsten Kosten verursacht. Bei fixen Grenzwerten gibt es jedoch keinen Anreiz zur Unterbietung der Grenzwerte. Werden die Grenzwerte mittels BAT (= best available technique) dynamisiert, haben die Betriebe keinen Anreiz zur Fortentwicklung des Stands der Technik, da die Anpassung an die verschärften Grenzwerte wieder nur Kosten verursacht. Für diese Kosten gilt zudem die Regel, dass sie umso höher werden, je weiter man sich schon dem Nullpunkt der Emissionen angenähert hat.

Anders als bei Grenzwerten ergibt sich bei Emissionsabgaben oder -steuern (z. B. bei einer CO_2-Abgabe) und auch bei handelbaren Emissionsgutschriften für alle Betriebe ein Anreiz, ihr Bestes zu tun. Besondere Aktivitäten werden diejenigen entfalten, die ihre Emissionen mit geringem Aufwand reduzieren können. Technischer Fortschritt wird nicht bestraft, sondern ermuntert, da der Einsatz effizienterer Technologien die Kosten (Abgaben, Steuern) verringert. Im Fall von informellen, bilateralen Absprachen können sich Betriebe auf Umweltaktivitäten konzentrieren, bei denen sie – mit einem bestimmten Einsatz von Mitteln – am meisten erreichen können. Sowohl die ökonomischen als auch die informellen Instrumente haben den Vorteil, dass sie das Wissen vor Ort aktivieren, den Akteuren einen Spielraum lassen und der Idee dezentraler Lösungen folgen. Der alte Leitspruch der Umweltbewegung «Global denken – lokal handeln» gewinnt auf diese Weise neue Aktualität.

Der Trend zu dezentralen Ansätzen zeigt sich nicht nur in den Beziehungen zwischen Staat und Wirtschaft, sondern auch im Austauschverhältnis von Staat und Bürgern. Einer der wesentlichen Anstoßpunkte war dabei die Agenda 21, die im Jahr 1992 auf der Konferenz der Vereinten Nationen für Umwelt und Entwicklung (UNCED) in Rio de Janeiro verabschiedet wurde. Auf der Rio-Konferenz haben die Regierungen zugesagt, dass sie auf der kommunalen Ebene «Agenda-21-Prozesse» in Gang setzen werden, bei denen sich Bürger, örtliche Organisationen, die Privatwirtschaft und Vertreter der jeweiligen Gemeinde Aktivitäten zur Verbesserung der lokalen Umweltverhältnisse ausdenken und in die Tat umsetzen sollen. Die Agenda 21 hat in verschiedenen Ländern eine sehr unterschiedliche Resonanz gefunden. Und wie kaum anders zu erwarten, stehen neben vielen gescheiterten Projekten einige vorbildliche Agenda-Initiativen, die von der Kraft, dem Ideenreichtum und der Kreativität dezentraler Lösungen Zeugnis ablegen (für eine vergleichende Analyse des lokalen Agenda-Geschehens in sechs europäischen Ländern vgl. ICLEI und Difu 1999).

Verfahren der Umweltmediation

Geht man vom Trend zu einer stärker dezentralen Umweltpolitik aus, dürften die in den Sozialwissenschaften entwickelten Verfahren der Umweltmediation in Zukunft eine größere Bedeutung erlangen. Nach einer Umschreibung von Fietkau und Weidner (1998: 15 f.) werden unter Mediationsverfahren Verhandlungsverfahren zur Regelung von Konflikten verstanden, an denen zwei oder mehrere Streitparteien freiwillig teilnehmen mit dem Ziel, in einem fairen und direkten Kommunikationsprozess Differenzen gemeinsam zu erkunden, Handlungsspielräume auszuloten und zu einer von allen Teilnehmern entwickelten und getragenen Lösung in Form einer Vereinbarung zu kommen. Hierbei werden die Streitparteien von einem neutralen Vermittler, dem Mediator, unterstützt, dessen Hauptaufgabe die Gestaltung und Betreuung des Verfahrensablaufs ist.

Die Idee zu Mediationsverfahren im Umweltbereich ist vor allem aus der Beobachtung entstanden, dass bei lokalen Umweltkonflikten (z. B. beim geplanten Bau einer Müllverbrennungsanlage) sich die widerstreitenden Parteien oft in jahrelange, kostspielige und zermürbende Gerichtsverfahren verstrickt haben, die dann kaum mehr prognostizierbare und zum Teil irrationale Ergebnisse brachten. Anders als bei Auseinandersetzungen vor Gericht wird bei Mediationsverfahren versucht, die wesentlichen Akteure auf freiwilliger Basis an einen Tisch zu bringen, das Klima des Misstrauens abzubauen und in einem weniger förmlichen Verfahren die Konflikte zu besprechen bzw. Lösungsmöglichkeiten auszuarbeiten.

Erfahrungen mit Verfahren der Umweltmediation stammen bislang insbesondere aus den USA, Kanada und Japan, aber auch in europäischen Ländern werden solche Verfahren zunehmend eingesetzt (für einen Überblick Fietkau und Weidner 1998). In zahlreichen US-Bundesstaaten werden bei standort- und anlagenbezogenen Konflikten Mediationsverfahren inzwischen standardmäßig initiiert bzw. sind sogar gesetzlich vorgeschrieben. Es hat sich eine kleine Branche professioneller Consulting-Büros etabliert, die Mediationsverfahren im Umweltbereich als Dienstleistung anbieten. Japan ist insofern ein Sonderfall, als konsensorientierte Verfahren dort eine lange gesellschaftliche Tradition haben. Für Konflikte im Umweltbereich gibt es dort seit Ende der 60er Jahre spezialgesetzliche Regelungen, die außergerichtliche Vermittlungs-, Schlichtungs- und Schiedsverfahren in fester Form verankert haben. In Deutschland sind es bislang vor allem zwei größere Mediationsverfahren, die viel Beachtung gefunden haben: das Münchehagen-Verfahren, bei dem es um die Sicherung und Sanierung einer stillgelegten Sondermülldeponie in der Nähe der Gemeinde Münchehagen (Niedersachsen) ging, und das Neusser Verfahren, bei dem es um die Fortschreibung des Abfallwirtschaftskonzepts im Kreis Neuss (Nordrhein-Westfalen) ging, wo die Behörden eine zusätzliche Mülldeponie sowie den Bau einer Müllverbrennungsanlage planten.

Für die Umweltsoziologie sind Verfahren der Umweltmediation zum einen ein interessantes Forschungsfeld, zum anderen wohl auch ein zukunftsträchtiges Praxisfeld. Im Sinne eines Forschungsfeldes wurden z. B. die zwei genannten Mediationsverfahren in Münchehagen und Neuss vom Wissenschaftszentrum Berlin (WZB) relativ intensiv im Rahmen sozialwissenschaftlicher Begleitprojekte untersucht (Fietkau und Weidner 1998). Im Sinne eines Praxisfeldes kann man erwarten, dass Soziologen z. B. aus der Stadt- und Regionalforschung in Zukunft stärker direkt in Umweltmediationsverfahren involviert sein werden (Zilleßen 1998).

Auf einer allgemeineren Ebene führt die Diskussion um Umweltmediationsverfahren häufig zum Konzept bzw. zur Idee der «Verhandlungsdemokratie». Die Vorstellung dabei ist, dass ein moderner Staat Entscheidungen nicht mehr oder weniger einseitig trifft und durchsetzt, sondern in Kooperation und im Dialog mit den Beteiligten Lösungen erarbeitet. Chancen für eine Annäherung an den Gedanken des «verhandelnden Staates» bestehen wohl am ehesten auf der lokalen Ebene. Insgesamt und mit weniger demokratietheoretischem Pathos kann man Umweltmediationsverfahren schlicht als «eines von zahlreichen Instrumenten im Werkzeugkasten der (Umwelt-)Politik» einstufen (Fietkau und Weidner 1998: 18).

5. Das Leitbild der nachhaltigen Entwicklung

Mit der Vision vom «blauen Himmel über der Ruhr» oder von Flüssen, in denen man wieder baden kann, konzentrierte sich die Umweltpolitik in ihrer Anfangsphase auf die Behebung offensichtlicher, meist lokaler Umweltprobleme. In einer zweiten Periode tauchte die allgemeinere Idee einer ökologischen Modernisierung (vgl. Abschnitt II.1), einer ökologischen Umgestaltung der Industriegesellschaften und einer öko-sozialen Marktwirtschaft auf. Die mehr oder weniger definitive «Schlussformel» wurde dann im dritten Schritt mit dem Leitbild einer nachhaltigen gesellschaftlichen Entwicklung gefunden. Ausgehend vom Brundtland-Bericht im Jahr 1987 setzte sich «sustainable development» spätestens auf der Rio-Konferenz im Jahr 1992 als politische Leitidee für den Umweltschutz (und darüber hinaus) auf einer breiten Basis durch. Im Vergleich zu herkömmlichen Gesellschaftsentwürfen versucht das Sustainability-Konzept, unsere gesellschaftlichen Visionen gleich auf drei Ebenen zu erweitern: Erstens wird inhaltlich durch das Hinzufügen ökologischer Aspekte aus der klassischen Dyade von ökonomischen und sozialen Aspekten eine Triade (ökonomische, soziale und ökologische Dimension als die drei Eckpfeiler von sustainable development). Zweitens werden zeitlich die Bedürfnisse und Lebenschancen künftiger Generationen explizit thematisiert und einbezogen (im Brundtland-Bericht wird Sustainability definiert als eine Entwicklung, die die Bedürfnisse der Gegenwart befriedigt, ohne zu riskieren, dass künftige Generationen ihre Bedürfnisse nicht befriedigen können). Drittens schließlich wird räumlich eine globale Perspektive gefordert, sodass auch die Verelendungsprobleme der Drittweltländer und die armutsbedingte Umweltzerstörung ins Blickfeld kommen.

Sustainable Development als Herausforderung für die Soziologie

Zu einer derart umfassenden «Welt- und Gesellschaftsvision» kann die Soziologie kaum schweigen. Wenngleich sich keine Belege dafür finden, dass die Soziologie in irgendeiner Form an der Hervorbringung des Begriffs der nachhaltigen Entwicklung beteiligt war, deutet sich inzwischen immerhin an, dass das Konzept als eine Herausforderung an die Soziologie gesehen und mit einer Fülle diverser Einzelbeiträge bearbeitet wird. Brand (1997) unterscheidet im Wesentlichen zwei Typen soziologischer Beiträge zur Nachhaltigkeitsdiskussion: zum einen Beiträge, die eine rekonstruktive Beobachterperspektive einnehmen, zum anderen Beiträge mit einer problembezogenen Herangehensweise.

Beginnen wir mit der problembezogenen Herangehensweise, können vor allem die in Abschnitt VII.3 besprochenen Bemühungen um Nachhaltigkeits-Indikatoren als ein wichtiger Beitrag gewertet werden. Würde die Verständigung auf einen Kernsatz von Nachhaltigkeits-Indikatoren gelingen, könnte der jeweilige Grad der Annäherung an das Leitbild der nachhaltigen Entwicklung festgestellt werden. Auf der Basis des Ist-Zustands ließe sich dann im zweiten Schritt untersuchen, wie es um die Bedingungen, Barrieren und Chancen für die Realisierung einer nachhaltigen Entwicklung in unterschiedlichen Indikator-Bereichen bestellt ist. Solche Bedingungen, Barrieren und Chancen waren mit Blick auf das Umweltverhalten der Bevölkerung, mit Blick auf das betriebliche Umwelthandeln und mit Blick auf die staatliche Umweltpolitik das Thema des gesamten voranstehenden Texts, wenngleich dabei die Nachhaltigkeit nur stellenweise als Bezugspunkt gewählt wurde. Auffallend ist, dass zahlreiche umweltsoziologische Arbeiten seit Anfang der 90er Jahre das Nachhaltigkeitsetikett für Dinge verwenden, die früher mit einfacheren Termini beschrieben wurden. So wird etwa anstelle von umweltbewusstem oder umweltverantwortlichem Konsumverhalten jetzt sehr viel häufiger von nachhaltigen Konsummustern gesprochen.

Die «rekonstruktiven Beobachter» sehen die wissenschaftlichen Bemühungen um Nachhaltigkeits-Indikatoren eher mit Skepsis. Sie gehen in der Regel davon aus, dass das, was mit dem Begriff der nachhaltigen Entwicklung gemeint ist oder gemeint sein könnte, unklar ist und auch bleiben wird. Mangelnde Klarheit wird jedoch nicht unbedingt als Schwäche, sondern sogar als Stärke gesehen. Zündende politische Leitideen haben zumeist die Eigenschaft, dass sie auf der einen Seite diffus, auf der anderen Seite in bestimmter Weise auch konkret sind. Sustainable Development trifft recht gut diese Mischung aus diffus und konkret.

Zwecks Konkretisierung wird in der Diskussion immer wieder gern auf die «nachhaltige Forstwirtschaft» verwiesen. Diese folgt dem allgemeinen Prinzip bzw. der Managementregel, dass die Nutzung erneuerbarer Ressourcen (Holz) nicht größer sein sollte als ihre Regenerationsfähigkeit.[4] Für nicht-erneuerbare Ressourcen lässt sich die Regel aufstellen, dass sie nur in dem Maß genutzt werden sollten, in dem dafür Substitute gefunden oder entwickelt werden. Relativ konkret ist schließlich auch die Forderung,

4 Im Lichte dieser Regel ist die deutsche Forstwirtschaft aktuell wohl eher «über-nachhaltig», da weniger Holz geschlagen wird als nachwächst. Gänzlich außer Acht bleibt bei der nachhaltigen Forstwirtschaft, dass der Wald nicht nur ein Holzreservoir ist, sondern auch einige andere Funktionen erfüllt (z. B. als Wasserspeicher, Bindung von CO_2, Freizeit- und Erholungswert).

dass schädliche Stoffe nur im Ausmaß der Aufnahme- bzw. Anpassungsfähigkeit der Ökosysteme freigesetzt werden sollten.

Trotz solcher Konkretisierungsangebote bleibt das Konzept der nachhaltigen, dauerhaft umweltgerechten Entwicklung in hohem Maß offen. Diese Offenheit ermöglicht es verschiedenen gesellschaftlichen Gruppen, in Anknüpfung an bewährte Denkmuster jeweils ihre eigene Sustainability-Version in den Vordergrund zu rücken. Als Diskussionsbeobachter bemühen sich Soziologen, die unterschiedlichen «Diskursvarianten» offen zu legen und deren Bindung an gesellschaftliche Interessenlagen aufzuzeigen. In einem Beitrag zur «politischen Anatomie» des Leitbildes der nachhaltigen Entwicklung differenziert z. B. Sachs (1997) drei idealtypische Sichtweisen: die Wettkampfperspektive, die Astronautenperspektive und die Heimatperspektive. Die von Vertretern der Wirtschaft bevorzugte Wettkampfperspektive sieht natürliche Ressourcen als Teil des Kapitalstocks einer Volkswirtschaft, und eine im internationalen Standortwettbewerb längerfristig erfolgreiche Wirtschaft müsse sich um die Erhaltung ihres Naturkapitals ebenso kümmern wie um ihr Maschinen- oder Humankapital. Die von einer Gemeinschaft international vernetzter (Natur-)Wissenschaftler favorisierte Astronautenperspektive blickt auf das bedrohte Raumschiff Erde, appelliert an die globale Verantwortung und fordert internationale Regelwerke und Institutionen zum Schutz des Blauen Planeten. Die Heimatperspektive schließlich konzipiert Nachhaltigkeit auf der Grundlage der Lebensverhältnisse vor Ort, wobei es in den Industrieländern darauf ankomme, den Energie- und Stoffdurchsatz zu verringern, regionale Wirtschaftskreisläufe wiederzubeleben und aktiven Landschafts- und Naturschutz zu betreiben.

Zur kritischen Reflexion über das Leitbild der nachhaltigen Entwicklung gehört auch, dass die Hintergrundannahmen sowie gesellschaftliche Implikationen verschiedener Lesarten von Sustainability herausgearbeitet werden. Sehr viel Kritik hat in diesem Zusammenhang z. B. das in der Studie «Zukunftsfähiges Deutschland» (BUND und Misereor 1996) propagierte Konzept des Umweltraums auf sich gezogen. Stark vereinfacht formuliert läuft das Umweltraum-Konzept darauf hinaus, jedem Erdenbürger ein gleiches Kontingent an Umweltressourcen zuzugestehen, das er oder sie im Zuge seines / ihres Lebens benutzen und verbrauchen darf. Unabhängig von den Schwierigkeiten beim «Ausrechnen» dieses Kontingents zeigt sich dabei stets, dass es eine massive Ungleichheit in der Form eines Nord-Süd-Gefälles im Verbrauch von Umweltressourcen gibt. Der mit dem Energieverbrauch verbundene CO_2-Ausstoß pro Kopf belief sich im

Jahr 1995 z.B. in den USA auf 20,5 t, in Deutschland auf 10,2 t, in China 2,7 t und in Indien auf 1,0 t. So wichtig es sein mag, diese Ungleichheit anzuprangern, erscheint die Forderung nach einem gleichen Umweltraum für alle doch als eine Utopie, die von vielen als ökonomisch fragwürdig und zudem als reichlich politikfremd eingeschätzt wird. Derart naturwissenschaftlich inspirierte Rechenexempel blenden Probleme der Machtverteilung, der Durchsetzbarkeit und der Akzeptanz von Maßnahmen gänzlich aus und lösen eine Abwehrreaktion sogar bei denen aus, die ansonsten durchaus einsehen, dass Änderungen «des westlichen Lebensstils» erforderlich sind.

Effizienz- und Suffizienzstrategie

Gesellschaftliche Visionen und Revolutionen werden heutzutage kaum mehr von Sozialwissenschaftlern, sondern bevorzugt von Naturwissenschaftlern verkündet. Wir kommen hier abschließend zurück auf das bereits in der Einleitung angesprochene Thema der «Effizienz» und «Suffizienz». In Deutschland haben vor allem die zwei Arbeiten «Faktor vier» und «Zukunftsfähiges Deutschland» aus dem Umkreis des Wuppertal-Instituts für Klima, Umwelt, Energie dazu beigetragen, dass nachhaltige Entwicklung zumeist im Spannungsfeld von Effizienz und Suffizienz diskutiert wird. Während «Faktor vier» von Weizsäcker et al. (1995) auf effizientere Technologien zwecks Annäherung an die Nachhaltigkeit setzt, favorisiert «Zukunftsfähiges Deutschland» (BUND und Misereor 1996) eher ein neues, auf mehr Bescheidenheit hin orientiertes Wohlstands- und Lebensform-Modell.

In der Tat können Weizsäcker et al. (1995; vgl. ergänzend auch Hawken et al. 1999) an einer Fülle von Beispielen demonstrieren, dass ressourcensparende und emissionsmindernde Technologien und Organisationsformen zum einen vielfach bereits vorhanden sind und zum anderen ihr Einsatz sogar mit Kosteneinsparungen verbunden ist. Das tatsächliche Ausmaß der Kosteneinsparungen wird zwar dadurch verdeckt, dass bei zahlreichen Produkten und Produktionsprozessen «die Preise nicht die Wahrheit sagen», aber selbst bei den gegebenen Preisen (z. B. für Strom) würde sich ein Rückgriff auf die effizienteren Technologien in vielen Fällen rechnen. Die Liste der mehr als 50 Illustrationsfälle bei Weizsäcker et al. erstreckt sich auf zahlreiche Beispiele einer erhöhten Energieproduktivität (Energiesparhäuser), Stoffproduktivität (Holzhäuser) und Transportproduktivität (Stadthäuser).

Wenn bei bestimmten Technologien die Diagnose zutrifft, dass ihr Einsatz Kosten spart, stellt sich die Frage, warum sich diese nicht rasch oder sogar überhaupt nicht durchsetzen. Unstrittig dürfte sein, dass neben dem Preis bzw. den Kosten in der Regel noch andere Dinge eine Rolle spielen. Es mag zwar sein, dass man mit einem Ultralite-Hypercar mit einer Tankfüllung vom Nordkap bis Sizilien fahren kann, trotzdem würden im Fall einer solchen Reise viele ein bewährtes Mercedes-Modell vorziehen. End-of-Pipe-Technologien werden in Betrieben gegenüber integrierten Technologien bevorzugt, weil sie weniger «eingebettet» sind und sich problemloser implementieren lassen (Abschnitt V.5). Betriebe und Privatpersonen agieren als «infectious repetits», das heißt, sie kopieren Routinen, Technologien und Praktiken, die sich eingespielt haben und als mehr oder weniger bewährt gelten. Im Fall des Neubaus oder der Renovierung von Häusern verweisen Weizsäcker et al. (1995: 180) selbst auf das «Investor-Nutzer-Dilemma» (vgl. dazu bereits Abschnitt I.1). Diejenigen, die in Gewerberäume oder Mietshäuser als Kapitalanlage investieren, sind an niedrigen Baukosten interessiert, was einen Verzicht auf Gebäudeunterfangung, Fensterschals und Heat-Mirror™-Fenster nahe legt. Den Mietern erschließt sich die mehr oder weniger laxe Bauweise erst im Zeitablauf, wenn sie ihren Mietvertrag längst abgeschlossen haben und über die Höhe ihrer Heiz- und Stromkosten erstaunt sind. Solche und ähnliche (durch soziale Arrangements durchaus überwindbare) «Rationalitätsfallen» ziehen in besonderem Maß soziologisches Interesse auf sich und waren deshalb einer der Schwerpunkte des vorliegenden Buchs.

Noch schwieriger als das Projekt der Effizienzrevolution und die damit verknüpfte Idee des «natural capitalism» (Hawken et al. 1999) sind das Vorhaben und die Idee einer Suffizienzrevolution. Ausgangspunkt des Suffizienzgedankens ist in der Regel die Vermutung, das Wohlstandsmodell der entwickelten Industrieländer sei im Weltmaßstab nicht verallgemeinerungsfähig, da dies die ökologische «Tragfähigkeit» unseres Planeten sprengen würde. Notwendig sei deshalb eine mehr oder weniger drastische Zurückführung bzw. freiwillige Selbstbeschränkung des westlichen Lebensstils. Das neue, auf Nachhaltigkeit hin ausgerichtete Wohlstandsmodell wird in «Zukunftsfähiges Deutschland» in der Form von Leitbildern konkretisiert. Gefordert werden u. a. ein rechtes Maß für Raum und Zeit (Entschleunigung des Lebensrhythmus), eine Orientierung am Grundsatz «gut leben statt viel haben» (Eleganz der Einfachheit), regionale Versorgungskreisläufe (Bio-Lebensmittel aus der Region) sowie stärker dezentrale politische Entscheidungsstrukturen.

Solche Forderungen kann man, selbst wenn man damit zum Teil den

Verdacht antirationalistischer und antimodernistischer Kulturkritik auf sich zieht, im Sinne von Visionen durchaus aufstellen, und es dürfte sich lohnen, darüber zu diskutieren. Die Soziologie als analytische Disziplin kann zu dieser Diskussion beitragen, indem sie etwa untersucht, ob und gegebenenfalls bei wem die vorgeschlagenen Leitbilder auf Befürwortung stoßen. Zwischen eventueller Befürwortung und Umsetzung liegt freilich noch immer ein gutes Stück Wegstrecke. Die aktuellen gesellschaftlichen «Großtrends» deuten z. B. kaum auf Entschleunigung und elegante Einfachheit hin. Schritte in diese Richtung würden zweifellos Konflikte mit etablierten gesellschaftlichen Routinen, Institutionen und Strukturen provozieren und hätten massive gesellschaftliche Konsequenzen. Aufgrund einschlägiger (negativer) Erfahrungen aus der Vergangenheit sind Sozialwissenschaftler – anders als manche Naturwissenschaftler – heutzutage bei der Verkündung und Formulierung gesellschaftlicher Visionen eher vorsichtig. Sogar die prinzipielle Idee, gesellschaftliche Entwicklung sei überhaupt steuerbar, haben zahlreiche Soziologinnen und Soziologen inzwischen aufgegeben.

Unter anderem aufgrund der Allmende-Dilemma-Struktur zahlreicher Umweltprobleme (Kapitel III) erscheinen jedoch Versuche einer politischen und gesellschaftlichen Steuerung im Umweltbereich unverzichtbar. Darüber, wie man dies tun könnte, machen sich nicht nur sozialwissenschaftliche Umweltforscher / -innen, sondern Akteure in sehr verschiedenen Bereichen Gedanken. Bevor man freilich steuernd eingreift, braucht man Vorstellungen und Ideen von dem, was man eigentlich erreichen will. Diese Vorstellungen und Ideen in der Form von Visionen und Leitbildern auszuformulieren ist zwar sicherlich keine primäre Aufgabe der Soziologie, aber gegen vermehrte Beiträge zur Zieldiskussion auch von soziologischer Seite wäre nichts einzuwenden. Wie in allen anderen Politikfeldern geht es auch im Umweltbereich letztlich um gesellschaftliche Wertsetzungen. Niemand wird ernsthaft dafür plädieren, aus Umweltschutzgründen z. B. die Alpen weiträumig einzuzäunen oder den Zugang zu Seen und Meeren gänzlich zu unterbinden. Die Erhaltung der natürlichen Lebensgrundlagen verdient nicht zuletzt deshalb eine hohe Priorität, weil viele andere Ziele der Menschen (z. B. die Gesundheit) dadurch beeinflusst werden und damit zusammenhängen.

Literatur

Ajzen, Icek und Martin Fishbein (1977): Attitude-Behavior Relations: A Theoretical Analysis and Review of Empirical Research, in: Psychological Bulletin, Vol. 84, S. 888–918.

Ajzen, Icek und Martin Fishbein (1980): Understanding Attitudes and Predicting Social Behavior, Englewood Cliffs, N.J.: Prentice Hall.

Antes, Ralf (1995): Umweltverträgliches Handeln und Entscheiden in Unternehmen, in: Jürgen Freimann und Eckart Hildebrandt (Hg.), Praxis der betrieblichen Umweltpolitik, Wiesbaden: Gabler, S. 21–38.

Apel, Dieter (1992): Verkehrskonzepte in europäischen Städten, Berlin: Deutsches Institut für Urbanistik.

Arcury, Thomas A. (1990): Environmental Attitude and Environmental Knowledge, in: Human Organization, Vol. 49, S. 300–304.

Axelrod, Robert (1986): Die Evolution der Kooperation, München: Oldenbourg.

Bamberg, Sebastian, Walter Bien und Peter Schmidt (1995): Wann steigen Autofahrer auf den Bus um? Oder: Lassen sich aus sozialpsychologischen Handlungstheorien praktische Maßnahmen ableiten?, in: Andreas Diekmann und Axel Franzen (Hg.), Kooperatives Umwelthandeln, Chur und Zürich: Rüegger, S. 89–111.

Bamberg, Sebastian, Harald Grumbl und Peter Schmidt (1999): Theoriegeleitete Evaluationsforschung unter Anwendung von Rational Choice, Opladen: Leske und Budrich (im Erscheinen).

Bechmann, Gotthard (1993): Risiko – ein neues Forschungsfeld?, in: Gotthard Bechmann (Hg.), Risiko und Gesellschaft, Opladen: Westdeutscher Verlag, S. VII–XXIV.

Beck, Ulrich (1986): Risikogesellschaft. Auf dem Weg in eine andere Moderne, Frankfurt a. M.: Suhrkamp.

Beck, Ulrich (1988): Gegengifte. Die organisierte Unverantwortlichkeit, Frankfurt a. M.: Suhrkamp.

Beck, Ulrich (1991): Die Soziologie und die ökologische Frage, in: Berliner Journal für Soziologie, Heft 3, S. 331–341.

Beck, Ulrich (1993): Die Erfindung des Politischen, Frankfurt a. M.: Suhrkamp.

Beck, Ulrich (1996): Weltrisikogesellschaft, Weltöffentlichkeit und globale Subpolitik. Ökologische Fragen im Bezugsrahmen fabrizierter Unsicherheiten, in: Andreas Diekmann und Carlo C. Jaeger (Hg.), Umweltsoziologie, Sonderheft 36 der Kölner Zeitschrift für Soziologie und Sozialpsychologie, Opladen: Westdeutscher Verlag, S. 119–147.

Beck, Ulrich, Anthony Giddens und Scott Lash (1993): Reflexive Modernisierung. Eine Kontroverse, Frankfurt a. M.: Suhrkamp.
Becker, Gary S. (1982): Der ökonomische Ansatz zur Erklärung menschlichen Verhaltens, Tübingen: Mohr.
Bell, Michael M. (1998): An Invitation to Environmental Sociology, Thousand Oaks, Calif.: Pine Forge Press.
Benedick, Richard E. (1998): Das fragwürdige Kyoto-Klimaprotokoll. Unbeachtete Lehren aus der Ozongeschichte, Arbeitspapier FS II 98–407, Berlin: Wissenschaftszentrum Berlin für Sozialforschung.
Berger, Johannes (1994): The Economy and the Environment, in: Neil J. Smelser und Richard Swedberg (Hg.), The Handbook of Economic Sociology, Princeton: Princeton University Press, S. 766–797.
Berger, Peter L. und Thomas Luckmann (1969): Die gesellschaftliche Konstruktion der Wirklichkeit, Frankfurt a. M.: Fischer.
Black, Stanley J., Paul C. Stern und Julie T. Elworth (1985): Personal and Contextual Influences on Household Energy Adaptations, in: Journal of Applied Psychology, Vol. 70, S. 3–21.
Blaikie, Norman W. H. (1992): The Nature and Origins of Ecological World Views: An Australian Study, in: Social Science Quarterly, Vol. 73, S. 144–165.
Blasius, Jörg (1994): Subjektive Umweltwahrnehmung – eine Trendbeschreibung, in: Michael Braun und Peter Ph. Mohler (Hg.), Blickpunkt Gesellschaft 3. Einstellungen und Verhalten der Bundesbürger, Opladen: Westdeutscher Verlag, S. 107–132.
Blocker, Jean T. und Douglas L. Eckberg (1989): Environmental Issues as Women's Issues: General Concerns and Local Hazards, in: Social Science Quarterly, Vol. 70, S. 586–593.
Bodenstein, Gerhard, Achim Spiller und Helmut Elbers (1997): Strategische Konsumentscheidungen: Langfristige Weichenstellungen für das Umwelthandeln – Ergebnisse einer empirischen Studie, Duisburg: Diskussionsbeitrag Nr. 234 des Fachbereichs Wirtschaftswissenschaft der Universität / Gesamthochschule Duisburg.
Bogun, Roland, Martin Osterland und Günter Warsewa (1992): Arbeit und Umwelt im Risikobewusstsein von Industriearbeitern, in: Soziale Welt, Jg. 43, S. 237–245.
Bohnen, Alfred (2000): Handlungsprinzipien oder Systemgesetze, Tübingen: Mohr.
Börkey, Peter und François Leveque (1998): Voluntary Approaches for Environmental Protection in the European Union, Paris: OECD (Bericht im Rahmen des OECD-Projekts «Voluntary Approaches in Environmental Policy»).
Bortz, Jürgen und Nicola Döring (1999): Forschungsmethoden und Evaluation, Berlin: Springer.
Boudon, Raymond (1979): Widersprüche sozialen Handelns, Neuwied: Luchterhand.
Boulding, Kenneth E. (1966): The Economics of the Coming Spaceship Earth, in: Henry Jarett (Hg.), Environmental Quality in a Growing Economy, Baltimore, S. 115–119.
Brand, Karl-Werner (1997): Probleme und Potentiale einer Neubestimmung des Pro-

jekts der Moderne unter dem Leitbild «nachhaltige Entwicklung». Zur Einführung, in: Karl-Werner Brand (Hg.), Nachhaltige Entwicklung. Eine Herausforderung an die Soziologie, Opladen: Leske und Budrich, S. 9–32.

Brand, Karl-Werner (Hg.) (1998a): Soziologie und Natur, Opladen: Leske und Budrich.

Brand, Karl-Werner (1998b): Soziologie und Natur – eine schwierige Beziehung, in: Karl-Werner Brand (Hg.), Soziologie und Natur, Opladen: Westdeutscher Verlag, S. 9–29.

Brand, Karl-Werner (1999): Transformationen der Ökologiebewegung, in: Ansgar Klein, Hans-Josef Legrand und Thomas Leif (Hg.), Neue Soziale Bewegungen, Opladen: Westdeutscher Verlag, S. 237–256.

Braun, Norman und Axel Franzen (1995): Umweltverhalten und Rationalität, in: Kölner Zeitschrift für Soziologie und Sozialpsychologie, Jg. 47, S. 231–248.

Braunmühl, Wilhelm von (1997): Contracting als Weg zur Finanzierung von energiesparenden Gebäudemodernisierungen. Möglichkeiten und Probleme, in: Umweltpsychologie, Jg. 1, S. 66–71.

Brechner, Kevin C. (1977): An Experimental Analysis of Social Traps, in: Journal of Experimental Psychology, Vol. 13, S. 552–564.

Brüderl, Josef und Peter Preisendörfer (1995): Der Weg zum Arbeitsplatz: eine empirische Untersuchung zur Verkehrsmittelwahl, in: Andreas Diekmann und Axel Franzen (Hg.), Kooperatives Umwelthandeln, Chur und Zürich: Rüegger, S. 69–88.

Bullock, Kari und John Baden (1977): Communes and the Logic of the Commons, in: Garrett Hardin und John Baden (Hg.), Managing the Commons, San Francisco: Freeman, S. 182–199.

BUND und Misereor (Hg.) (1996): Zukunftsfähiges Deutschland. Ein Beitrag zu einer global nachhaltigen Entwicklung, Basel: Birkhäuser.

Bunge, Mario (1996): Finding Philosophy in Social Science, New Haven und London: Yale University Press.

Bürklin, Wilhelm und Russell J. Dalton (1994): Das Ergrauen der Grünen, in: Hans-Dieter Klingemann und Max Kaase (Hg.), Wahlen und Wähler, Opladen: Westdeutscher Verlag, S. 264–302.

Burschel, Carlo (1996): Umweltschutz als sozialer Prozeß, Opladen: Westdeutscher Verlag.

Buttel, Frederick H. (1987): New Directions in Environmental Sociology, in: Annual Review of Sociology, Vol. 13, S. 465–488.

Carson, Rachel (1962): Silent Spring, Boston: Houghton Mifflin Company (deutsch: Der stumme Frühling, München: Beck 1996).

Catton, William R. und Riley E. Dunlap (1978): Environmental Sociology: A New Paradigm, in: The American Sociologist, Vol. 13, S. 41–49.

Cebon, Peter (1996): Eine organisationstheoretische Analyse von Maßnahmen gegen Punktquellenverschmutzung, in: Andreas Diekmann und Carlo C. Jaeger (Hg.), Umweltsoziologie, Sonderheft 36 der Kölner Zeitschrift für Soziologie und Sozialpsychologie, Opladen: Westdeutscher Verlag, S. 441–471.

Cipolla, Carlo M. (1976): Before the Industrial Revolution, London: Methuen.
Clemens, Cornelia (1998): Erfahrungen mit Selbstverpflichtungen der Wirtschaft im Umweltschutz, Köln: Deutscher Instituts-Verlag.
Coenenberg, Adolf G., Heinz Georg Baum, Edeltraud Günther und Robert Wittmann (1994): Unternehmenspolitik und Umweltschutz, in: Zeitschrift für betriebswirtschaftliche Forschung, 46. Jg., S. 81–100.
Coleman, James S. (1986): Die asymmetrische Gesellschaft, Weinheim: Beltz.
Coleman, James S. (1990): Foundations of Social Theory, Cambridge, Mass.: Belknap Press (deutsch: Grundlagen der Sozialtheorie, München: Oldenbourg 1991).
Dahl, Jürgen (1999): Zwölfzylinder, schadstoffarm, in: Jörn Habenicht und Michael Creutzer (Hg.), Dokumentation der zweiten Konferenz autofreier Bürgerinnen und Bürger, Schlöben: Autofrei Leben e.V., S. 26–36.
De Haan, Gerhard (Hg.)(1995): Umweltbewußtsein und Massenmedien, Berlin: Akademie-Verlag.
De Haan, Gerhard und Udo Kuckartz (1995): Fragebogen zum Umweltverhalten, Berlin: Forschungsgruppe Umweltbildung der Freien Universität Berlin.
De Haan, Gerhard und Udo Kuckartz (1996): Umweltbewußtsein. Denken und Handeln in Umweltkrisen, Opladen: Westdeutscher Verlag.
Deci, Edward L. und Richard M. Ryan (1985): Intrinsic Motivation and Self-Determination in Human Behavior, New York: Plenum Press.
Denzinger, Stefan und Walter Vogt (1999): Quantifizierung telearbeitsbedingter Verkehrssubstitutionspotentiale, in: Straßenverkehrstechnik, Heft 5, S. 220–225.
Deutsches Institut für Wirtschaftsforschung, Berlin, Ifo-Institut für Wirtschaftsforschung, München, Institut für Wirtschaftsforschung, Halle, und Rheinisch-Westfälisches Institut für Wirtschaftsforschung, Essen (1996): Aktualisierte Berechnung der umweltinduzierten Beschäftigung in Deutschland, Bonn: Bundesministerium für Umwelt, Naturschutz und Reaktorsicherheit.
Diamond, William D. und Ben Z. Loewy (1991): Effects of Probabilistic Rewards on Recycling Attitudes and Behavior, in: Journal of Applied Social Psychology, Vol. 21, S. 1590–1607.
Dieffenbacher, Christoph (2000): Lofanga oder die Kultur des Teilens, in: Horizonte. Schweizer Forschungsmagazin, 45 / 2000, S. 14–15.
Diekmann, Andreas (1995): Umweltbewusstsein oder Anreizstrukturen? Empirische Befunde zum Energiesparen, der Verkehrsmittelwahl und zum Konsumverhalten, in: Andreas Diekmann und Axel Franzen (Hg.), Kooperatives Umwelthandeln, Chur und Zürich: Rüegger, S. 39–68.
Diekmann, Andreas (1996): Homo ÖKOnomicus. Anwendungen und Probleme der Theorie rationalen Handelns im Umweltbereich, in: Andreas Diekmann und Carlo C. Jaeger (Hg.), Umweltsoziologie, Sonderheft 36 der Kölner Zeitschrift für Soziologie und Sozialpsychologie, Opladen: Westdeutscher Verlag, S. 89–118.
Diekmann, Andreas und Axel Franzen (Hg.) (1995): Kooperatives Umwelthandeln, Chur und Zürich: Rüegger.
Diekmann, Andreas und Axel Franzen (1996): Einsicht in ökologische Zusammen-

hänge und Umweltverhalten, in: Ruth Kaufmann-Hayoz und Antonietta Giulio (Hg.), Umweltproblem Mensch, Bern: Haupt, S. 135–157.
Diekmann, Andreas und Axel Franzen (1999): The Wealth of Nations and Environmental Concern, in: Environment and Behavior, Vol. 31, S. 540–549.
Diekmann, Andreas und Axel Franzen (2000): Environmental Concern: A Global Perspective, in: Andreas Diekmann, Thomas Dietz, Carlo C. Jaeger und Eugene A. Rosa (Hg.), The Human Dimensions of Global Environmental Change, Cambridge: MIT-Press.
Diekmann, Andreas und Carlo C. Jaeger (Hg.) (1996 a): Umweltsoziologie, Sonderheft 36 der Kölner Zeitschrift für Soziologie und Sozialpsychologie, Opladen: Westdeutscher Verlag.
Diekmann, Andreas und Carlo C. Jaeger (1996 b): Aufgaben und Perspektiven der Umweltsoziologie, in: Andreas Diekmann und Carlo C. Jaeger (Hg.), Umweltsoziologie, Sonderheft 36 der Kölner Zeitschrift für Soziologie und Sozialpsychologie, Opladen: Westdeutscher Verlag, S. 11–27.
Diekmann, Andreas und Ben Jann (2000): Sind die empirischen Ergebnisse zum Umweltverhalten Artefakte? Ein Beitrag zum Problem der Messung von Umweltverhalten, in: Umweltpsychologie, Jg. 4, S. 64–75.
Diekmann, Andreas und Peter Preisendörfer (1991): Umweltbewusstsein, ökonomische Anreize und Umweltverhalten, in: Schweizerische Zeitschrift für Soziologie, Jg. 17, S. 207–231.
Diekmann, Andreas und Peter Preisendörfer (1992): Persönliches Umweltverhalten. Diskrepanzen zwischen Anspruch und Wirklichkeit, in: Kölner Zeitschrift für Soziologie und Sozialpsychologie, Jg. 44, S. 226–251.
Diekmann, Andreas und Peter Preisendörfer (1998): Umweltbewusstsein und Umweltverhalten in Low- und High-Cost-Situationen, in: Zeitschrift für Soziologie, Jg. 27, S. 438–453.
Dierkes, Meinolf (1994): Was helfen Öko-Bilanzen bei der Lösung der ökologischen Probleme?, in: Michael Henze und Gert Kaiser (Hg.), Ökologie-Dialog. Umweltmanager und Umweltschützer im Gespräch, Düsseldorf: Econ, S. 74–80.
Dierkes, Meinolf und Hans-Joachim Fietkau (1988): Umweltbewußtsein – Umweltverhalten. Mainz: Kohlhammer.
Dörner, Dietrich (1992): Die Logik des Mißlingens. Strategisches Denken in komplexen Situationen, Reinbek: Rowohlt.
Dörner, Dietrich (1996): Der Umgang mit Unbestimmtheit und Komplexität und der Gebrauch von Computersimulationen, in: Andreas Diekmann und Carlo C. Jaeger (Hg.), Umweltsoziologie, Sonderheft 36 der Kölner Zeitschrift für Soziologie und Sozialpsychologie, Opladen: Westdeutscher Verlag, S. 489–515.
Douglas, Mary und Aaron Wildavsky (1983): Risk and Culture. An Essay on the Selection of Technological and Environmental Dangers, Berkeley: University of California Press.
Dunlap, Riley E. und William R. Catton (1979): Environmental Sociology, in: Annual Review of Sociology, Vol. 5, S. 243–273.

Dunlap, Riley E. und William R. Catton (1992): Toward an Ecological Sociology: The Development, Current Status, and Probable Future of Environmental Sociology, in: Annals of the International Institute of Sociology, Vol. 3, S. 263–284.

Dunlap, Riley E., George H. Gallup und Alec M. Gallup (1993): Of Global Concern, in: Environment, Vol. 35, S. 7–39.

Dunlap, Riley E. und Kent D. van Liere (1978): The «New Environmental Paradigm». A Proposed Measuring Instrument and Preliminary Results, in: Journal of Environmental Education, Vol. 9, S. 10–19.

Dunlap, Riley E. und Kent D. van Liere (1984): Commitment to the Dominant Social Paradigm and Concern for Environmental Quality, in: Social Science Quarterly, Vol. 65, S. 1013–1028.

Dunlap, Riley E. und Angela G. Mertig (1996): Weltweites Umweltbewusstsein. Eine Herausforderung für die sozialwissenschaftliche Theorie, in: Andreas Diekmann und Carlo C. Jaeger (Hg.), Umweltsoziologie, Sonderheft 36 der Kölner Zeitschrift für Soziologie und Sozialpsychologie, Opladen: Westdeutscher Verlag, S. 193–218.

Dunlap, Riley E. und William Michelson (Hg.)(1996): Handbook of Environmental Sociology, Westport, Conn.: Greenwood Press.

Dunlap, Riley E. und Rik Scarce (1991): The Polls-Poll Trends: Environmental Problems and Protection, in: Public Opinion Quarterly, Vol. 55, S. 651–672.

Dürrenberger, Gregor, Lisbeth Bieri, Carlo C. Jaeger und Urs Dahinden (1995): Telework and Vocational Contact, in: Technology Studies, Vol. 2, S. 105–133.

Dyckhoff, Harald und Rolf Jacobs (1994): Organisation des Umweltschutzes in Industriebetrieben, in: Zeitschrift für Betriebswirtschaft, 64. Jg., S. 717–735.

Eckes, Thomas und Bernd Six (1994): Fakten und Fiktionen in der Einstellungs-Verhaltens-Forschung: Eine Meta-Analyse, in: Zeitschrift für Sozialpsychologie, Jg. 25, S. 253–271.

Edney, Julian J. (1979a): The Nuts Game: A Concise Commons Dilemma Analog, in: Environmental Psychology and Nonverbal Behavior, Vol. 3, S. 252–254.

Edney, Julian J. (1979b): Free Riders on Route to Disaster, in: Psychology Today, 8/1979.

Edney, Julian J. und Christian S. Harper (1978): The Commons Dilemma: A Review of Contributions from Psychology, in: Environmental Management, Vol. 2, S. 491–507.

Ehrlich, Paul R. und Anne H. Ehrlich (1991): Healing the Planet, Reading, Mass.: Addison-Wesley.

Eisenführ, Franz und Martin Weber (1994): Rationales Entscheiden, 2. Aufl., Berlin: Springer.

Ellickson, Robert C. (1991): Order without Law. How Neighbors Settle Disputes, Cambridge, Mass.: Harvard University Press.

Ernst, Andreas (1997): Ökologisch-soziale Dilemmata. Psychologische Wirkmechanismen des Umweltverhaltens, Weinheim: Beltz.

Esser, Hartmut (1993): Soziologie. Allgemeine Grundlagen, Frankfurt a. M.: Campus.

Fietkau, Hans-Joachim und Helmut Weidner (1998): Umweltverhandeln. Konzepte,

Praxis und Analysen alternativer Konfliktregelungsverfahren, Berlin: Edition Sigma.

Fischer-Kowalski, Marina und Helga Weisz (1998): Gesellschaft als Verzahnung materieller und symbolischer Welten, in: Karl-Werner Brand (Hg.), Soziologie und Natur, Opladen: Westdeutscher Verlag, S. 145–172.

Föste, W. (1994): Umweltschutzbeauftragte und präventiver Umweltschutz in der Industrie. Eine mikropolitische Untersuchung, Mering: Rainer Hampp.

Frankfurter Allgemeine Zeitung (1998 a): IW: Ausgaben für Umweltschutz sind in Deutschland besonders hoch, Ausgabe vom 28. Mai 1998.

Frankfurter Allgemeine Zeitung (1998 b): Vom sinnvollen Umgang mit Abfall, Ausgabe vom 7. März 1998.

Frankfurter Rundschau (1998): Studie zählt 2,5 Millionen Jobs im Umweltschutz, Ausgabe vom 10. Juni 1998.

Franzen, Axel (1997): Umweltbewusstsein und Verkehrsverhalten, Chur und Zürich: Rüegger.

Franzen, Axel (1999): Das Umweltengagement von Schweizer Wirtschaftsunternehmen, in: Schweizerische Zeitschrift für Soziologie, Vol. 25, S. 429–448.

Freimann, Jürgen (1999): Akteursperspektiven im betrieblichen Umweltmanagement – Eine empirische Annäherung, in: Zeitschrift für angewandte Umweltforschung, Jg. 12, S. 492–506.

Frey, Bruno S. (1992 a): Tertium Datur: Pricing, Regulating and Intrinsic Motivation, in: Kyklos, Jg. 45, S. 161–184.

Frey, Bruno S. (1992 b): Umweltökonomie, 3. Aufl., Göttingen: Vandenhoeck und Ruprecht.

Frey, Bruno S. (1997): Markt und Motivation. Wie ökonomische Anreize die (Arbeits-)Moral verdrängen, München: Vahlen.

Frey, Bruno S. und Iris Bohnet (1996): Tragik der Allmende. Einsicht, Perversion und Überwindung, in: Andreas Diekmann und Carlo C. Jaeger (Hg.), Umweltsoziologie, Sonderheft 36 der Kölner Zeitschrift für Soziologie und Sozialpsychologie, Opladen: Westdeutscher Verlag, S. 292–307.

Frey, Bruno S. und Isabelle Busenhart (1995): Umweltpolitik: Ökonomie oder Moral?, in: Andreas Diekmann und Axel Franzen (Hg.), Kooperatives Umwelthandeln, Chur und Zürich: Rüegger, S. 9–20.

Friedrichs, Jürgen und Kirsten Hollaender (Hg.) (1999): Stadtökologische Forschung, Berlin: Analytica.

Fritz, Oliver M., Helmut Mahringer, Gabriele Mitterhauser, Ingrid Bratkowitsch und Edith Kranvogl (1997): Die Beschäftigungssituation im Umweltbereich. Eine empirische Untersuchung für Österreich, Wien: Kammer für Arbeiter und Angestellte.

Fritz, Wolfgang (1995): Umweltschutz und Unternehmenserfolg. Eine empirische Analyse, in: Die Betriebswirtschaft, 55. Jg., S. 347–357.

Fritzler, Marc (1997): Ökologie und Umweltpolitik, Bonn: Bundeszentrale für politische Bildung.

Fuhrer, Urs (1995a): Sozialpsychologisch fundierter Theorierahmen für eine Umweltbewußtseinsforschung, in: Psychologische Rundschau, Jg. 46, S. 93–103.
Fuhrer, Urs (Hg.) (1995b): Ökologisches Handeln als sozialer Prozess, Basel: Birkhäuser.
Gill, Bernhard (1999): Reflexive Modernisierung und technisch-industriell erzeugte Umweltprobleme. Ein Rekonstruktionsversuch in präzisierender Absicht, in: Zeitschrift für Soziologie, Jg. 28, S. 182–196.
Giugni, Marco G. (1998): Was it Worth the Effort? The Outcomes and Consequences of Social Movements, in: Annual Review of Sociology, Vol. 98, S. 371–393.
Glaeser, Bernhard (Hg.) (1989): Humanökologie, Opladen: Westdeutscher Verlag.
Glaeser, Bernhard und Parto Teherani-Krönner (Hg.) (1992): Humanökologie und Kulturökologie, Opladen: Westdeutscher Verlag.
Gohlisch, Gunnar und Marion Malow (1999): Umweltauswirkungen von Geschwindigkeitsbeschränkungen, Berlin: Umweltbundesamt (UBA-Texte Nr. 40/99).
Habich, Roland, Heinz-Herbert Noll und Wolfgang Zapf (1994): Soziale Indikatoren und Sozialberichterstattung. Internationale Erfahrungen und gegenwärtiger Forschungsstand, Bern: Bundesamt für Statistik (Reihe Statistik der Schweiz).
Hacking, Ian (1999): Was heißt ‹soziale Konstruktion›? Zur Konjunktur einer Kampfvokabel in den Wissenschaften, Frankfurt a. M.: Fischer.
Hampel, Jürgen und Ortwin Renn (Hg.) (1999): Gentechnik in der Öffentlichkeit, Frankfurt a. M.: Campus.
Hanfstein, Wolfgang, Hellmuth Lange und Susanne Lörx (1992): Umweltbewußtsein von Beschäftigten in der Automobilindustrie, Düsseldorf: Hans-Böckler-Stiftung.
Hardin, Garrett (1968): The Tragedy of the Commons, in: Science, Vol. 162, S. 1243–1248.
Harris, Marvin (1988): Wohlgeschmack und Widerwillen. Die Rätsel der Nahrungstabus, Stuttgart: Klett-Cotta.
Haubl, Rolf (1998): Mit Sinn und Verstand. Einführung in die Umweltästhetik, in: Armin Günther, Rolf Haubl, Peter Meyer, Martin Stängel, Kerstin Wüstner (Hg.), Sozialwissenschaftliche Ökologie, Berlin: Springer, S. 61–133.
Hausman, Jerry A. (1979): Individual Discount Rates and the Purchase and Utilization of Energy-Using Durables, in: Bell Journal of Economics, Vol. 10, S. 33–54.
Hawken, Paul, Amory B. Lovins und L. Hunter Lovins (1999): Natural Capitalism: Creating the Next Industrial Revolution, Boston: Little Brown.
Hecht, Dieter und Nicola Werbeck (1995): Rücknahmeverpflichtungen als Instrument der Abfallwirtschaft – eine ökonomische Analyse am Beispiel des Dualen Systems Deutschland, in: Zeitschrift für Umweltpolitik und Umweltrecht, 18. Jg., S. 49–79.
Heine, Hartwig und Rüdiger Mautz (1988): Haben Industriefacharbeiter besondere Probleme mit dem Umweltthema?, in: Soziale Welt, Jg. 39, S. 123–143.
Hellmann, Kai-Uwe (1999): Paradigmen der Bewegungsforschung, in: Ansgar Klein, Hans-Josef Legrand und Thomas Leif (Hg.), Neue Soziale Bewegungen, Opladen: Westdeutscher Verlag, S. 91–113.

Hines, Jody M., Harold R. Hungerford und Audrey N. Tomera (1986/87): Analysis and Synthesis of Research on Responsible Environmental Behavior: A Meta-Analysis, in: Journal of Environmental Education, Vol. 16, No. 2, S. 1–8.

Holzach, Michael (1982): Das vergessene Volk. Ein Jahr bei den deutschen Hutterern in Kanada, München: dtv.

Homann, Karl und Andreas Suchanek (2000): Ökonomik. Eine Einführung, Tübingen: Mohr.

Homans, George C. (1964): Bringing Man Back in, in: American Sociological Review, Vol. 29, S. 809–818.

Huber, Joseph (1993): Ökologische Modernisierung. Bedingungen des Umwelthandelns in den neuen und alten Bundesländern, in: Kölner Zeitschrift für Soziologie und Sozialpsychologie, Jg. 45, S. 288–304.

Huber, Joseph (1995): Nachhaltige Entwicklung. Strategien für eine ökologische und soziale Erdpolitik, Berlin: Edition Sigma.

Huber, Joseph (1998): Umwelt, in: Bernhard Schäfers und Wolfgang Zapf (Hg.), Handwörterbuch zur Gesellschaft Deutschlands, Opladen: Leske und Budrich, S. 666–675.

ICLEI – International Council for Local Environmental Initiatives und Difu – Deutsches Institut für Urbanistik (1999): Lokale Agenda 21 im europäischen Vergleich, Bonn: Bundesumweltministerium.

Imhof, Arthur E. (1988): Die Lebenszeit, München: Beck.

Inglehart, Ronald (1982): Changing Values and the Rise of Environmentalism in Western Europe, Berlin: Wissenschaftszentrum Berlin für Sozialforschung.

Inglehart, Ronald (1998): Modernisierung und Postmodernisierung, Frankfurt a. M.: Campus.

Jacobs, Harvey E. und Jon S. Bailey (1982): Evaluating Participation in a Residential Recycling Program, in: Journal of Environmental Systems, Vol. 12, S. 141–152.

Jaeger, Carlo C. (1996): Humanökologie und der blinde Fleck der Wissenschaft, in: Andreas Diekmann und Carlo C. Jaeger (Hg.), Umweltsoziologie, Sonderheft 36 der Kölner Zeitschrift für Soziologie und Sozialpsychologie, Opladen: Westdeutscher Verlag, S. 164–190.

Jänicke, Martin (1994): Ökologische Strukturpolitik in Industrieländern – Defizite und Notwendigkeiten, in: Michael Henze und Gert Kaiser (Hg.), Ökologie-Dialog. Umweltmanager und Umweltschützer im Gespräch, Düsseldorf: Econ, S. 40–57.

Jänicke, Martin, Harald Mönch und Manfred Binder (Hg.) (1993): Umweltentlastung durch industriellen Strukturwandel? Eine explorative Studie über 32 Industrieländer, Berlin: Edition Sigma.

Jänicke, Martin und Helmut Weidner (Hg.) (1995): Successful Environmental Policy. A Critical Evaluation of 24 Cases, Berlin: Edition Sigma.

Jann, Ben R. A. (1998): Zur Messung des Umweltverhaltens, Bern: Lizentiatsarbeit am Institut für Soziologie der Universität Bern.

Jones, Robert E. und Riley E. Dunlap (1992): The Social Bases of Environmental Concern: Have They Changed Over Time?, in: Rural Sociology, Vol. 57, S. 28–47.

Joußen, Wolfgang und Armin G. Hessler (Hg.)(1995): Umwelt und Gesellschaft, Berlin: Akademie Verlag.

Jungermann, Helmut und Paul Slovic (1993): Die Psychologie der Kognition und Evaluation von Risiko, in: Gotthard Bechmann (Hg.), Risiko und Gesellschaft, Opladen: Westdeutscher Verlag, S. 167–207.

Kahnemann, Daniel und Amos Tversky (1979): Prospect Theory. An Analysis of Decision under Risk, in: Econometrica, Vol. 47, S. 263–291.

Kaiser, Florian G. (1998): A General Measure of Ecological Behavior, in: Journal of Applied Social Psychology, Vol. 28, S. 395–422.

Kaufmann-Hayoz, Ruth und Antonietta Di Giulio (Hg.) (1996): Umweltproblem Mensch. Humanwissenschaftliche Zugänge zu umweltverantwortlichem Handeln, Bern: Haupt.

Keller, Reiner und Angelika Poferl (1998): Vergesellschaftete Natur – Öffentliche Diskurse und soziale Strukturierung. Eine kritische Auseinandersetzung mit der Cultural Theory, in: Karl-Werner Brand (Hg.), Soziologie und Natur, Opladen: Westdeutscher Verlag, S. 117–142.

Kitschelt, Herbert (1986): Political Opportunity Structures and Political Protest: Anti-Nuclear Movements in Four Democracies, in: British Journal of Political Science, Vol. 16, S. 57–85.

Kitschelt, Herbert (1991): Resource Mobilization Theory: A Critique, in: Dieter Rucht (Hg.), Research on Social Movements, Frankfurt a. M.: Campus, S. 323–347.

Kitschelt, Herbert (1999): Politische Gelegenheitsstrukturen in Theorien sozialer Bewegungen heute, in: Ansgar Klein, Hans-Josef Legrand und Thomas Leif (Hg.), Neue Soziale Bewegungen, Opladen: Westdeutscher Verlag, S. 144–163.

Klandermans, Bert (1991): New Social Movements and Resource Mobilization: The European and the American Approach Revisited, in: Dieter Rucht (Hg.), Research on Social Movements, Frankfurt a. M.: Campus, S. 17–44.

Klein, Markus und Kai Arzheimer (1997): Grau in Grau. Die Grünen und ihre Wähler nach eineinhalb Jahrzehnten, in: Kölner Zeitschrift für Soziologie und Sozialpsychologie, Jg. 49, S. 783–795.

Kley, Jürgen und Hans-Joachim Fietkau (1979): Verhaltenswirksame Variablen des Umweltbewußtseins, in: Psychologie und Praxis, Jg. 23, S. 13–22.

Kloepfer, Michael, Claudia Franzius und Sigrid Reinert (1994): Zur Geschichte des deutschen Umweltrechts, Berlin: Duncker und Humblot.

Klopfleisch, Reinhard und Georg Löser (1998): Umwelt und Arbeitsplätze in Deutschland, Stuttgart: Bund für Umwelt und Naturschutz Deutschland, Landesverband Baden-Württemberg.

Knecht, Egon E. (1995): Mit Technik gegen Flut, in: Vision. Schweizer Magazin für Wissenschaft und Forschung, Heft 4, S. 10–11.

Knorr-Cetina, Karin (1989): Spielarten des Konstruktivismus, in: Soziale Welt, Jg. 40, S. 86–96.

Kohler, Ulrich (1998): Zur Attraktivität der Grünen bei älteren Wählern, in: Kölner Zeitschrift für Soziologie und Sozialpsychologie, Jg. 50, S. 536–559.

Kramer, Caroline (1994): Verbesserungen der Umwelt im Osten – doch für die Bürger gibt es zur Zeit Wichtigeres, in: ISI – Informationsdienst Soziale Indikatoren, Nr. 12, S. 10–14.

Kramer, Caroline (1998): Umweltbewußtsein in Europa – ähnliche Probleme, unterschiedliches Verhalten, in: ISI – Informationsdienst Soziale Indikatoren, Nr. 20, S. 10–14.

Kriesi, Hanspeter und Marco G. Giugni (1996): Ökologische Bewegungen im internationalen Vergleich: Zwischen Konflikt und Kooperation, in: Andreas Diekmann und Carlo C. Jaeger (Hg.), Umweltsoziologie, Sonderheft 36 der Kölner Zeitschrift für Soziologie und Sozialpsychologie, Opladen: Westdeutscher Verlag, S. 324–349.

Kübler, Ulrich (1995): Ausrottung droht, in: Schweizerischer Bankverein. Der Monat, 5/95.

Kuckartz, Udo (1997): Grünes Trickot für Deutschland? Das Umweltbewußtsein der Deutschen im internationalen Vergleich, in: Zeitschrift für Umweltpolitik und Umweltrecht, Heft 4, S. 433–462.

Kuckartz, Udo (2000): Umweltbewußtsein in Deutschland 2000, Bonn: Bundesministerium für Umwelt, Naturschutz und Reaktorsicherheit.

Langeheine, Rolf und Jürgen Lehmann (1986): Ein neuer Blick auf die soziale Basis des Umweltbewußtseins, in: Zeitschrift für Soziologie, Jg. 15, S. 378–384.

Latour, Bruno (1998): Ramses II est-il mort de la tubercolose?, in: La Recherche, 307, S. 84–85.

Lloyd, William Forster (1977 [1833]): On the Checks to Population, in: Garrett Hardin und John Baden (Hg.), Managing the Commons, San Francisco: Freeman, S. 8–15.

Lüdemann, Christian (1997): Rationalität und Umweltverhalten, Wiesbaden: Deutscher Universitätsverlag.

Luhmann, Niklas (1984): Soziale Systeme. Grundriß einer allgemeinen Theorie, Frankfurt a. M.: Suhrkamp.

Luhmann, Niklas (1986): Ökologische Kommunikation, Opladen: Westdeutscher Verlag.

Luhmann, Niklas (1990): Ökologische Kommunikation. Kann die moderne Gesellschaft sich auf ökologische Gefährdungen einstellen?, 3. Aufl., Opladen: Westdeutscher Verlag.

Luhmann, Niklas (1994): Wessen Umwelt?, in: Umweltbundesamt (Hg.), Wissenschaften im ökologischen Wandel, Berlin, S. 25–33.

Luhmann, Niklas (1995): Interventionen in die Umwelt? Die Gesellschaft kann nur kommunizieren, in: Gerhard de Haan (Hg.), Umweltbewusstsein und Massenmedien. Perspektiven ökologischer Kommunikation, Berlin: Akademie Verlag, S. 37–45.

Luyben, Paul D. und Jon S. Bailey (1979): Newspaper Recycling. The Effects of Rewards and Proximity of Containers, in: Environment and Behavior, Vol. 11, S. 539–557.

Machina, Mark J. (1990): Choice under Uncertainty: Problems Solved and Unsolved,

in: Karen S. Cook und Margaret Levi (Hg.), The Limits of Rationality, Chicago: University of Chicago Press.
Maloney, Michael P. und Michael P. Ward (1973): Ecology: Let's Hear from the People. An Objective Scale for the Measurement of Ecological Attitudes and Knowledge, in: American Psychologist, Vol. 28, S. 583–586.
Maloney, Michael P., Michael P. Ward und G. Nicholas Braucht (1975): A Revised Scale for the Measurement of Ecological Attitudes and Knowledge, in: American Psychologist, Vol. 30, S. 787–790.
Malthus, Thomas R. (1976 [1798]): An Essay on the Principle of Population, New York und London: Norton.
Maturana, Humberto R. (1982): Erkennen. Die Organisation und Verkörperung von Wirklichkeit. Ausgewählte Arbeiten zur biologischen Epistemologie, Braunschweig und Wiesbaden: Vieweg.
Maxeiner, Dirk und Michael Miersch (1996): Öko-Optimismus, Düsseldorf: Metropolitan.
Maxeiner, Dirk und Michael Miersch (1998): Lexikon der Öko-Irrtümer, Frankfurt a. M.: Eichborn.
Mazmanian, Daniel (1995): Electric Energy Conservation Policy and Environmental Protection in California, in: Martin Jänicke und Helmut Weidner (Hg.), Successful Environmental Policy. A Critical Evaluation of 24 Cases, Berlin: Edition Sigma, S. 272–287.
McCarthey, John D. und Mayer M. Zald (1977): Resource Mobilization and Social Movements: A Partial Theory, in: American Journal of Sociology, Vol. 82, S. 1212–1241.
McNamara, Robert S., James G. Blight, Robert K. Brigham, Thomas J. Biersteker und Herbert Y. Schandler (1999): Argument Without End. In Search of Answers to the Vietnam Tragedy, New York: Public Affairs.
Meadows, Dennis, Donella Meadows, Jorgen Randers und William Behrens (1972): Die Grenzen des Wachstums, Stuttgart: Deutsche Verlagsanstalt.
Meadows, Donella, Dennis Meadows und Jorgen Randers (1992): Die neuen Grenzen des Wachstums, Stuttgart: Deutsche Verlagsanstalt.
Meffert, Heribert und Manfred Kirchgeorg (1998): Marktorientiertes Umweltmanagement, 3. Aufl., Stuttgart: Schäffer-Poeschel.
Mehta, Michael O. und Eric Ouellet (Hg.) (1995): Environmental Sociology. Theory and Practice, North York, Ont.: Captus Press.
Melucci, Alberto (1999): Soziale Bewegungen in komplexen Gesellschaften, in: Ansgar Klein, Hans-Josef Legrand und Thomas Leif (Hg.), Neue Soziale Bewegungen, Opladen: Westdeutscher Verlag, S. 114–130.
Middleton, Nick (1999): The Global Casino. An Introduction to Environmental Issues, 2. Aufl., London: Arnold.
Mosler, Hans-Joachim (1995): Selbstverpflichtung zu umweltgerechtem Handeln, in: Andreas Diekmann und Axel Franzen (Hg.), Kooperatives Umwelthandeln, Chur und Zürich: Rüegger, S. 151–175.

Mosler, Hans-Joachim und Heinz Gutscher (1996): Kooperation durch Selbstverpflichtung im Allmende-Dilemma, in: Andreas Diekmann und Carlo C. Jaeger (Hg.), Umweltsoziologie, Sonderheft 36 der Kölner Zeitschrift für Soziologie und Sozialpsychologie, Opladen: Westdeutscher Verlag, S. 308–323.

Münch, Richard (1996): Risikopolitik, Frankfurt a. M.: Suhrkamp.

Murphy, Raymond (1997): Sociology and Nature, Boulder: Westview Press.

Neidhardt, Friedhelm und Dieter Rucht (1993): Auf dem Weg in die «Bewegungsgesellschaft»? Über die Stabilisierbarkeit sozialer Bewegungen, in: Soziale Welt, Jg. 44, S. 305–326.

Neitzel, Harald, Ute Landmann und Marian Pohl (1994): Das Umweltverhalten der Verbraucher – Daten und Tendenzen, UBA-Texte Nr. 75 / 94, Berlin: Umweltbundesamt.

Neitzel, Harald, Ute Landmann und Marian Pohl (1995): Zur Empirie der «Sustainable Consumption» (Verantwortlicher Konsum): Das Umweltverhalten der Verbraucher – Entwicklungen und Tendenzen – Elemente einer «Ökobilanz Haushalte», in: Barbara Seel und Carsten Stahmer (Hg.), Haushaltsproduktion und Umweltbelastung, Frankfurt a. M.: Campus, S. 129–174.

Neumann, John und Oskar Morgenstern (1944): Theory of Games and Economic Behavior, Princeton: Princeton University Press.

Noll, Heinz-Herbert (Hg.) (1997): Sozialberichterstattung in Deutschland, Weinheim: Juventa.

Noll, Heinz-Herbert und Caroline Kramer (1996): Umweltberichterstattung und Umweltindikatoren, in: Andreas Diekmann und Carlo C. Jaeger (Hg.), Umweltsoziologie, Sonderheft 36 der Kölner Zeitschrift für Soziologie und Sozialpsychologie, Opladen: Westdeutscher Verlag, S. 516–547.

Noll, Heinz-Herbert und Erich Wiegand (Hg.) (1993): System Sozialer Indikatoren für die Bundesrepublik Deutschland – Zeitreihen 1950–1990. Tabellenband, Mannheim: ZUMA.

Olson, Mancur (1965): The Logic of Collective Action, Cambridge, Mass.: Harvard University Press (deutsch: Die Logik kollektiven Handelns, Tübingen: Mohr 1968).

Opp, Karl-Dieter (1983): Die Entstehung sozialer Normen, Tübingen: Mohr.

Opp, Karl-Dieter (1994): Der «Rational Choice»-Ansatz und die Soziologie sozialer Bewegungen, in: Forschungsjournal Neue Soziale Bewegungen, Jg. 7, S. 11–26.

Opp, Karl-Dieter (1996): Aufstieg und Niedergang der Ökologiebewegung in der Bundesrepublik, in: Andreas Diekmann und Carlo C. Jäger (Hg.), Umweltsoziologie, Sonderheft 36 der Kölner Zeitschrift für Soziologie und Sozialpsychologie, Opladen: Westdeutscher Verlag, S. 350–379.

Organisation for Economic Co-Operation and Development (Hg.) (1994): Environmental Indicators – OECD Core Set, Paris: OECD.

Ostmann, Axel (2000): Cooperation in Environmental Commons, FZU, Universität Karlsruhe: mimeo.

Ostrom, Elinor (1977): Collective Action and the Tragedy of the Commons, in: Garrett

Hardin und John Baden (Hg.), Managing the Commons, San Francisco: Freeman, S. 173–181.
Ostrom, Elinor (1990): Governing the Commons. The Evolution of Institutions for Collective Action, Cambridge, Mass.: Cambridge University Press (deutsch: Die Verfassung der Allmende, Tübingen: Mohr 1999).
Ostrom, Elinor, Roy Gardner und James Walker (1994): Rules, Games and Common Pool Resources, Ann Arbor, Mich.: University of Michigan Press.
Palass, Brigitta (1999): Chemische Reinigung, in: Manager Magazin, 29. Jg., Heft 9, S. 128–143.
Park, Robert E. (1936): Human Ecology, in: American Journal of Sociology, Vol. 42, S. 1–15.
Peemüller, Gerlinde (1999): Beschäftigung im und durch Umweltschutz – Ein Literaturbericht, in: Mitteilungen aus der Arbeitsmarkt- und Berufsforschung, 32. Jg., S. 331–350.
Perrow, Charles (1992): Normale Katastrophen. Die unvermeidbaren Risiken der Großtechnik, 2. Aufl., Frankfurt a. M.: Campus.
Pfister, Christian (Hg.)(1995): Das 1950-er Syndrom. Der Weg in die Konsumgesellschaft, Bern: Haupt.
Poferl, Angelika, Karin Schilling und Karl-Werner Brand (1997): Umweltbewußtsein und Alltagshandeln. Eine empirische Untersuchung sozial-kultureller Orientierungen, Opladen: Leske und Budrich.
Preisendörfer, Peter (1996): Umweltbewußtsein in Deutschland. Ergebnisse einer repräsentativen Bevölkerungsumfrage 1996, Bonn: Bundesministerium für Umwelt, Naturschutz und Reaktorsicherheit.
Preisendörfer, Peter (1998): Umweltbewusstsein in Deutschland. Ergebnisse einer repräsentativen Bevölkerungsumfrage 1998, Bonn: Bundesministerium für Umwelt, Naturschutz und Reaktorsicherheit.
Preisendörfer, Peter (1999): Umwelteinstellungen und Umweltverhalten in Deutschland, Opladen: Leske und Budrich.
Preisendörfer, Peter und Axel Franzen (1996): Der schöne Schein des Umweltbewußtseins, in: Andreas Diekmann und Carlo C. Jaeger (Hg.), Umweltsoziologie, Sonderheft 36 der Kölner Zeitschrift für Soziologie und Sozialpsychologie, Opladen: Westdeutscher Verlag, S. 219–244.
Prognos AG (Hg.) (1997): Modellversuch «mobiles Schopfheim», Endbericht zu den Ergebnissen der Begleitforschung, Basel: Prognos AG.
Rapoport, Anatol (1980): Mathematische Methoden in den Sozialwissenschaften, Würzburg: Physica.
Rapoport, Anatol (1988 a): Allgemeine Systemtheorie, Darmstadt: Verlag Darmstädter Blätter.
Rapoport, Anatol (1988 b): Experiments with N-Person Social Traps II: Tragedy of the Commons, in: Journal of Conflict Resolution, Vol. 32, S. 473–488.
Rapoport, Anatol (1996): Der systemische Ansatz der Umweltsoziologie, in: Andreas Diekmann und Carlo C. Jaeger (Hg.), Umweltsoziologie, Sonderheft 36 der Kölner

Zeitschrift für Soziologie und Sozialpsychologie, Opladen: Westdeutscher Verlag, S. 61–88.

Raub, Werner und Thomas Voss (1981): Individuelles Handeln und gesellschaftliche Folgen, Neuwied: Luchterhand.

Raub, Werner und Thomas Voss (1986): Die Sozialstruktur der Kooperation rationaler Egoisten, in: Zeitschrift für Soziologie, Jg. 15, S. 309–323.

Redclift, Michael und Ted Benton (Hg.) (1994): Social Theory and Global Environment, London: Routledge.

Renn, Ortwin (1984): Risikowahrnehmung der Kernenergie, Frankfurt a. M.: Campus.

Renn, Ortwin (1996): Rolle und Stellenwert der Soziologie in der Umweltforschung, in: Andreas Diekmann und Carlo C. Jaeger (Hg.), Umweltsoziologie, Sonderheft 36 der Kölner Zeitschrift für Soziologie und Sozialpsychologie, Opladen: Westdeutscher Verlag, S. 28–58.

Ritt, Thomas (1998): Umwelt und Arbeit – Arbeitsbedingungen im Umweltsektor in Österreich und Deutschland. Die ignorierte Qualität der Umweltarbeit, in: WSI-Mitteilungen, Jg. 51, S. 552–562.

Rössiger, Monika (1999): Vertrauen ist gut ... Mit seinem Umweltpakt macht Bayern Furore, in: Die Zeit, Nr. 27, 1. Juli 1999, S. 22.

Rucht, Dieter (1994): Modernisierung und neue soziale Bewegungen, Frankfurt a. M.: Campus.

Rucht, Dieter (1996): Wirkungen von Umweltbewegungen: Von den Schwierigkeiten einer Bilanz, in: Forschungsjournal Neue Soziale Bewegungen, Jg. 9, Heft 4, S. 15–27.

Rucht, Dieter (1999): Gesellschaft als Projekt – Projekte in der Gesellschaft, in: Ansgar Klein, Hans-Josef Legrand und Thomas Leif (Hg.), Neue Soziale Bewegungen, Opladen: Westdeutscher Verlag, S. 15–27.

Sachs, Wolfgang (1997): Sustainable Development. Zur politischen Anatomie eines internationalen Leitbilds, in: Karl-Werner Brand (Hg.), Nachhaltige Entwicklung. Eine Herausforderung an die Soziologie, Opladen: Leske und Budrich, S. 93–110.

Schahn, Joachim (1993): Die Kluft zwischen Einstellung und Verhalten beim individuellen Umweltschutz, in: Joachim Schahn und Thomas Giesinger (Hg.), Psychologie für den Umweltschutz, Weinheim: Psychologie Verlags Union, S. 29–49.

Schahn, Joachim (1996): Die Erfassung und Veränderung des Umweltbewußtseins, Frankfurt a. M.: Peter Lang.

Schahn, Joachim und Gerd Bohner (1996): Methodische Aspekte sozialwissenschaftlicher Evaluationsforschung im Umweltbereich, in: Andreas Diekmann und Carlo C. Jaeger (Hg.), Umweltsoziologie, Sonderheft 36 der Kölner Zeitschrift für Soziologie und Sozialpsychologie, Opladen: Westdeutscher Verlag, S. 548–570.

Schahn, Joachim, Marinella Damian, Uta Schurig und Christina Füchsle (1999): Konstruktion und Evaluation der dritten Version des Skalensystems zur Erfassung des Umweltbewusstseins (SEU-3), Heidelberg: Psychologisches Institut der Universität Heidelberg.

Schahn, Joachim und Thomas Giesinger (Hg.)(1993): Psychologie für den Umweltschutz, Weinheim: Psychologie Verlags Union.
Schahn, Joachim und Erwin Holzer (1990): Studies of Individual Environmental Concern. The Role of Knowledge, Gender, and Background Variables, in: Environment and Behavior, Vol. 22, S. 767–786.
Scherhorn, Gerhard (1994): Konsumentenverhalten und Wertewandel, in: Michael Henze und Gert Kaiser (Hg.), Ökologie-Dialog. Umweltmanager und Umweltschützer im Gespräch, Düsseldorf: Econ, S. 196–221.
Schmid, Josef (Hg.)(1994): Bevölkerung, Umwelt, Entwicklung. Eine human-ökologische Perspektive, Opladen: Westdeutscher Verlag.
Schmidt-Bleek, Friedrich (1994): Wieviel Umwelt braucht der Mensch? MIPS – Das Maß für ökologisches Wirtschaften, Basel: Birkhäuser.
Schnaiberg, Allan und Kenneth A. Gould (1994): Environment and Society. The Enduring Conflict, New York: St. Martin's Press.
Schoemaker, P. (1982): The Expected Utility Model. Its Variants, Purposes, Evidence and Limitations, in: Journal of Economic Literature, Vol. 20, S. 529–563.
Schulz, Werner F. (1999): EG-Umweltaudit in Deutschland. Erfahrungsbericht 1995 bis 1998, Berlin: Umweltbundesamt.
Schupp, Jürgen und Gert Wagner (1998): Die Entwicklung der Umweltsorgen seit 1984 und ihre individuellen Determinanten, in: Jürgen Schupp und Gert Wagner (Hg.), Umwelt und empirische Sozial- und Wirtschaftsforschung, Berlin: Duncker und Humblot, S. 167–185.
Schwaderlapp, Rolf (1995): Organisation des betrieblichen Umweltschutzes – eine Bestandsaufnahme vor ausgewählten qualitativen und quantitativen Untersuchungen, in: Jürgen Freimann und Eckart Hildebrandt (Hg.), Praxis der betrieblichen Umweltpolitik, Wiesbaden: Gabler, S. 39–55.
Scott, W. Richard (1987): Organizations, 2. ed., Englewood Cliffs, N.J.: Prentice-Hall.
Seel, Barbara (1995): Einführung in die Thematik, in: Barbara Seel und Carsten Stahmer (Hg.), Haushaltsproduktion und Umweltbelastung, Frankfurt a. M.: Campus, S. 11–15.
Seel, Barbara und Carsten Stahmer (Hg.)(1995): Haushaltsproduktion und Umweltbelastung, Frankfurt a. M.: Campus.
Six, Bernd (1992): Neuere Entwicklungen und Trends in der Einstellungs-Verhaltens-Forschung, in: Erich H. Witte (Hg.), Einstellung und Verhalten. Beiträge des 7. Hamburger Symposiums zur Methodologie der Sozialpsychologie, Braunschweig: Braunschweiger Studien zur Erziehungs- und Sozialarbeitswissenschaft, S. 13–33.
Snow, David A. und Robert D. Benford (1988): Ideology, Frame Resonance, and Participant Mobilization, in: Bert Klandermans, Hanspeter Kriesi und Sidney Tarrow (Hg.), From Structure to Action: Comparing Social Movement Research Across Cultures, Greenwich, Conn.: JAI Press, S. 137–196.
Sokal, Alan und Jean Bricmont (1999): Eleganter Unsinn. Wie die Denker der Postmoderne die Wissenschaften mißbrauchen, München: Beck.

Spada, Hans (1990): Umweltbewußtsein: Einstellung und Verhalten, in: Lenelies Kruse, Carl-Friedrich Graumann und Ernst-Dieter Lantermann (Hg.), Ökologische Psychologie, München: Psychologie Verlags Union, S. 623–631.

Spada, Hans, Klaus Opwis, Jacques Donnen, Martin Schwiersch und Andreas Ernst (1987): Ecological Knowledge: Acquisition and Use in Problem Solving and in Decision Making, in: International Journal of Educational Research, Vol. 11, S. 665–685.

SRU – Der Rat von Sachverständigen für Umweltfragen (Hg.) (1978): Umweltgutachten 1978, Bonn: Deutscher Bundestag, Drucksache 8 / 1938.

SRU – Der Rat von Sachverständigen für Umweltfragen (Hg.) (1994): Umweltgutachten 1994, Stuttgart: Metzler-Poeschel.

Stapf, Kurt H. (1982): Einstellungsmessung und Verhaltensprognose. Kritische Erörterung einer aktuellen sozialwissenschaftlichen Thematik, in: Herbert Stachowiak, Thomas Ellwein, Theo Herrmann und Kurt H. Stapf (Hg.), Bedürfnisse, Werte und Normen im Wandel, Band II: Methoden und Analysen, München: Fink, S. 73–130.

Steger, Mary Ann E. und Stephanie L. Witt (1989): Gender Differences in Environmental Orientations: A Comparison of Publics and Activists in Canada and the U.S., in: Western Political Quarterly, Vol. 42, S. 627–649.

Stehr, Christoph (1998): Das grüne Job-Wunder ist ausgeblieben, in: Handelsblatt, Nr. 88 vom 8. / 9. Mai 1998.

Steinle, Claus und Annett Baumast (1997): Öko-Audit: Problemstand und Empfehlungen für eine erfolgreiche Praxis, in: Claus Steinle, Annett Baumast und Carlo Burschel (Hg.), Umweltmanagement und Öko-Audit, Osnabrück: Zeller, S. 11–64.

Steinle, Claus, Annett Baumast und Carlo Burschel (Hg.) (1997): Umweltmanagement und Öko-Audit, Osnabrück: Zeller.

Steinle, Claus und Henning Thiem (1998): Ökologieorientierte Unternehmensführung – Konzept und erste Ergebnisse aus dem Hannoveraner Firmenpanel, in: Jürgen Schupp und Gert Wagner (Hg.), Umwelt und empirische Sozial- und Wirtschaftsforschung, Berlin: Duncker und Humblot, S. 85–98.

Steinle, Claus, Henning Thiem und Kai Böttcher (1998): Umweltschutz als Erfolgsfaktor – Mythos oder Realität?, in: Zeitschrift für Umweltpolitik und Umweltrecht, Heft 1, S. 61–78.

Stephan, Gunter und Michael Ahlheim (1996): Ökonomische Ökologie, Berlin: Springer.

Steven, Marion (1997): Umweltberichterstattung als Instrument einer aktiven Umweltschutzstrategie, in: Roland Gabriel, Paul Klemmer und Manfred Schlösser (Hg.), Betrieblicher Umweltschutz und Organisationsentwicklung, Bochum: Ruhr-Universität Bochum, S. 78–104.

Stitzel, Michael (1994): Arglos in Utopia? Die Literatur zum Umweltmanagement bzw. zur ökologisch orientierten Betriebswirtschaftslehre, in: Die Betriebswirtschaft, Jg. 54, S. 95–116.

Süddeutsche Zeitung (1998): Deutschland führt bei Umwelttechnik, Ausgabe vom 19. Feb. 1998.

Tanner, Carmen und Klaus Foppa (1996): Umweltwahrnehmung, Umweltbewußtsein und Umweltverhalten, in: Andreas Diekmann und Carlo C. Jaeger (Hg.), Umweltsoziologie, Sonderheft 36 der Kölner Zeitschrift für Soziologie und Sozialpsychologie, Opladen: Westdeutscher Verlag, S. 245–271.

Teichert, Volker (1995): Ansätze einer umweltökonomischen Bewertung haushaltlicher Tätigkeiten, in: Barbara Seel und Carsten Stahmer (Hg.), Haushaltsproduktion und Umweltbelastung, Frankfurt a. M.: Campus, S. 177–190.

Thaler, Richard H. (1992): The Winner's Curse. Paradoxes and Anomalies of Economic Life, Princeton: Princeton University Press.

Theißen, A. (1990): Betriebliche Umweltschutzbeauftragte – Determinanten ihres Wirkungsgrades, Wiesbaden: Gabler.

Touraine, Alain (1983): Soziale Bewegungen: Spezialgebiet oder zentrales Problem soziologischer Analyse?, in: Soziale Welt, Jg. 34, S. 143–152.

Tracy, Ann P. und Stuart Oskamp (1983/84): Relationships among Ecologically Responsible Behaviors, in: Journal of Environmental Systems, Vol. 13, S. 115–126.

Ullmann, A. (1981): Betriebsbeauftragte für Umweltschutz aus betriebswirtschaftlicher Perspektive: Umweltpolitische Notwendigkeit oder gesetzgeberischer Perfektionismus?, in: Zeitschrift für Betriebswirtschaft, Heft 11, S. 992–1013.

Umweltbundesamt (1997): Umweltschutz und Beschäftigung – Brückenschlag für eine lebenswerte Zukunft, Berlin: Umweltbundesamt.

Ungar, Sheldon (1994): Apples and Oranges: Probing the Attitude-Behaviour Relationship for the Environment, in: Canadian Review of Sociology and Anthropology, Vol. 31, S. 288–304.

Urban, Dieter (1986): Was ist Umweltbewusstsein? Exploration eines mehr-dimensionalen Einstellungskonstruktes, in: Zeitschrift für Soziologie, Jg. 15, S. 363–377.

Urban, Dieter (1991): Die kognitive Struktur von Umweltbewusstsein. Ein kausalanalytischer Modelltest, in: Zeitschrift für Sozialpsychologie, Jg. 22, S. 166–180.

Van den Daele, Wolfgang (1986): Technische Dynamik und gesellschaftliche Moral. Zur soziologischen Bedeutung der Gentechnologie, in: Soziale Welt, Heft 2/3, S. 149–172.

Van den Daele, Wolfgang (1995): Politik in der ökologischen Krise, in: Soziologische Revue, Jg. 18, S. 501–508.

Van den Daele, Wolfgang (1996): Soziologische Beobachtung und ökologische Krise, in: Andreas Diekmann und Carlo C. Jaeger (Hg.), Umweltsoziologie, Sonderheft 36 der Kölner Zeitschrift für Soziologie und Sozialpsychologie, Opladen: Westdeutscher Verlag, S. 420–440.

Van Liere, Kent D. und Riley E. Dunlap (1980): The Social Bases of Environmental Concern: A Review of Hypotheses, Explanations and Empirical Evidence, in: Public Opinion Quarterly, Vol. 44, S. 181–197.

Van Liere, Kent D. und Riley E. Dunlap (1981): Environmental Concern: Does It Make a Difference How It's Measured?, in: Environment and Behavior, Vol. 13, S. 651–676.

Vanberg, Viktor (1975): Die zwei Soziologien, Tübingen: Mohr.
Vester, Frederic (1993): Unsere Welt – ein vernetztes System, 8. Aufl., München: dtv.
Watson, James D. (1997): Die Doppelhelix, Reinbek: Rowohlt.
Weigel, Russell H. (1983): Environmental Attitudes and the Prediction of Behavior, in: Nickolaus R. Feimer und E. Scott Geller (Hg.), Environmental Psychology, New York: Praeger, S. 257–287.
Weimann, Joachim (1995): Umweltökonomik. Eine theorieorientierte Einführung, 3. Aufl., Berlin: Springer.
Weizsäcker, Ernst U. von (1997): Erdpolitik, 5. Aufl., Darmstadt: Primus.
Weizsäcker, Ernst U. von und Jochen Jesinghaus (1992): Ecological Tax Reform, London, NJ: Zed Books.
Weizsäcker, Ernst U. von, Rainer B. Lovins und L. Hunter Lovins (1995): Faktor Vier: Doppelter Wohlstand – halbierter Naturverbrauch, München: Droemer Knaur.
Wenke, Martin (1993): Umweltwirkungen des Privaten Verbrauchs, in: Sylvia Gräbe (Hg.), Private Haushalte im Spannungsfeld von Ökologie und Ökonomie, Frankfurt a. M.: Campus, S. 61–86.
Wille, Joachim (1998): Umweltfreundlicher Verkehr schüfe auch neue Arbeitsplätze, in: Frankfurter Rundschau, Nr. 127 vom 4. Juni 1998.
Wormer, Holger (1999): Warnung für Kannibalen: Fresst keine Amerikaner!, in: Süddeutsche Zeitung, 4./5. 9. 1999.
Wortmann, Klaus (1994): Psychologische Determinanten des Energiesparens, Weinheim: Beltz.
Wottawa, Heinrich und Heike Thierau (1998): Lehrbuch Evaluation, 2. Aufl., Bern: Huber.
Wüst, Christian (1999): Das Ding, das vorwärtsdrängt, in: Der Spiegel, 23/1999.
Zapf, Wolfgang (1991): Modernisierung und Modernisierungstheorien, in: Wolfgang Zapf (Hg.), Die Modernisierung moderner Gesellschaften. Verhandlungen des 25. Deutschen Soziologentages in Frankfurt a. M. 1990, Frankfurt a. M.: Campus, S. 23–39.
Zierhofer, Wolfgang (1999): Das «Waldsterben», ein Konzept und seine Immunisierung. Zur Verarbeitung eines Umweltproblems durch Wissenschaft und Massenmedien, in: Schweizerische Zeitschrift für Soziologie, Jg. 25, S. 33–59.
Zilleßen, Horst (Hg.)(1998): Mediation. Kooperatives Konfliktmanagement in der Umweltpolitik, Opladen: Westdeutscher Verlag.

Personenregister

Sachregister